弥彦と啄木

日露戦後の日本と二人の青年

内藤一成 著

出版

はじめに―日露戦後の日本と二人の青年―

本書の主人公は、三島弥彦・石川啄木という。明治十九年（一八八六）二月、おなじ年のおなじ月に生まれた二人の青年である。

三島弥彦は、日本がはじめて参加した近代オリンピックである一九一二年のストックホルム大会に出場した、日の丸アスリート第一号として知られる。

出場したのは陸上短距離だが、ほかにも取り組んだ運動種目は、球技・格闘技・水泳からスキー・スケートまで幅広い。しかも、その多くで結果を残しており、マルチプレイヤーぶりは、「運動では、まあ、三島が一番だな。何やっても強い」（長与善郎の証言「学習院時代を語る」『武者小路実篤全集』十八）と、母校学習院関係者のあいだでは半ば伝説的に語られている。

石川啄木は、今日ではその名を知らぬ人はいない、まさしく国民的歌人といってよい。「東海の小島の磯の白砂にわれ泣きぬれて蟹とたはむる」「ふるさとの訛なつかし停車場の人ごみの中にそを聞きにゆく」などの代表的な歌は、だれもがどこかで目や耳にしたことがあるだろう。

二人はそれぞれ日記を残している。弥彦は、仲間内では筆まめな人物として知られたが、現在確認できる日記は明治四十一年（一九〇八）の一冊だけである。啄木は有名なローマ字日記をはじめ多くの日記を残しており、その文学的生涯をあきらかにする基本史料として活用されている。明治四十一年は、啄木の生涯において最も目まぐるしい年であったが、はたして、この年も詳細な日記を残している。二人の日記が揃う明治四十一年、二人は数えで二十三歳、満年齢だと共に二月に二十二歳を迎える。

三島弥彦（1886-1954）

石川啄木（1886-1912）

二人のあいだに直接の交流はない。それどころか、両者はかなり対照的な半生を送ってきた。弥彦は東京に生まれ、華族の子弟として千駄ヶ谷の広大な邸宅に暮らしていた。学習院の出身で、明治四十一年一月の時点では、東京帝国大学法科大学（東京大学法学部）に通う大学生であった。傍目からみれば何不自由のない、めぐまれた境遇に育った青年貴族（華族）といってよい。

これに対し、啄木は岩手県で僧侶の子として生まれた。貧苦の境涯で知られる啄木だが、元々は渋民村（盛岡市）にある宝徳寺の住職の長男、すなわち「村の貴族」として裕福のうちに成長し、県立盛岡中学校に学んでいる。当時の青少年にとって中学校から高等学校、帝国大学、あるいは陸海軍の学校に進むのが典型的なエリートコースであったが、啄木は中学五年の途中で退学している。

その後しばらくは、文学での成功を夢みて上京、帰郷を繰り返したり、与謝野寛（鉄幹）が主宰し、雑誌『明星』を発行する新詩社の同人として活動をつづけるなど余裕があったが、父が住職の地位を失い、出奔してしまうと事態は一変する。学業の道は完全に閉ざされ、双肩には一家を支えるための経済的負担が重くのしかかった。明治四十一年の新年を啄木は北海道小樽で、家族とともに素寒貧な状態で迎える。

三島弥彦と石川啄木、対極的な二人であったが、明治四十一年四月、啄木が文学による立身をめざして上京すると、両者の空間的な距離は一気に縮まる。上京した啄木が最初に転がり込んだのは、千駄ヶ谷の与謝野邸（新詩社）であった。その後は本郷に下宿し、新詩社のある千駄ヶ谷には頻繁に通った。この間、弥彦は千駄ヶ谷の自宅と、大学のある本郷の間を往復している。互いに面識はなく、交わることもなかったが、千駄ヶ谷や本郷、あるいは各所ですれちがったり、ニアミスしていた可能性は高い。

明治四十一年というと、幕末のペリー来航からはすでに半世紀以上が経過し、「維新」を標榜した明治も、すでに不惑に達していた。国家の命運を賭したロシアとの戦いに勝利したことで、人びとは長年苦しんだ植民地化の恐怖からようやく解放され、逆に「一等国」としての自信を深めつつあった。勝利の余韻にひたる一方で、欧米との差はいまだ厳然と存在した。

司馬遼太郎の代表作『坂の上の雲』ではないが、一心不乱に急坂を駆けのぼった果てにたどり着いたつかの間の安寧の時期であり、明治の終焉を前にした一種の踊り場のような時代、世界史的にみれば、第一次世界大戦の勃発を控えた、ベル・エポックの終末期であった。

この時代の青年として多くの人がイメージするのは、夏目漱石『三四郎』の主人公、小川三四郎であろう。物語は、三四郎が東京帝国大学文科大学（文学部）に入学すべく九州から上京するところからはじまる。三四郎は汽車中で偶然出会った謎の男性、広田先生と議論を交わすが、三四郎の「然し是からは日本も段々発展するでせう」との発言に対して広田が放った一言「亡びるね」は、あまりに有名である。上京後、三四郎は大学構内や東京各地を闊歩し、アカデミズムの気分に誘われながら、同輩や先輩などさまざまな人物と交わり、蠱惑的な女性、里見美禰子に心を奪われたりする。

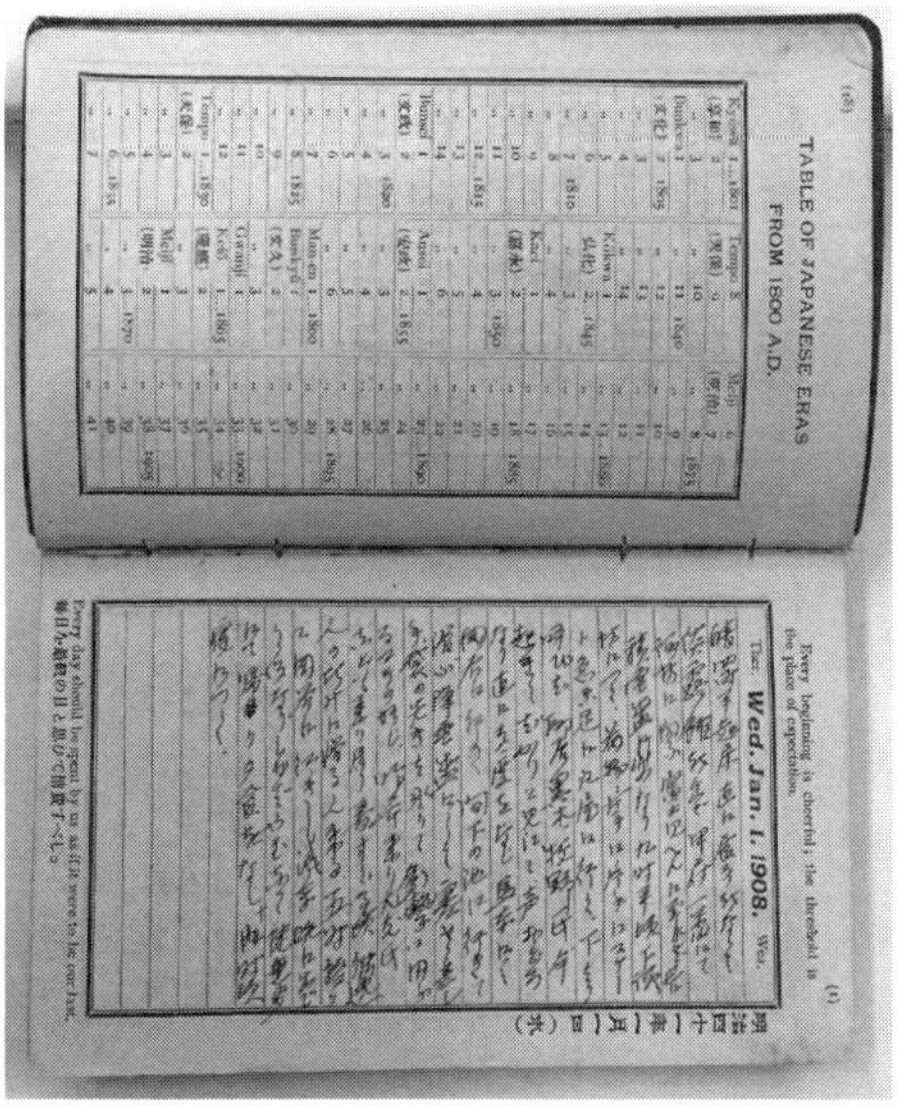

三島弥彦日記　明治41年1月1日条　横書きタイプの日記帳に縦書きに記されている

東京朝日新聞に『三四郎』が連載されたのは、

石川啄木日記　明治41年1月1日条

明治四十一年の九月から十二月である。場面設定は日露戦争が終わって数年後、三四郎は二十三歳というから、三四郎と弥彦・啄木は完全に同世代である。

三四郎世代の青年について、漱石は「僕は丸行燈だの、雁首だのって云ふものが、どうも嫌ですがね。明治十五年以後に生れた所為かも知れないが、何だか旧式で厭な心持がする」と、登場人物の佐々木与次郎に語らせ、明治十五年（一八八二）に世代の分水嶺を引いている。丸行燈は、円筒状または球形の行燈、雁首は、煙管の頭部である。いずれも旧式の象徴である。

旧秩序が崩壊し、すべてが混沌としていた維新期や、創業期特有の無原則が当たり前であった明治前期を経て、漱石のいう新世代の成長過程は、教育制度の整備と軌を一にしていた。帝国大学令・中学校令・小学校令などが公布されたのは明治十九年で、同二十七年（一八九四）には高等学校令が公布されている。明治新世代の「立身出世」は、学歴が必須条件となりつつあった。

明治三十年代以降、「立身出世」をもとめる青年たちの進学熱は大きく高まったが、上級学校の数や定員は、これに応えられるものではなかった。明治三十年代後半には、「入試の牧歌時代」（竹内洋『立身出世主義』）は終わりを告げ、進学先のない、行先を失った青年たちが巷にあふれた。かれらは「高等遊民」と呼ばれ、次第に社会問題化しつつあった。

そうした点からすれば、華族の特権によって学習院に入り、東京帝国大学に進んだ弥彦の経歴は、「学歴貴族」の典型とはかなりずれている。啄木にしても、愛好した文学すら家計を支えるための手段であったという切迫状況からすれば、かれを高等遊民の代表とみなすのは妥当とは言い難い。

ではあるが、正真正銘の貴族（華族）である弥彦は、「学歴貴族」を相対化できるし、なにより当時の青年たちの理想や憧れの対象として格好の存在であった。いうなれば、かれは「明治の若大将」であった。啄木にしても地方では知識階級に属し、高い自尊心と、満たされない承認欲求のあいだで葛藤をつづけた日々は、青年の苦悩を見事なまでにあらわしている。

以上、筆者が弥彦と啄木に注目し、かれらを通じて明治後期、日露戦後の青年のリアルを描き出し、時代の一面をみようとすることについては、ある程度わかってもらえたと思う。つづいて、そのために本書がとる手法とねらいをあきらかにしておきたい。

筆者はかつて『三島弥彦―伝記と史料―』を編纂し、弥彦の日記の翻刻に従事した。日記からは、日露戦後の日本でのびやかに青春を謳歌する一青年の等身大の姿が溢れんばかりに伝わってきた。なにより創作でないことが筆者の心をつよく揺さぶった。リアルな三四郎の世界（相当筋肉質だが）がそこにあると感じた。

多くの人に共感をもって読んでもらえたらと思ったが、文体は古く、内容も昔のことであり、そのままでは何のことだかわからない記事も少なくない。ならば日記に注釈をつければよいが、それでも決して読みやすいとはいえない。

「史料そのまま」が難しいとすればどうするか。筆者にはかねてより、歴史を研究者がまとめた世界ではなく、できるかぎり史料に語らせ、研究者は読者の理解に資するための補助線を入れる程度で描いてみたいという願望があった。読者は史料と直接向き合うことで、過去と交感し、時代の空気を感じることが可能となるだろう。研究者のノイズはなるべく少ない方がよい。

そのため本書では、弥彦の日記より興味深い内容や、特筆事項を月ごとに摘出し、これに解説を交えて叙述していく形をとる。解説もまた、できるだけ史料によって語る形をとる。現代の価値や基準によって断ずるようなことは控え、筆者の主張は基本的には持ち込まない。とはいえ、折々の場面でのふとした感想程度の言及は許容されたい。

弥彦日記単独でも魅力的だが、同世代の青年でコントラストをなす存在として石川啄木にも着目したい。二人の記録を並走させながら、哀歓に彩られた日々を再現することにより、個人史のレベルを超えて、日露戦後を生きた青年の相貌と、時代の一端を描き出すことができるのではないかというのが本書のねらいである。石川啄木を伴走者に得たことで、世界は複眼的に描き出されることになる。その結果は、単独の「史料そのまま」のときよりも、はるかに深く豊かなものとなるだろう。

当然ながら、小説とは異なり物事は決して予定調和には進行しない。結論を得ない内容も少なくない。このことは『三四郎』や、ほかにも、たとえば『それから』の代助のような、漱石によって造形された魅力的な登場人物たちが織りなす世界や哲学的な思索と比較すれば歴然である。それでも、事実によって形成される世界であることの意味は大きいといえよう。

前口上はこれくらいにして、そろそろ本論に入ろう。まずは序章で明治四十一年にたどり着くまでの二人を概観し、ついで一月より順にみていくことにしたい。

最後に、本書の文体について触れておきたい。できるかぎり「史料そのまま」をめざす本書では、両者の日記より数多くの引用をおこなうことになる。日記そのものと、それ以外の文章のちがいを明確にするため、日記からの引用は、長文の場合は二字下げ、それ以外は鉤括弧でくくり、他の引用文との区別のため書体を太字とする。そのほか詳しくは、凡例を参照されたい。

※石川啄木の誕生日は、明治十八年（一八八五）十月であったという説がある。これは啄木の父が僧侶であり、妻帯の事実を伏せていたことによるもので、啄木の誕生の届け出が遅れたため、公式には二月二十日となったという。一定の信憑性のある話だが、定説を覆すには至ってないこと、啄木自身が公式には二月二十日誕生説を採っていたことから、本書ではこちらを採用する。

弥彦と啄木　目次

凡例

一、本書で使用した「三島弥彦日記」は、弥彦の令孫の三島通利氏が所蔵する原本を、「石川啄木日記」は、函館啄木会が所蔵する「明治四十一年日誌」其一～三の複写版（函館市中央図書館所蔵）をそれぞれ底本とした。
二、両日記からの引用に際しては、他の記述と区別するため括弧内の文字は太字で表記した。長文引用の場合には、二字下げとした。
三、日記以外の三島弥彦関係の資料は、主として尚友倶楽部・内藤一成・長谷川怜編『日本初のオリンピック代表選手　三島弥彦　伝記と史料』（芙蓉書房出版、二〇一九年）によった。その際、逐一書名は挙げず、個別の資料名のみを掲げた。おなじく石川啄木関係の資料は、『啄木全集』全八巻（筑摩書房、一九七八～八〇年）によった。出典表記に際して、煩を避けるため、たとえば『石川啄木全集』第七巻からの引用ならば、『全集』七という形で略記した。
また一部の啄木書簡は全集によらず、原本あるいは複写版を参照した。このうち函館市中央図書館所蔵の複写版については、函図と略記した。
四、漢字は原則として新字体を用い、旧字体は最小限にとどめた。異体字・俗字は正字を用いた。
五、原文で片仮名で書かれているものは、本書では平仮名に改めた。
六、句読点は適宜補った。
七、明らかな誤字等は訂正した。
八、引用部分内の〔　〕は筆者が付したものである。
九、本文の名辞・表現・評価などには今日の見地からみて不適切な表現があるかもしれないが、歴史資料であることに鑑み、すべて原文どおりとした。

プロローグ　三島弥彦と石川啄木、それぞれの風貌

❏ 弥　彦

父通庸と弥彦

三島弥彦（一八八六〜一九五四）は、明治十九年（一八八六）二月二十三日、ときの警視総監三島通庸の五男として、東京府芝区三田四国町（港区芝五丁目）に生まれた。もとは出羽国山形藩主水野家の屋敷があった場所である。

父通庸は、通称弥兵衛、薩摩藩の下級武士の出身であった。剣に巧みで、居合に長じたとされる。幕末には西郷隆盛・大久保利通らが拠る精忠組に参加し、戊辰戦争には小荷駄隊を率いて各地を転戦し、その後は日向国都城の地頭をつとめ、治績をあげた。

明治五年（一八七二）、東京府参事となり、銀座の煉瓦街建設に貢献した。その後、教部大丞より酒田県令となり、山形・福島・栃木の各県令を歴任、つづいて内務省土木局長をつとめた。通庸というと、地方官時代に自由民権運動に苛烈な態度で臨んだ「鬼県令」として有名だが、近年は近代的な都市や道路の建設などインフラ整備に積極的な「土木県令」としての評価が高い。

明治十八年（一八八五）十二月、通庸は内閣制度の発足とともに警視総監に就任した。憲法制定、国会開設を控えるなか、首都東京の治安

父・三島通庸

を担う重責である。精力的な活動ぶりは「三島通庸君、六尺の身を以って、明治政府の長城たり」（『三島通庸』）と評された。六尺は約一八二cmである。

明治二十年（一八八七）五月、通庸は勲功により華族に列せられ、子爵を授けられた。三島子爵家の誕生である。ところが長年の激務が祟ったのか病に倒れ、明治二十一年十月二十三日、満五十三歳で死去した。生きていれば、薩派の大物として政官界に重きをなしたことであろう。

通庸がこの世を去ったとき、弥彦は満二歳であった。当然、父の記憶はないが、「通庸、躰軀偉大、身長常を抜き、肥満衆に越へ」（『三島通庸』）と評された堂々たる体軀と並はずれた運動神経は、親ゆずりといえそうである。ちなみに成人後の弥彦の身長は五尺七寸（約一七五cm）、体重十九貫（約七一・三kg）、筋骨隆々としたタイプである。

弥彦は明治二十四年（一八九一）九月、学習院初等学科に入学した。学習院は皇族や華族のための学校で、宮内省の管轄であった。学年のはじまりは九月で終了は七月。初等学科六年、中等学科六年、高等学科三年からなっていた。

生徒は皇族・華族を中心に、官僚・軍人・資産家の子弟によって構成されており、各学年は四～五十人程度と少なかった。均質性の高い集団が長期間、一緒にすごすわけであるから、関係も濃密であった。その雰囲気は、たとえば弥彦より二歳下で白樺派の作家里見弴（本名山内英夫）の『君と私と』によく描かれている。学校を場とした濃密な人間関係は学習院にかぎったことではなく、明治期の青年像を考えるうえでの重要な前提といってよい。

学習院の高等学科卒業生の進路であるが、弥彦の在学当時、帝国大学の定員に空きがあれば、無試験で入学できた。このため多くの卒業生が、この制度を利用して帝国大学に進学していた。

なお弥彦の学習院在学中には、近衛篤麿（文麿の父）院長の肝煎りで学習院に大学科が置かれたが、進

学習院高等学科卒業写真（明治40年7月）　最後列、左側の柱から右に２人目が弥彦

学者はわずかで、短期間のうちに廃止されている。ちなみに弥彦の義甥でのちに首相となる吉田茂は、学習院大学科に進学したところ、途中で同科が廃止となったため、一種の救済措置によって東京帝国大学法科大学に転学している。

弥彦が高等学科を卒業した明治四十年（一九〇七）は、全国の高等学校で卒業生の進路調整をおこなったため、東京帝国大学法科大学は無試験であった。定員に空きがあったため、弥彦は法科大学に入学することができた。その後になると、さすがに法科大学での定員割れはなくなり、学習院出身者は、法科をめざすなら京都帝大、東大なら文科や農科というコースが一般的となった。

このような学歴形成が可能なのは、学習院の学生が、基本的にはエスカレーター式に高等学科まで上がることができたことが大きい。実際には落第者も多く、高等学科までたどり着けない者もいたが、それでも小学校だけで学業を終える大多数の国民や、上級学校への進学に失敗して行き場を失った、高等遊民たちと比較すれば、きわめてめぐまれていた。

学習院では、弥彦より二歳年長の有馬頼寧が、華族子弟にとっての学習院の効能について、「若し僕等の時代に学習院といふものがなかつたら、僕等は一体どうなつてゐただらうか。大学へ行かれぬのは勿論、中学さへ満足に出られたかどうかわからぬ」(『無雷庵雑記』)と、率直にあかしている。無論優秀者もあり、全員が有馬のいうような劣等生ではないが、進学面できわめてめぐまれていたことは否定できない。

母・三島和歌子

このようなめぐまれた環境のなか、弥彦は学生生活を謳歌していた。かれが学習院において頭角を現したのは中等学科の頃からで、体格の発達とともに運動面の才能を開花させていった。その活躍は『三島弥彦―伝記と史料―』に詳しく述べたので、同書にゆずる。

母和歌子

つづいて通庸以外の弥彦の家族について説明しておく。

弥彦の母は和歌子という。豪傑として知られた薩摩藩士柴山権助の娘で、若い頃には剣術を習い、通庸の警視総監時代、民権派の壮士によるテロが噂された際には、夫を守るべく仕込み杖をもって付き従ったという逸話をもつ。女は学問などすべきでないという時代に育ったため、満足に文字は書けなかったが、子女の教育には熱心であった。通庸が亡くなった後は、三島家の精神的支柱として家中に君臨した。

「女丈夫」「女傑」などといわれた和歌子であるが、弥彦の姉で牧野伸顕に嫁いだ二女峰子によれば、彼女の「強さ」は、「男らしいよりも強い女の力」(『三島和歌子覚書』)であったという。

通庸には全部で十二人、六男六女の子供がいた。和歌子が産んだ子とそうでない子がいたが、和歌子はすべてを実子として育てた。このことを峰子は、和歌子の寛容、慈愛の表現と讃えるが、夫通庸に対する和歌子の意地であったとする見方もある。たしかに蓄妾をゆるさず、産まれた子は全員実子にしてしまえば、隠し子騒動や認知問題とは無縁で、家の名誉を守ることができる。実際、政治家、財界人や華族の家庭では、この種の騒動は枚挙にいとまがない。

弥彦を産んだ女性は、三島家に奉公する女中であった。彼女は出産後しばらくしてから三島家を退き、他家へ嫁いでいる。彼女が弥彦と再会したのは、大正十二年（一九二三）、弥彦が結婚することになった時であったという。

和歌子は子女を分け隔てなく育てたという。弥彦への深い情愛は、ストックホルム五輪に出場する際、ユニフォームにみずから日の丸を縫い付け、その後も、身体をいたわり、大会での健闘を願う切々たる書簡を現地に送ったことからもあきらかである。

だが一方で、姪の梅子〔兄弥太郎の二女・土方与志夫人〕の、「子供の私の目から見ても、一緒に住んでいた二人の叔父〔弥吉と弥彦〕に対する扱いには格段の差がありました。小さい時は何故だか判りませんでしたが、一人は祖母の子、もう一人は妾腹でした」（『土方梅子自伝』）という証言もある。傍目には何不自由のない華麗な境遇の弥彦だが、快闊の背後に差した微妙な影についても考慮しておく必要があろう。

兄弟姉妹

弥彦の長兄は弥太郎という。兄といっても年齢差は十九もあり、弥彦が物心ついた頃には、弥太郎は三島子爵家の当主であった。立場的には兄というより父親に近い。

三島家の家族・親戚とともに　後列右端が弥太郎、4人目が弥彦

弥太郎は頭脳明晰で、農学を志し、駒場農学校に学んだ。卒業後は米国に留学し、害虫学を専攻した。帰国後は農商務省の嘱託となり、明治三十年（一八九七）には貴族院子爵議員に互選された。院内では、伯子爵議員を中心とする院内最大会派の研究会に所属した。計数にあかるく財政金融を得意としたことから、研究会の領袖として早くから頭角をあらわした。

弥太郎の理財の才能は、三島家の資産形成にも活かされた。三島子爵家の華やかな印象は、この時代に築かれたものが多い。

後年には何度か大蔵大臣の候補にあがったが、貴族院議員は大臣にはなるべきでないという持論から固辞した。その一方で、明治四十二年（一九〇九）には横浜正金銀行頭取、大正二年（一九一三）には第八代日本銀行総裁にそれぞれ就任している。弥彦は大学卒業後には横浜正金銀行に就職するが、兄との関係によるところが大きい。

弥太郎は、薩摩藩出身で陸軍の重鎮大山巖の長女信子と結婚した。ところがまもなく信子が結核を発病したため、母和歌子のつよい意向に従い、最終的には離婚している。この悲劇に着想を得たのが徳冨蘆花の小説『不如帰』である。弥太郎が主人公浪子の夫、川島武男のモデルであることは、世間的には周知であった。明治のベストセラー小説として名高い『不如帰』と三島家の関係については、本書では折々に触れることになる。

弥太郎は信子と別離の後、幕末の「七卿落ち」の一人でとして知られる四條隆謌の三女加根子と再婚した。四條侯爵家は、藤原北家魚名流の本家で、家格は羽林家、権大納言を極官とする公家である。料理調進の宗家、四條流庖丁の家として知られる。加根子の兄実輝は、摂家の一條公爵家の養子となり、四條家を継いだ兄隆愛の夫人は、最後の将軍徳川慶喜の十女絲子である。加根子との婚姻を通じて、薩摩藩士の気風のつよかった三島家に、公家風の文化や風俗が流入したとされる。

他の兄弟姉妹についても駆け足で紹介しておこう。長女園子はオーストリア公使をつとめた外交官秋月左都夫に嫁いだ。二女峰子は、和歌子の気象を最もよく受け継いだといわれ、大久保利通の次男で外務大臣、宮内大臣、内大臣を歴任した伯爵牧野伸顕に嫁いだ。峰子の長女雪子は吉田茂夫人となり、さらにその娘の和子は麻生太賀吉に嫁ぎ、政治家の太郎、三笠宮の寛仁親王妃となる信子を産んだ。

三女竹子は漁業家で貴族院議員の日高栄三郎、四女鶴子は旧公家の伯爵日野資秀、五女千代子は水産講習所で細菌学を教えた科学者西村寅三、六女繁子は国際法学者で東京商科大学教授の中村進午にそれぞれ嫁いだ。

次男弥二は豊沢家の養子となった。ちなみに弥二夫人の姉は、樺太庁長官平沢定太郎に嫁しており、その孫が作家三島由紀夫（本名平岡公威）である。三島家と三島由紀夫は遠縁でつながり、三島家には由紀夫本人から「三島の姓をいただきましたよ」と告げられたという逸話が残る。

三男弥六は早世、四男弥吉は弥彦より二歳年長で、学習院では一級上のクラスであった。志賀直哉・武者小路実篤・細川護立ら白樺派の主要メンバーと同級である。

弥吉は和歌子より大変かわいがられ、のちに「煙草王」として知られる実業家村井家の養子となったが、離縁となり三島姓にもどっている。六男弥十二は、弥彦にとって唯一の弟である。明治二十二年（一八八九）に誕生したときには、通庸はすでにこの世にいなかった。弥十二は岡家の養子となるが、病弱で大正四年（一九一五）に早世している。

明治四十一年当時、弥彦は千駄ヶ谷の邸宅で、母和歌子、兄弥太郎・加根子夫妻と四人の子供（通陽・通隆・寿子・梅子）、兄弥吉とともに暮らしていた。広大な邸宅には執事、書生、料理番、女中、車夫など二十数人の使用人がいたという（『土方梅子自伝』）。

❏ 啄木

村の貴族

つづいて明治四十一年に至るまでの石川啄木（一八八六〜一九一二）の半生を確認しておこう。

石川啄木は本名一（はじめ）、誕生日は弥彦より三日前の明治十九年（一八八六）二月二十日、石川一禎・カツ夫妻の長男として岩手県南岩手郡日戸村に生まれた。

父一禎は曹洞宗の僧侶である。僧籍に身をおく父が妻帯を憚ったため、カツ夫人は入籍しておらず、啄木もはじめは母の戸籍に入れられ、工藤姓であった。明治二十五年（一八九二）、戸籍が統一されたときに石川姓となった。兄弟姉妹には年のはなれた二人の姉と、二歳下の妹光子がいる。

啄木が満一歳のとき、父が北岩手郡渋民村の宝徳寺の住職となり、一家はこの地に移り住んだ。日戸も渋民も現在は盛岡市である。宝徳寺は地元の檀家寺であり、啄木はその住職の子として、幼少期をめぐまれた環境ですごした。妹光子は、この頃の啄木について、「村の貴族として、わがままに、何不自由なく育った」と述懐している（「幼き日の兄啄木」『全集』八）。「村の貴族」という境遇は、啄木の人格形成を考えるうえで重要な要素を占める。

明治二十四年（一八九一）五月、啄木は渋民尋常小学校に入学した。頭は良かったが、学科によってかなり好き嫌いがあり、いわゆるオール五タイプの優等生ではなかったという（友松等「優等生でなかった啄木」『回想の石川啄木』）。同級生の大半が小学校だけで学業を終えるなか、盛岡市内の盛岡高等小学校（市立下橋中学校）に進み、明治三十一年（一八九八）四月、県立盛岡尋常中学校（のち盛岡中学校と改称、現在の盛岡第一高等学校）に入学した。

中学の先輩には、アイヌ研究で有名な言語学者金田一京助のほか、海軍大臣、内閣総理大臣となった米内光政、海軍大臣をつとめた及川古志郎、『銭形平次捕物控』で知られる作家の野村胡堂（長一）、内務官僚から政治家となった田子一民、平民宰相で知られる政治家原敬の甥で俳人の原抱琴（達）などがいた。啄木は、及川より文学的興味を開かされたとされ、金田一から雑誌『明星』をみせられたのを機に、文芸への関心を高めたという。

啄木と妻節子

啄木は中学在学中、文芸に傾倒したが、あわせて盛岡女学校に通う堀合節子との恋愛にも熱中した。必然成績は下降し、授業もサボりがちとなる。英語教員の排斥運動に参加するなどした後、四年の三学期にはカンニング事件を起こしてしまう。五年の一学期にもふたたびカンニング事件を起こしたことで落第が決定的となってしまう。

少壮の天才を夢みて

そのようななか『明星』に投稿した啄木の短歌が掲載された。狂喜した啄木はこれを好機と明治三十五年（一九〇二）十月、中学を退学し、文学によって身を立てるべく上京する。

東京では新詩社に与謝野夫妻を頼り、活動をつづけたが、現実は甘くなかった。そもそも詩歌では、原稿料はほとんど期待できなかった。師匠の与謝野寛からして、「啄木君が経済的に窮迫していることは気が付いていたが、何分一箇月六円の家賃の家に住んで其頃四人の子供を抱え、収入と云えば寄せあつめて参拾円に満たなかった私達は、どうしても君の急を救うことが出来なかった」と振り返る状態であった。このため「夏の夜に啄木君は私の宅で赤ん坊の枕蚊帳を二つ合せて着て寝ている始末であった」という（「啄木君の思い出」『全集』八）。

啄木は体調を崩し、翌年いったん帰郷、その後は地方の新詩社同人として『明星』『太陽』などの雑誌に、詩歌の発表をつづけた。

明治三十七年秋、ふたたび上京したが、まもなく父一禎が宗費滞納を理由に曹洞宗宗務院より宝徳寺住職を罷免された。石川家の生計は立たなくなり、翌年三月、一家は渋民村を退去し、盛岡に移った。

明治三十八年五月、啄木は第一詩集『あこがれ』を刊行、一定の反響は得られたが、売れ行きは芳しくなかった。おなじ月、盛岡で節子と結婚、その後は地元の仲間とともに文芸雑誌『小天地』を編集したがまったく売れず、創刊号だけで終わってしまった。

明治三十九年（一九〇六）四月、啄木は月給八円で渋民村の小学校の代用教員となった。教員稼業の傍ら、文壇進出を夢みて小説を次々書いたが、懸賞小説は落選、他の作品も掲載に至らなかった。さらに期待された父一禎の住職復帰も、当人が重圧に耐えかね失踪してしまったことで、完全に可能性を失ってしまう。

渋民村に居づらくなった啄木は、子供たちを煽動して校長排斥のストライキ事件を起こすなどした後、明治四十年（一九〇七）三月かぎりで小学校を退職した。その後は一家とともに盛岡に移った。

北海道に渡る

明治四十年（一九〇七）五月、啄木は函館在住の和歌愛好青年たちの集まり苜蓿社（ぼくしゅくしゃ）の誘いに応じ、母と妻子を盛岡に残して津軽海峡を渡った。

経済的な目途があったわけではないが、当時の北海道はフロンティアとしての期待を抱かせるのに十分な土地であった。のちに童謡詩人で有名となる野口雨情は、おなじ頃、新聞記者として道内を転々としていたし、自然主義作家の岩野泡鳴は、蟹の缶詰製造業での成功をもくろみ、翌年、樺太・北海道に渡っている。

北海道のフロンティア的なイメージについて、啄木は「北海道には到る所に金が転がつて居て、誰に構はず人の拾ふに委してあるかの様に、内地の人は思つて居た。（今でもさう考へる人が大分ある。）そして一度津軽海峡さへ渡れば、何かしら職業の口があつて、何職業によらず内地に比して滅法高い報酬が得られるかの様に考へて居る。目を開いてさへ居れば毎日一攫千金の機会に邂逅（めぐりあ）ふ様に考へて居る」（「北海の三都」『全集』四）と語る。かくいう啄木自身、右のような状況は十年前ならいざしらず、現在ではありえないと戒めているが、それでも、かなりの楽観主義で海峡を渡った感は否めない。

苜蓿社同人とともに写す　手前左が啄木、右は西村彦次郎。円窓内、右端が宮崎郁雨、それより時計回りに岩崎白鯨・吉野白村・並木翡翠・大島流人

当時の函館の人口は約九万人、仙台を上回り、東京以北では最大級の都市のひとつであった。この地で啄木は、苜蓿社同人たちと交流を深め、かれらの斡旋によって仕事にも就いた。家族も呼びよせ、新生活も軌道に乗りつつあったが、八月二十五日夜に発生した函館大火が、すべてを暗転させた。市街地の多くが焼亡し、生計の途が大きく損なわれたことから、かれは家族を函館に残し、仕事をもとめて札幌、ついで小樽へと移った。小樽では新たに創刊された小樽日報の記者となった。月給二十円である。

当時、小樽の人口は約九万、外国貿易港を擁し、急速な発展を遂げつつあった。啄木と同様に函館から移ってきた人も多く、市内はごった返していた。小樽で啄木は、道路の整備も追いつかないほどの発展に目をみはり、行き交う人びとの鼻息の荒さを「小樽の人の歩くのは歩くのでない、突貫するのである」と描写している（「初めて見たる小樽」『全集』八）。

小樽日報社の社主は、北海道有数の実業家でのちに「ブラジル開拓の父」とも仰がれる山県勇三郎、社長は初代釧路町長や衆議院議員をつとめ、当時は北海道会議員であった白石義郎である。啄木は小樽日報の経営を山県社主の道楽半分とみていたが、福地順一『石川啄木と北海道』によると、当時、山県財閥は明治四十年（一九〇七）の経済不況の影響を受け経営難に陥っており、新聞創刊によって財閥の信用回復をはかり、マスコミの力で債権者の圧力を回避しようともくろんでいたという。

小樽日報の主筆は岩泉江東、記者のなかには先述の野口雨情もいた。入社後、啄木は、野口と組んで岩泉の排斥を画策、工作は成功した（ただし野口は退社）。その後は、函館時代の友人沢田天峰（信太郎）を後任主筆に迎え、自らは三面（社会面）の主任となった。給料も増額となるなど得意絶頂にあったが、新聞の販売は不振で、諸々の不満も重なり、やる気を失ってしまう。

折よく札幌で創刊予定の新聞への移籍話があり、再三札幌に出かけるなどしたことで、勤務不良が目立ってくる。この頃、友人向井夷希微に送った書簡には、「札幌と札幌の人々が恋しくてたまらず候」「日報社にありて小生のなすべき事は既になし了れり」（12月9日付向井永太郎宛『全集』七）と、心情が記されている。頻繁な札幌行きの背景には、函館弥生小学校の代用教員時代の同僚で、大火後は札幌郊外の実家にもどっていた「永遠の恋人」橘智恵子への思慕があったとみる向きもあるが、日記にはなにも記されていない。

一連の怠業に憤懣を募らせたのが、小樽日報社事務長の小林寅吉であった。小林は岩泉前主筆に近いとされ、啄木が岩泉につづいて自分も排斥にかかっているとの情報を得て怒っていた。小林寅吉といってもわかりにくいが、「蛮寅」と呼ばれ、三木武吉・一松定吉とともに憲政会の三吉と称される、衆議院議員中野寅吉の若き日の姿であった。思わぬところに、思わぬ人物がいたもので、十二月十二日、啄木は札幌から帰社したところを小林から詰問され、言い争った末、はげしく殴打された。

ちなみに啄木の身長は五尺二寸二分（約一五八cm、「日記」明治39年4月21日）、体重十二貫三百目（約四五kg、「日記」明治41年8月2日）と小柄で痩身、運動も苦手であったから、武闘派小林の腕力の前にはひとたまりもなかった。

沢田天峰の回想によれば、「羽織の紐が結んだまゝ千切れてブラリと吊がり、綻びに袖口から痩せた腕を出して手の甲に擦過傷があり、平常から蒼白の顔を硬張らせて、突き出た額に二つばかり大瘤をこしらへ、ハア〳〵息を切って体がブル〳〵悸へて居た」。そして血走った目から涙をこぼしながら、退社すると絶叫したという（「啄木散華」『回想の石川啄木』）。退社はしたが、すぐに札幌の新聞社に移れるという甘い期待は裏切られ、日々の暮らしにも事欠く、貧窮のうちに明治四十年の大晦日を迎える。

一月

❏ 弥彦

いよいよ弥彦・啄木、それぞれの明治四十一年（一九〇八）をたどる。偶然だが、二人はともに息凍る寒冷の地で年始を迎えている。とはいえ、二人のおかれた境遇はまったく異なる。

日本スケートの幕開け

弥彦の明治四十一年は、学習院時代からの仲間とのスケート合宿に参加すべく、長野県諏訪湖に向かう旅の途中ではじまる。

晴。四時半起床。直に食事をなして談露館を出で、甲府一番にて諏訪に向ふ。富士見へんに至れば已に積雪盛なり。九時半頃下諏訪につく。荷物片手に、片手にスケート、急ぎ足に丸屋に行く。下より呼びば柳谷、黒木、牧野氏、今起きしばかりと見えて声おどろなり。直に支度をなし、馬車にて岡谷に行き、間下の池に行きて滑ぶ。降雪盛にして寒さ甚し。手袋の先きは氷りて剣撃に用ふるコテの如し。昨年来りし大友氏なども来り居り。昼すぐる頃、独逸人の巧みに滑る人来る。五時終りて岡谷に行きしも、汽車既に出でし後なりしかば、やむなく徒歩にて帰り、夕食をなし、十時頃寝につく。

（「日記」1月1日）

最初の場面は山梨県甲府市。始発列車に乗るべく、宿泊していた談露館という旅館を出るところからはじまる。文中には出てこないが、学習院時代のスポーツ仲間の伊達九郎と一緒である。伊達九郎は、幕末の四賢公の一人として知られる宇和島藩主伊達宗城の九男。生まれは弥彦と同年だが、学年は二級下のため、まだ学習院高等学科の学生であった。のちに二荒伯爵家の養子となり、名前も芳徳と変える。

諏訪でのスケートを伝える絵葉書（明治44年）　右端が弥彦

伊達（二荒芳徳）は、学習院卒業後は東京帝国大学法科大学に進学、文官高等試験に合格し、内務省・宮内省に勤務した。大正十年（一九二一）には皇太子（昭和天皇）の欧州巡遊に随従している。宮内省退官後はボーイスカウト運動に力を注ぎ、少年団日本聯盟理事長に就任した。次第に国家主義的な言動が目立つようになり、戦時中はイデオローグの一人として名を馳せた。

弥彦日記での伊達は、もっぱら弥彦の最も親しい運動仲間の一人である。登場回数も多い。陸上やスケートでの活躍が顕著で、後者に関しては「学習院のスケートの元祖」と位置づけられるほどである（「氷滑日記」）。

弥彦たちが大晦日に東京を発ったのは、当時の鉄道事情だと始発列車で新宿を出発しても、下諏訪到着は夕方になってしまうため、少しでも滑る時間を確保しようと考えたからであろう。宿泊先の談露館は、明治二十年（一八八七）の創業、現在も甲府を代表する老舗ホテルとして営業中である。二人は夜明け前に談露館を発し、始発列車に飛び乗った。下諏訪到着は午前九時半頃で、すぐさま先乗りした仲間と合流している。合宿先の旅館丸屋は、下諏訪宿脇本陣を由来とし、「御宿まるや」としてこちらも健在である。

日本人とスケート

スケート界における弥彦の位置づけであるが、日本スポーツ協会・日本オリンピック委員会（ＪＯＣ）の前身の大日本体育協会が編纂した『大日本体育協会史』には、スケート界の先達の一人として、その名が挙がっており、単なる娯楽や趣味の域ではかたづけられない存在である。

日本におけるスケートはいつどこで、誰がはじめたのか。正確にはわからないが、おそらく幕末以降、日本にやって来た外国人が持ち込み、各地で滑っていたところ、日本人も倣うようになったのであろう。札幌・仙台・神戸などが発祥の地として挙げられる。

諏訪湖は二十世紀に入って以降、スケートの一大中心地となった。標高七五九メートルにあり、面積一三・三㎢、広々とした湖面には厳寒期になると分厚い氷が張り、スケート場として申し分なかった。

諏訪湖でスケートが盛んになったのは、長野県富士見駅どまりであった鉄道（中央本線）が明治三十八年（一九〇五）十一月に岡谷駅、翌年六月には塩尻駅まで延び、東京方面からのアクセスが向上したことが大きい。

地元の諏訪湖スケート会の記録によると、「鹿児島県人湯地航一氏、多年北海道に在りて旧開拓使雇用の外人某に就き欧洲式氷辷を習練せられ、明治三十九年一月二十七日来町、数日間高浜湾頭に滑技を演じ、伝習を受くるもの多々、爰に始めて諏訪湖氷上の滑動にスケーチングの洋名を准用するに至れり、於茲有志相謀り一の会団を組織し一大競技会を開催せむとし、同年二月十八日高浜湾頭に氷辷場の発会式を挙け、併せて第一回競技会を開催す」（「自大正二年十一月至三年十月　諏訪湖スケート会組織活動状況概要」）とある。

弥彦がいつからスケートをはじめたのかは、はっきりしないが、『諏訪市史』下巻には、明治四十年（一九〇七）には、英国代理大使ローザ夫妻や学習院学生伊達九郎・三島弥彦らが諏訪湖でスケートをしたと記されている。鉄道開通後すぐか、その翌年には学習院の仲間とともに諏訪湖にやってきたのであろう。

諏訪のスケート合宿

弥彦は下諏訪到着後、すぐさま丸屋をたずねたところ、仲間たちはまだ眠っていた。柳谷とは柳谷午郎。父は外務・農商務官僚で、大学卒業後は、弥彦とおなじく横浜正金銀行に入行している。学習院陸上部の先輩で、弥彦の運動仲間の代表格の一人であった。のちに弥彦がオリンピック代表選手に決まったときには、特製の葉書を送って祝福している。

黒木は黒木三次。父為禎は薩摩藩出身で陸軍大将、伯爵。日露戦争で第一軍司令官をつとめた猛将として名高い。三次はのちに伯爵を継ぎ、貴族院議員をつとめた。

弥彦はかれらと一緒に馬車で岡谷郊外の間下にある通称「間下の池」に出かけ、夕方まで滑っている。諏訪湖の湖面が本格的に結氷するのは、一月に入ってからとされ、「最も好い時期は一月十日頃から紀元節（二月十一日）の前後」とされていた（『スキーとスケート』）。それまでは間下の池や、下諏訪にある田圃を仕切った特設のスケート場などで滑るのが一般的であった。田圃のスケート場といっても、夜間照明も備えられており、諏訪地方のスケート人気がうかがえる。

間下の池には外国人も含め、多くの人が滑りに来ていた。あまりの寒さに、手袋の先が剣道の籠手のようにに固結してしまったという。夕方、一同で岡谷駅に行ったところ、すでに汽車は出てしまっており、やむなく徒歩で丸屋まで帰っている。

二日には**「九時頃より上諏訪に行く。ウイドマン（布哇とのmatchの時umpireをなせし人）も来れり」**とあり、今度は上諏訪に滑りに行っている。上諏訪の町で餅や蕎麦を食べ、午後は**「三時頃より又氷上に至り六時頃迄滑り」**とあるから、最後は夜間照明のもとで滑ったのであろう。「布哇とのmatch」とは、前年十〜十一月に来日したハワイの野球チーム「セントルイス軍」と早稲田大学、慶応義塾の野球試合のことである。セ軍は慶応野球部の招待により来日し、対戦成績は、対慶応は三勝二敗、対早稲田は三戦全勝であった。

セントルイス軍は、初めて来日した外国野球チームとして野球史に名を残すが、『野球歴史写真帖』によると、「実に彼等は大学と称したやうなものの商売人テイームであつた」とされ、セミ・プロチームだったようである。対戦が日本初の有料試合となったのも、その関係によると思われる。

つづいて三日は**「十時頃迄約三十分間、停車場の傍なる田にて滑る。十時半の発にて伊達氏と帰京の途につく。柳谷、黒木、牧野及び小口君などと上諏訪にて分る」**。出発間際まで駅そばの田圃のスケート場で滑っている。弥彦と伊達は帰京したが、柳谷以下は残留し、合宿をつづけた。

小口君とは地元の諏訪中学校（県立諏訪清陵高等校校）の生徒小口卓襄である。小口は、弥彦らのスケート指導役であり、翌年おこなわれた南信日日新聞主催のスケート諏訪湖一周競技会で優勝するなど地元屈指のスケート選手であった。ちなみに翌年のスケート合宿のときに、間下の池でおこなったレースでは、小口と弥彦が同タイムで一位となっているから、弥彦の技量が相当なものとわかる（「氷滑日記」）。

弥彦は、斯界の先達としてスケートをどのようにみていたのか。明治四十三年（一九一〇）に出た雑誌『運動世界』第二十一号において、弥彦は「諏訪湖の氷滑り」と題して蘊蓄を披露している。

かいつまんで紹介すると、「昔の氷滑りなるものは両足でズーツと滑るのであつたが、今のは片足づゝ滑るので広い処では一足で五、六間、故意（わざ）と長く滑らうと思へば三、四十間位は楽に滑ることが出来る」と黎明期にふさわしい、牧歌的な技術論である。「朝起きて湖水に出て見ると、廻りの八ヶ岳だの駒ヶ岳など雪を戴いた連山へ朝日がパッと照り付けて、薄紅く輝いて居る其の中からヌーと富岳が首を出した有様は実に何んとも云へない景色である」と、湖上からみた美しい風光についても触れている。この景色は今も変わらない。

国産のスケート靴は安いもので二円くらい、高いものだと十五、六円くらいするという。啄木の渋民尋常小学校での月給が八円、この当時の巡査の初任給が十二円くらいであるから、決して安くはない。「成る丈けキツチリと足に合つて居るのがよい、と云つていくら足に合つて居ても踵の曲つて居る奴は大禁物だ、是れ位い滑つて居て苦しいものはない」とし、もう一つ注意を要するのは、スケートの歯をきちんと付けておくことで、これがダメだと修理ばかりになるという。

東京から諏訪までの汽車賃は、片道一円七十一銭だが、割引きが利用できれば往復二円少しだという。ただし時間がかかるので、しっかり滑るにはどうしても最低三日くらいは必要だとする。宿は下諏訪に二、三軒あるが、「一番呑気なのは僕が泊りつけの丸屋で、主人の大久保は非常なスケートの熱心家だから多少の便宜がある事と思ふから、初めて行く人など此処がいゝだらう」と勧めている。宿泊料金はどこでも上等が昼食付きで八十銭くらいなので、交通費を含め全部で「七、八円あれば楽に諏訪のスケートをする事が出来るのだ」という（「諏訪湖の氷滑り」）。

東京千駄ヶ谷の三島子爵家

一月三日夜、弥彦は東京千駄ヶ谷の自宅にもどった。住所は、東京府豊多摩郡千駄ヶ谷町千駄ヶ谷七六二番地。現在の渋谷区千駄ヶ谷四丁目、原宿警察署の向かい側あたりである。敷地は二千坪ほどあった。

三島子爵家が千駄ヶ谷に邸宅を構えるようになったのは、明治三十六年（一九〇三）からである。弥彦が生まれた頃の三島家は三田四国町にあったが、その後、敷地を東伏見宮に提供することとなったため、麻布区新龍土町五番地、かつて通庸が警視庁の官舎として建築した家屋三百坪と、地所七百坪を買い受け、同所に移転した。千駄ヶ谷へはそこからの移転となる。

三島家につづいて、翌年十一月には与謝野寛（鉄幹）・晶子夫妻が、主宰する新詩社とともに渋谷から千駄ヶ谷の五四九番地に移転してきた。新詩社の機関誌『明星』は、浪漫主義的な作風の詩歌でもって文壇を主導し、読者を魅了した。啄木も多大な影響を受けたことはすでに述べた。

千駄ヶ谷には甲武鉄道（中央本線）が通っており、明治三十七年には千駄ヶ谷駅が開業するなど、農村から住宅地へと変貌しつつあった。

当時の千駄ヶ谷周辺の風景については、自然主義文学を代表する

東京千駄ヶ谷の三島邸

作家田山花袋が、小説『少女病』のなかで巧みに描写している。花袋自身も当時は、千駄ヶ谷の隣の代々木に居を構え、大手出版社の博文館に電車通勤していた。

此男〔主人公の杉田古城〕の姿の此田畝道にあらはれ出したのは、今から二月ほど前、近郊の地が開けて、新しい家作が彼方の森の角、此方の丘の上に出来上つて、某少将の邸宅、某会社重役の邸宅などの大きな構が、武蔵野の名残の櫟(くぬぎ)の大並木の間からちら／＼と画のやうに見える頃であつたが、其櫟の並木の彼方に、貸家建の家屋が五六軒並んであるといふから、何でも其処等に移転して来た人だらうとの専らの評判であつた。〔中略〕其植木屋も新築の一軒家で、売物のひよろ松やら樫やら黄楊やら八ッ手やらが其周囲にだらしなく植付られてあるが、其向うには千駄谷の街道を持つてゐる新開の屋敷町が参差(しんし)として連つて、二階の硝子窓には朝日の光が閃々と輝き渡つた。

のどかな武蔵野の風景が広がる千駄ヶ谷にあって、三島子爵邸は、約二千坪の広大な敷地内に木造三階建ての本館がそびえていた。「三階まで貫く一本の大黒柱が、すっくと中央に立ち、地震の時はこの柱のそばにいれば大丈夫だ」といわれていた（『土方梅子自伝』）。本館一階には応接室や食堂などがあり、二階には当主の弥太郎一家が暮らし、三階には弥吉・弥彦の室があった。さらに本館と渡り廊下で結ばれた「離れ」には、母和歌子が住んでいた。

本邸以外にも三島家は栃木県西那須野に農場兼別荘、栃木県塩原と神奈川県大磯に別荘を所有していた。ほかにも東京の各所に地所を有するなど三島家はかなりの資産家であった。

帰京後の日々

東京にもどった弥彦は、四日は**「朝の中に年賀状を書きてぐず／＼す。午後より年始に行く。自転車に**

て乃木さんの処より麹町に出で、大森さん、四條さんに行く」。自転車に乗って年始の挨拶回りをしている。自宅を出てから、赤坂区檜町（港区赤坂八丁目）の乃木希典学習院長の私邸、麹町に出て大森金五郎学習院教授、富士見町（千代田区富士見）の親戚の四條侯爵家などを回っている。さらに**「餅をあがないて」**小石川区下富坂町（文京区小石川）の柔道の講道館へと出向いている。

弥彦は移動に自転車を使っている。『自転車の一世紀』によると、明治四十一年当時、東京府下の自転車数は一万五七二台、自転車自体がまだめずらしく、とくに舶来品はかなり高級であった。明治四十二年当時で、英国製自転車センター号の小売価格は二百円、ドイツ車だと百二十円、国産車の安いものでも五十円はしたという。弥彦の自転車の車種はわからないが、おそらく外国製であろう。

この時代の自転車は高価で、学生が気軽に乗り回せるようなものではない。それだけに明治三十六年（一九〇三）に読売新聞に連載されたベストセラー小説『魔風恋風』の冒頭、ヒロインの女学生萩原初野が自転車に乗って登場する場面は衝撃的であった。彼女は新時代のアイコンとして多くの読者の心を鷲づかみにした。後の時代への影響も大きく、ハイカラ女性＝袴姿＝自転車というイメージを定着させた。

話がそれたが、弥彦がこの日の最後に挨拶回りをした講道館は、「柔道の父」嘉納治五郎によって創設された柔道の普及をはかるための総合的な団体である。弥彦は毎年冬になると、講道館や学習院の道場で柔道の稽古にはげんでいた。

三島家と講道館の関係は深い。嘉納が講道館を創設してまもない頃、これに注目し、警視庁師範との試合を斡旋するなどして発展のきっかけをつくったのが、ときの警視総監三島通庸であった（『柔道を創った男たち』）。嘉納にとって通庸は講道館の恩人であった。嘉納は四年後の明治四十五年（一九一二）、恩人の息子である弥彦と日本最初のオリンピックに臨むのだから、親子二代にわたって縁が深い。

日記をつづける。五日は**「七時起床。学習院に行き、其れより伊達氏と大崎に出来し氷滑場に行き、一時半頃**

家に帰る」。千駄ヶ谷から目白の学習院に行き、さらに伊達九郎と一緒に大崎に出かけている。千駄ヶ谷・目白・大崎間の移動は全部電車である。

大崎に新しくできた「氷滑場」、すなわちスケート場には、その後も一月十二・十九・二十六・三十日、二月二・四・六・八・九・十一・十五・二十二日と足繁く通っている。

大崎のスケート場については、詳細はわからないが、日影に水を張って凍らせただけの、比較的簡易な施設だったようである。日記には**「氷おほつかなく思ひし故に止む」**（2月4日）、**「氷薄く乗る能わざりき」**（2月6日）とあり、気温が上昇すると滑走不能になっている。ゆえに、弥彦が大崎に出かけるのは、いつも早朝である。

本郷座

弥彦の日記は、スポーツ関係の記事にあふれている。一月だとスケート以外にも、学習院での柔道寒稽古（7日）、柔道紅白勝負観戦（21日）、両国回向院での相撲見物（26日）、向島での漕艇見物（30日）などの記事が目をひく。こうした傾向は今月にかぎらない。

五日の日記にもどると、午後四時半からは、兄弥太郎とその子供たち、弟の弥十二らと**「本郷座に魅魔術を見」**に行き、**「中々面白かりき」**と感想を記している。本郷座は本郷区春木町（文京区本郷三丁目）にあり、建坪総数四八〇坪からなるドイツ風の美しい建築の劇場であった（『文京区史』）。観覧料は、おおむね一等は一円二十銭で、以下二等一円、三等七十銭、四等三十銭であった（『東京案内』下巻）。

「魅魔術」とはマジックのことである。明治四十年（一九〇七）十二月三十一日付の東京朝日新聞には、「英国人エッチ、レジアー師外総員全部出演　一月一日より毎日昼夜二回開演　ひる一時よる六時より」として「理想的大マギック」の広告が載っており、弥彦たちが観たのは、おそらくこれだろう。

東京帝国大学

弥彦は大学生であり、学業関係の記事も少なくない。

弥彦が通っていた東京帝国大学は、現在の東京大学本郷キャンパスである。当時の建物は関東大震災で大半が焼失したが、校舎の配置や運動場の位置など変わっていない部分も少なくない。

大学正門前あたりの風景は、時期的には弥彦が入学するすこし前だが、『魔風恋風』のなかで次のように描かれている。

　午砲（どん）が轟（ひゞ）いて最う余程経つたが、講義は今終つたところと見える。帝国大学の正門から、丁度煙突を出る煙の様に、一群の学生がむら〱と溢れ出て、右に、左に、煙突の煙と風に散つて行く。孰も一様に半平帽、インキ壺に筆記帳（ノートブック）を提げたが、服装は和洋思ひ思ひの扮装（いでたち）、中には制服に足駄と云ふ変つたのも交つてゐる。

弥彦が学ぶ法科大学は、正門を入って真っすぐ伸びる正面通路の右側に法科大学及文科大学の建物があり、つづいて通路の両側に法科大学教室、その先に法科大学列品室があった。学費は一年三十五円であった（『東京帝国大学五十年史』下冊）。校舎の玄関前の草原には、初夏の頃になると苜蓿（うまごやし）が一面に生えたという。

構内の様子については、『三四郎』に、弥彦が目にしたのとおなじ光

東京帝国大学　本郷通りよりみた赤門及び医科大学

景が描かれている。

翌日は正八時に学校へ行つた。正門を這入ると、取突の大通りの左右に植ゑてある銀杏の並木が眼に付いた。銀杏が向ふの方で尽きるあたりから、だら〳〵坂に下がつて、正門の際に立つた三四郎から見ると、坂の向ふにある理科大学は二階の一部しか出てゐない。其屋根の後ろに朝日を受けた上野の森が遠く輝やいてゐる。日は正面にある。三四郎は此奥行のある景色を愉快に感じた。

銀杏の並木が此方側で尽きる右手には法文科大学がある。左手には少し退がつて博物の教室がある。建築は双方共に同じで、細長い窓の上に、三角に尖つた屋根が突き出してゐる。其三角の縁に当る赤錬瓦と黒い屋根の接目の所が細い石の直線で出来てゐる。さうして其石の色が少し蒼味を帯びて、すぐ下にくる派手な赤錬瓦に一種の趣を添へてゐる。さうして此長い窓と、高い三角が横にいくつも続いてゐる。三四郎は此間野々宮君の説を聞いてから以来、急に此建物を難有く思つてゐたが、今朝は、此意見が野々宮君の意見でなくつて、初手から自分の持説である様な気がし出した。ことに博物室が法文科と一直線に並んでゐないで、少し奥へ引つ込んでゐる所が不規則で妙だと思つた。こんど野々宮君に逢つたら自分の発明として此説を持ち出さうと考へた。

法文科の右のはづれから半町程前へ突き出してゐる図書館にも感服した。よく分らないが何でも同じ建築だらうと考へられる。其赤い壁に添けて、大きな棕櫚の木を五六本植ゑた所が大いに好い。

三四郎は大学構内を見渡して雄大な心地になり、「学問の府はかうなくつてはならない。かう云ふ構があればこそ研究も出来る。えらいものだ」と、大学者になったような気分に浸ったが、生まれも育ちも東京の華族の五男坊のためか、それとも単に入学から数カ月経って慣れたからか、弥彦日記からは三四郎的な気負いは感じられない。

大学関係の記事は、冬期休業が明けた八日からはじまる。この日は「Sprague の note を写し、終日家

に居る」とある。スプレーグ（Oliver M. W. Sprague）は外国人教師で、経済学・財政学を担当していた。

翌九日に初めて大学に登校し、**「十時より穂積さんの講義あり。一時半頃帰る」**。穂積さんとは、法科大学長で憲法を担当する穂積八束である。穂積は明治憲法の解釈として天皇主権説を唱えたことで知られる（長尾龍一『日本憲法思想史』）。その後も日記には講義出席や、図書館での勉強、友人からのノートの借用といった記事が随所に出てくる。

弥彦の同級生には、のちに外務大臣となり、戦後は改進党総裁をつとめた重光葵、吉田茂内閣で厚生大臣となる河合良成、財界総理と呼ばれた石坂泰三、内務官僚から貴族院議員となる松本学、おなじく内務官僚から読売新聞の経営者となり、戦後は政治家として活躍する正力松太郎など錚々たる顔ぶれが揃っていた。のちに学費滞納のため除籍となるが、啄木の盛岡中学校の先輩、野村胡堂（長一）もいた。

法科大学は学生数も多く、政治学科、法律学科に分かれていた。学生たちは出身校を中心にまとまる傾向にあり、いちばん幅をきかせていたのは第一高等学校、いわゆる一高出身者であった。

これに対し学習院出身者は少数であった。定員に空きがあって初めて入学できるのだから、少ないのは当然である。弥彦の同級には、旧上総国一宮藩主加納子爵家の出身で、卒業後は弥彦とおなじく横浜正金銀行に入行し、戦後は初代日本住宅公団総裁、千葉県知事をつとめた加納久朗、旧若狭国小浜藩主酒井伯爵家の出身で、大蔵省に入った酒井晴雄などがいた。酒井は弟の四郎・五郎を含めて、日記にしばしば登場する。

酒井は学習院時代、腕白揃いの「粗暴なクラス」で鳴り響いた弥彦のクラスにあって学業優秀、リーダー的な存在であった。

武者小路実篤『小さき世界』は、とびきりおとなしい武者小路の中等学科六年級と、粗暴な五年級との葛藤を描いた作品だが、このなかに酒井がモデルと思われる五年のリーダー榊が登場する。

作中、ある四年生は榊のことを「あんなしつかりした人は他に学校にゐない」「頭もいゝし、人間もしつかりしてゐる。皆が心伏してゐる、あの級のどんな乱暴者も榊には一目おいてゐる」とか、人物が大きく「清濁合せのむ」「公平に見れば榊のやうな人は学校にはゐませんよ」などと称賛する。

この発言に主人公の広次（武者小路）は、自分たちの学年を蔑ろにされたような気になり反発するのだが、作中の榊は猛者揃いの五年級にあって、冷静で度量の大きいリーダー役を果たしている。学業、人格ともに優れた酒井は、弥彦にとって頼もしい存在であったろう。

酒井は、大学卒業後は大蔵省に入り、文官高等試験にも第十位で合格したが、大正八年（一九一九）六月、専売局参事のとき、病気のため三十三歳で亡くなっている。早世しなければ、あるいは華族出身の官僚、政治家として昭和期に活躍したかもしれない。

講義と筆記用具

この時代、大学の講義は、教授が教壇でノートを読み上げ、学生は一言一句を残さず筆記し、講義ノートを作成するのが一般的であった。『魔風恋風』では、学生たちはインキ壺にノートを提げていたが、ほかにも墨壺に筆の入る筒をつけた矢立という筆記具を携行する学生もいた。弥彦の場合は、日記の筆跡からみて、万年筆を使用したと思われる。

万年筆は、丸善などで舶来品を中心に販売されていたが、明治末年より広く普及するようになったとされる。そのきっかけとなったのが、明治四十一年十二月に、明治九年三月太政官達二十九号「公文ニ洋製ノ墨汁「インキ」ヲ用ルヲ禁ス」が廃止され、公文書への西洋インクの使用が可能になったことだという。

当時の丸善の新聞広告をみると、「万年筆は其外観極めて美麗にして、其使用は最も久しきに耐へ、其筆勢は頗る雅健なり、然して其価格は最も低廉なり」とし、価格帯は「自二円五十銭以上十七円迄」としている（『東京朝日新聞』3月7日）。

ちなみに夏目漱石が万年筆を使いはじめたのも、明治四十一、二年頃であった。漱石の小品『余と万年筆』によると、明治四十五年の時点で、丸善では多いときで一日につき百本ほど万年筆が売れたという。売れ筋は十円内外の低廉なものだが、それでも、ひとつ一銭のペンや、三銭の水筆に比べれば何百倍もする。最上等の万年筆だと一本三百円くらい、丸善でも六十五円のものを取り寄せるという。

漱石が使用したペリカン社の万年筆は「余の要求しないのに印気（インキ）を無暗にぽた〳〵原稿紙の上へ落したり、又は是非墨色を出して貰はなければ済まない時、頑として要求を拒絶したり、随分持主を逆待」するなど不調が多かったというが、弥彦の万年筆は日記の筆跡をみるかぎり割合調子がよい。きっと上等な舶来品なのだろう。

話を大学にもどす。講義風景であるが、弥彦の同級生河合良成によると、さきの穂積八束による憲法講義は「ひじょうに荘重な調子で「そも、そもう、わが国憲法ワア……」というようなぐあい」で、スローな口述のため毛筆でも十分書き取れたという（『明治の一青年像』）。

学生のあいだでは講義ノートが流通していた。河合の場合、大学進学後にノイローゼ気味となったため、「一年生の後半ごろから卒業するまで、講義にはほとんど出席しないで、すべて友人のノートとそれらの筆写と、本郷や神田で買いいれた古講義録などでまにあわすことになってしまった」（『明治の一青年像』）という。毎年おなじ講義をくりかえす教授の過去の講義ノートは、古書市場で流通していた。

講義ノートの借用や筆写に関する記事は、弥彦日記にも頻出する。たとえば一月十八日条では大学の講義に出たあと、**「二時頃より酒井氏の処に至り、国法を写し、六時頃より酒井氏と北條氏の処にゆく、田尻、山沢、柳生なども来り、十時頃迄話し」**と、酒井晴雄より国法学のノートを写させてもらっている。

酒井伯爵邸は牛込区（新宿区）矢来町にあった。もとは小浜藩下屋敷で、「矢来の酒井家の庭といへば誰知らぬ人のない名園で、梅の頃にも桜の頃にも第一に噂に上るのはこの庭である」（『名園五十種』）と讃えられた名園を有していた。現在では庭園は失われ、敷地には矢来町ハイツが建っている。

講義ノートの作成に関しては、文科大学進学組なので事情は異なるが、里見弴が「学習院に行つて居る時分にもノートを取る科目はあつたが私は殆ど書いたことがなかつたから、この速記のやうな技術に於ては全く無経験と云つてよかつた。やつて見ると書き取れないほど早くはないが、いかにも馬鹿々々しくてかなわなかつた。私は覚えだけとつてあとは楽書きなどしながら聞いて居た「こいつはとても己にはやれさうもないナ」こんなことを考へながら」（『君と私と』）と、講義ノートの作成に戸惑った経験を呆れ半分に記している。不慣れという点では弥彦もおなじ感想を持ったかもしれない。

日記にもどると、このほか一月の記事で、大学以外で学生生活をうかがわせるものとしては、二十五日に**「淀見に食事」**という記事が出てくる。

本郷四丁目にあった淀見軒は『三四郎』にも登場する大学生御用達の洋食店であった。ちなみに三四郎は友人の佐々木与次郎に誘われ、ライスカレーを食べている。『三四郎』では、淀見軒につづけて「矢張り大学生のよく行く所ださうである」として、赤門近くの青木堂が登場する。

青木堂は、洋酒や缶詰、チョコレート、洋菓子などを扱う店で、弥彦の日記にもしばしば登場する。徳田秋聲は「青木堂は本郷名物の一つで、たばこや食料品や飲料をあきなふハイカラな店として、高級なものである。その汚い、だゞつぴろい二階で濃いコーヒやチョコレートやフラウンケイキなどを食べさせることは今も昔と変りはない」（「大学界隈」）と伝え、食通で知られる喜劇人古川ロッパは「本郷の赤門傍にも青木堂があつて、その二階は喫茶部になつてゐた。そこで食つたシュウクリームの味、それに大きなコップに入つたコヽアの味を覚えてゐる」（『ロッパ食談』）と懐かしんでいる。

青木堂は、ハイカラといっても学生相手の飾らない店で、本郷に下宿していた啄木も当然知っていたはずである。貧乏暮らしのため、ほとんど無縁であったようだが、十一月二十九日には医科大学生で詩人の太田正雄（木下杢太郎）と一緒に**「青木堂へ行つてチヨコレートをおごられ」**ている。折よく啄木が登場したので、主役を転じよう。

❏ 啄　木

北を流離う

啄木は、明治四十一年の新年を厳寒の北海道小樽で迎えた。おなじ日、弥彦はスケートのため長野県諏訪にあったが、啄木の北海道滞在は、生活に追われてであった。

起きたのは七時頃であつたらうか。門松も立てなければ、注連飾もしない。薩張正月らしくないが、お雑煮だけは家内一緒に喰べた。正月らしくないから、正月らしい顔した者もない。

廿三歳の正月を、北海道の小樽の、花園町畑十四番地の借家で、然も職を失うて、屠蘇一合買ふ余裕も無いと云ふ、頗る正月らしくない有様で迎へようとは、抑々如何な唐変木の編んだ運命記に書かれてあつた事やら。

（「日記」1月1日）

元旦の日記はこのあとも延々とつづいており、嘆きと憤懣にあふれている。一夜にして年の瀬から新年に一変した町の風景を馬鹿々々しいと眺め、一家の主人が一人前の働きをしながらも俸給は一家の生活費を満たせず、そのため大晦日には、主人あるいは家族のだれかが借金の申し訳をしなければ、明日からの生活の資を得られないとし、**「此驚くべき不条理は何処から来るか。云ふ迄もない社会組織の悪いからだ。悪社会は怎すればよいか。外に仕方がない。破壊して了はなければならぬ。破壊だ、破壊だ。破壊の外に何がある」**と、不条理な社会を改めるための破壊願望をあらわにしている。

生活に根ざした社会主義

啄木の破壊願望は、前年八月二十五日の函館大火のときにもあらわれている。火事は約十一時間もつづき、市街地の三分の二近くが焼失した。函館山の山裾の青柳町にあった啄木の自宅と家族は無事であったが、勤務先の函館日日新聞、弥生小学校はいずれも焼失し、生活の基盤を失ってしまった。

大惨事を目の当たりにした啄木は一種の興奮状態だったようで、盆踊りをはじめる奇行に出ている。その一方で「然し火事は面白い者、末広町の豪商も銀行の頭取も何もかも、寝巻に兵児帯のまゝで逃げ出せし事とて目下の所小生等と同等にて火事は財産よりも主として階級を焼きたる様に候、神は平等を好み給ふなり歟」(8月29日付大島経男宛『全集』七)と、火災によってはからずも現出した社会の平準化に、ほくそ笑んでもいた。「火は函館に根本的革命を齎らしたのだね」(8月29日付宮崎大四郎宛『全集』七)と、大火を革命に重ねてもいる。

日記にもどると、啄木は四日、**「夕方本田荊南君に誘はれて寿亭に開かれた社会主義演説会に行つた」**。本田は、北門新報小樽支社の記者で、寿亭は小樽駅に近い稲穂町にある小規模な劇場であった。出演者は、社会主義者の西川光次郎〔光二郎〕、演歌師の添田啞蟬坊、そしてライバル紙小樽新聞の社会部長碧川企救男である。碧川は地元の社会主義者グループの頭目で、西川とは学生時代からの友人であった。碧川の妻カタは再婚で、元夫とのあいだに生まれたのが詩人の三木露風である。碧川夫妻の息子道夫は映画カメラマン、娘芳子は映画監督内田叶夢の夫人となる。

啄木が関心を寄せた社会主義運動であるが、明治三十九年（一九〇六）一月に発足した第一次西園寺公望内閣の抑圧緩和方針をうけ、日本社会党が結成されるなど、運動は活性化をみせていた。そのなかで社会主義者たちのあいだでは、幸徳秋水らの直接行動派と、片山潜らの議会政策派のあいだで路線対立が激化していた。

西川らの遊説旅行は、分裂した運動の立て直しをはかろうとするもので、明治四十年十二月より東北・北海道遊説をおこなっていた。内務省警保局作成「社会主義者沿革　第一」には「四十年十二月西川光次郎、添田平吉等北海道地方へ遊説ス」とあり（『続・現代史資料　社会主義沿革（一）』）、治安当局が目を光らせていたことがわかる。

福地順一『石川啄木と北海道』によれば、北海道は『平民新聞』の発行部数が東京の次に多い土地で、なかでも小樽は道内で最もよく売れる都市であった。そうした土地柄ゆえ、碧川にかぎらず、地元新聞の記者にも社会主義に好意的な人士が少なくなかった。小樽には、のちのプロレタリア作家小林多喜二を育む土壌があった。

演説会の来会者は百名程度であったという。会の模様は、弁士の一人添田によれば「小樽の会の時は大雪であった。今夜はダメだぞと言ってゐると、藁沓を穿いて、どっさどっさと平気な顔でやって来て、一杯になった、その夜私は演説の中で「わからない節」をうたった。持ってゐた演歌を、会場を持って廻る者があって、売れたこと売れたこと。たちまち手払ひになってしまった」（『唖蟬坊流生記』）と、歌本がよく売れ盛況であったという。

これに対し、聴衆側である啄木の感想は、碧川・添田の演説は、**「共に余り要領を得ぬ」**ときびしい。西川の演説「何故に困る人が殖ゆる乎」「普通選挙論」には、**「何も新らしい事はないが、坑夫の様な格好で、古洋服を着て、よく徹る蛮音を張上げて、段々乎として説く所は流石に気持よかつた」**と好意的である。

閉会後の茶話会で、啄木は西川と挨拶を交わしている。両者の交流はその後いったん途絶えるが、啄木が大逆事件に衝撃を受けたのを機に復活する。

そもそも啄木に社会主義思想を吹き込んだのは、前年、短期間の札幌滞在時に北門新報社の同僚として知り合った小国露堂であった。露堂は岩手県宮古の出身で、道内のさまざまな新聞で記者をつとめた後、故郷にもどり『宮古新聞』を発刊している。啄木は苜蓿社同人の向井夷希微を通じて露堂と知り合った。

啄木は、かねてより社会主義に関心はあったが距離をおいていたという。露堂と論じ合うなかで、**「社会主義は要するに低き問題なり然も必然の要求によつて起れるものなり」**（「日記」明治40年9月21日）、「低き問題」、すなわち生活に根ざした問題と認識するようになった。その後の小樽での生活や、失業の悲哀を通じて共感を深め、思想の正当性を認めるようになっていった。

> **今は社会主義を研究すべき時代は既に過ぎて、其を実現すべき手段方法を研究すべき時代になつて居る。尤も此運動は、単に哀れなる労働者を資本家から解放すると云ふでなく、一切の人間を生活の不条理なる苦痛から解放することを理想とせねばならぬ。今日の会に出た人人の考へが其処まで達して居らぬのを、自分は遺憾に思ふた。**
>
> （「日記」1月4日）

八日、小国露堂が啄木の様子をみに小樽にやってきた。翌日、啄木は露堂や沢田天峰らと対談したが、

「何日しか問題は社会主義に移り、革命を談じ、個人の解放を論じ、露堂君と予は就中壮快な舌戦を試みた」。

議論の盛り上がりからは、啄木の社会主義理解の深化が感じられる。もっとも上京後、森鷗外の家族の優雅な暮らしぶりを目の当たりにするが、その場面を「〔長女の茉莉は〕一ヶ月許り前からピアノを習ひに女中をつれて俥でゆくさうで」（7月7日付岩崎白鯨宛、函図）云々と屈託なく苜蓿社同人の岩崎白鯨に報じている。そこには「持つもの」への「持たざるもの」の反発は微塵も感じられない。「それもまた啄木らしさ」といってしまえば、それまでだが。

北海道を横断し釧路へ

小樽で失業生活をつづけるなか、出口のみえない北辺の生活に絶望した啄木は、上京に活路を見出そうとする。この衝動をかれは「東京病」と呼んでいる。

夜、例の如く東京病が起つた。新年の各雑誌を読んで、左程の作もないのに安心した自分は、何だか恁う一日でもジツとして居られない様な気がする。起て、起て、と心が喚く。東京に行きたい。無暗に東京に行きたい。怎せ貧乏するにも北海道まで来て貧乏してるよりは東京で貧乏した方がよい。東京だ、東京だ、東京に限ると滅茶苦茶に考へる。

（「日記」1月7日）

このときの「東京病」は、十日に小樽日報の白石義郎社長より、自身が釧路で経営する釧路新聞社入りを勧められたことにより、いったん終息する。

白石は、近くおこなわれる予定の衆議院議員総選挙に根室外三市庁管内選挙区から立候補をめざしており、地盤固めのため釧路新聞の拡張を計画していた。白石に啄木を勧めたのは沢田天峰である。白石も啄木を気に入っていた。

啄木自身は釧路新聞入社の経緯を苜蓿社同人の大島流人（経男）に「白石社長より種々交渉あり、同氏の所有なる釧路新聞と申す小新聞、今度普通の新聞とし、総選挙までに六頁にするとの事にて、其大拡張の第一歩として小生に入社し壮んにやって見てくれ」といわれ、「田舎は余り感心せず候へども、辞しかねて遂に承諾」（1月19日付大島経男宛『全集』七）したと説明している。

函館・札幌と並ぶ殷賑な小樽を離れ、発展めざましいとはいえ、最果ての釧路に行くことには躊躇もあったが、老練な白石にうまく説得されたのであろう。そもそも失業中の身にとっては、断ってもいられない。

待遇は小樽日報時代とおなじく新聞記者、三面主任をまかされ、月俸は二十五円である。かつての渋民尋常小学校代用教員のときは月給八円、小樽日報採用時は二十円であったから、悪くはない。この当時、文官高等試験に合格した官僚の初任給は五十円、銀行員の初任給は四十円とされる。

新聞記者という職業は、文才さえあれば、学歴・経歴を問わないことから、啄木にかぎらず、さまざまな前歴をもった人物がなっていた。

たとえば郷里の大先輩で、ときの内務大臣原敬は、かつて司法省法学校を退校した後、郵便報知新聞社の記者となり、大東日報では主筆をつとめていた。盛岡中学校の先輩野村胡堂は、東京帝国大学退学後、報知新聞の政治記者となっている。さきにみた野口雨情や沢田天峰・小国露堂は、いずれも筆一本で道内各地を回っている。

啄木の小樽出発は一月十九日である。

朝起きて顔を洗つてると、頼んで置いた車夫が橇を曳いて来た。ソコソコに飯を食つて停車場へ橇を走らした。妻は京子を負ふて送りに来たが、白石氏が遅れて来たので午前九時の列車に乗りおくれた。妻は空しく帰つて行つた。予は何となく小樽を去りたくない様な心地になつた。小樽を去りたくないのではない。家庭を離れたくないのだ。

白石氏の宅へ行つて次の発車を待ち合せるうちに、初めて谷法学士に逢つた。才子肌な薄ッペラな男。午前十一時四十分汽車に乗る。雪が降り出した。

（「日記」1月19日）

雪のなか妻子が駅に見送りに来た情景は、あとで歌に詠まれた（ただし節子夫人は、出発が遅れたため、途中で帰っている）。小林事務長と、固く別離の握手を交わした歌もある。恩讐を超えた美しい場面であるが、当日の日記に小林の名は確認できない。小林もその事実をつよく否定している。真偽はともかく、啄木は小林に関わる歌を八首も詠んでおり、強烈な記憶を残した人物だったことはまちがいない。

小樽を発した啄木は、このあと札幌で白石といったん別れ、義兄山本千三郎が駅長をしている岩見沢まで行き、宿泊している。**「凍れるビールをストーブに解かし、雞を割いて楽しい晩餐を済ました」**とある。凍結したビールを融かして飲む方法が、この時代に流行っていたのか、少なくともある程度一般的であったのか調べてみたが、よくわからなかった。ビールを凍結させるとタンパク質等の成分が変化して凍結混濁という現象が起こる。これが生じたビールは風味が劣化するとされるが、啄木は味についてはなにも記していない。少なくとも「楽しい晩餐」をさまたげるような味ではなかったのだろう。

翌二十日は午前十時半に岩見沢を発し、午後三時十五分、旭川に到着している。地元新聞社をたずねるなどして、日没後に白石と合流している。初めておとずれた旭川の印象を**「旭川は小さい札幌だ。戸数六**

狩勝峠付近の線路　遠くに広がるのは十勝平野

千、人口三万、**街衢整然として幾百本の電柱の、一直線に列んでるのは気持がよい」**と記す。また**「知らぬ土地へ来て道を訊くには女、特に若い女に限ると感じた。其女は、十六許りの、痩せて美しい姿であつた」**と感想を綴っている。

二十一日、啄木は、午前六時半発の一番列車で白石とともに旭川を出発する。移り変わる車窓の風景に、かれの眼は一気に研ぎ澄まされる。**「程なくして枯林の中から旭日が赤々と上つた。空知川の岸に添うて上る。此辺が所謂最も北海道的な所だ」**。列車は空知川に沿って富良野盆地を南下、やがて前年九月に開通したばかりの線路に入り、狩勝峠のトンネルを抜け、十勝平野を眼下に見下ろしながら帯広をめざす。

「石狩十勝の国境を越えて、五分間を要する大トンネルを通ると、右の方一望幾百里、真に譬ふるに辞なき大景である」。啄木がみた大光景は、のちに「日本三大車窓」の一つと称され、多くの乗客を魅了する。この路線は昭和四十一年（一九六六）に新線ができたため廃線となったが、現在の国道三八号線がほぼ並行したコースを走っており、それなりに追体験は可能である。狩勝峠から見下ろす十勝平野の雄大な光景は圧巻である。

釧路到着は、予定より一時間ほど遅れ午後九時半頃であった。当時の釧路駅は、釧路市交流プラザさいわいなどのある辺りにあった。

釧路は、釧路川の河口に開け、水産・石炭・製紙業が盛んな道東の中心地として、急速な発展を遂げつつあった。人口は約一万七千人。現在、繁華街は釧路川の北側地区にあるが、啄木の来釧当時、町の中心は港のある南側地区であった。釧路支庁（釧路総合振興局）は同地区の高台の上にあり、釧路川左岸から知人(しれと)岬方面へとつづく平地には各種の商業施設が並んでいた。

啄木と白石は、駅まで迎えにきた釧路新聞社理事佐藤国司とともに幣舞橋を渡り、高台にある佐藤宅に向かった。

佐藤は白石の右腕的存在で、のちに道会議員、釧路市長をつとめた。佐藤宅には白石とはライバル関係にある釧路町長秋元幸太郎、道会議員木下成太郎も集まり、小宴が開かれた。啄木以外はいずれも地元の錚々たる人物であり、衆議院議員総選挙や釧路築港問題などの意見交換のため、白石の釧路入りを機に集まったと思われる。この夜、啄木は佐藤邸に泊まった。

釧路新聞出社と釧路の印象

あけて一月二十二日は釧路新聞初出社の日である。

起きて見ると、夜具の襟が息で真白に氷つて居る。華氏寒暖計零下二十度。顔を洗ふ時シヤボン箱に手が喰付いた。
日景主筆が来た。共に出社する。愈々今日から釧路新聞の記者なのだ。
昨日迄に移転を了した新社屋は、煉瓦造で美しい。

（「日記」1月22日）

起床時、室内の温度は華氏二十度、すなわち摂氏マイナス六・七度。釧路は小樽にくらべ雪は少ないが、平均気温はずっと低く、この日の最低気温はマイナス二十二度であった。吐く息が凍って布団の襟が真っ白になっていたことや、金属製の石鹸箱が手についてしまったことは、岩手出身の啄木にとっても強烈であったらしく、このエピソードを友人・知人への書簡で繰り返し語っている。

体験は小説にも活かされている。啄木の小説は、一般的にはあまり評価されないが、自らの体験や目にした風景に心情を交えての描写は的確で見事である。

> 私が釧路の新聞へ行つたのは、恰度一月下旬の事、寒さの一番酷しい時で、華氏寒暖計が毎朝零下二十度から三十度までの間を昇降して居た。停車場から宿屋まで、僅か一町足らずの間に、夜風の冷に頤(おとがい)を埋めた首巻が、呼気(いき)の湿気(しめり)で真白に凍つた。翌朝目を覚ました時は、雨戸の隙を潜つて空寒く障子を染めた暁の光の中に、石油だけは流石に凍らぬと見えて、心を細めて置いた吊洋燈(つりらんぷ)が昨夜の儘に薄りと点つて居たが、茶を注いで飲まずに置いた茶碗が二つに割れて、中高に盛り上つた黄色の氷が傍に転げ出して居た。火鉢に火が入つて、少しは室の暖まるまでと、身体を縮めて床の中で待つて居たが、寒国の人は総じて朝寝をする、漸々女中の入つて来たのは、ものの一時間半も経つてからで、起きて顔を洗ひに行かうと、何気なしに取上げた銀鍍金

釧路港より市街をのぞむ

の石鹸函は指に氷着く、廊下の舗板が足を移す毎にキシ〳〵と鳴く、熱過ぎる程の湯は、顔を洗つて了ふまでに夏の川水位に冷えた。

（「菊池君」『全集』三）

故郷で岩手山・姫神山のある風景に慣れ親しんだ深層心理だろうか、釧路市街地の北方遙かにそびえる雄阿寒岳・雌阿寒岳の神々しい山容に心惹かれている。「寒さは少し強けれど、雪は五寸位なものなり、案外心地よき所にて北の方遙かに雌雄の阿寒山を望みたる風光も俗ならず、人口は一万三千、将来急激な発達をする見込充分あり」（2月4日付向井永太郎宛『全集』七）。冬の好天の日、はるか北方に雪を抱いて屹立する両山の美しい姿は現在も変わらない。

迎えにきた主筆の日景安太郎とともに佐藤宅を発し、釧路新聞社に向かった。釧路支庁前の坂を下り、海岸に出る手前（出光昭和シェル石油釧路大町ＳＳのある場所）に社屋はあった。

釧路新聞社

社屋は新築で、道東で最初の煉瓦造りといわれる瀟洒な二階建である。啄木もこの新社屋を気に入り、「澄み切つた冬の空に、燃える様な新しい煉瓦の色の、廓然と正しい輪郭を描いているのは、何様木造の多い此町では、多少の威厳を保つて見えた」（「菊池君」）と記している。その後長くこの地にあったが、昭和四十年（一九六五）に解体された。建物は平成五年（一九九三）、近くの場所に復元され、「港文館」と称し、啄木関係の資料を展示している。

釧路新聞での啄木の役割は三面主任である。当時の新聞記者は、外に出て情報を集めてくる役と、自分でネタを集めることもあるが、主に社内で記事を書く役にわかれていた。啄木は後者で、「毎日十一時頃に出て四時過ぎまでに、大抵は三百行位も書きこなすのだから、手を休める暇と云つては殆んど無い」（「菊池君」）という仕事ぶりであった。

　釧路新聞では詞壇を設けたり、政治評論を執筆するなど縦横に腕を振るい、白石・佐藤からは**「是非永く釧路に居てくれよ」**、**「三月になつたら家族を呼寄せるようにして、社で何処か家を借りてくれる」**などと高く評価された。啄木も**「自分も、来て見たら案外釧路が気持がよいから、さうしようと思ふ」**と上機嫌であった。充実した毎日に満足度も高く、「鳥なき里の蝙蝠、益々我儘が出来る」（1月30日付藤田武治・高田治作宛『全集』七）と小樽時代の歌の弟子に書き送っている。

啄木の下宿

　下宿は、関サツ方の二階の八畳間で、洲崎町一丁目（大町五丁目）、現在の釧路シーサイドホテル址の向かい側あたりにあった。「去年の春までは、土地で少しは幅を利かした、さる医師の住つて居た家とかで、室も左程に悪くは無し」（「菊池君」）とのことである。家賃は布団代二円を加えて十四円五十銭。あとで住む東京本郷の下宿赤心館が十二円位であるからずいぶん高い。

　下宿から新聞社までの通勤経路も、泥濘の道を延々と歩いた小樽とは異なり、路面は凍結しているが、平坦で歩きやすく、所要時間は五、六分であった。「取分けて此下宿の、私に気に入つたのは、社に近い事であつた。相応の賑ひを見せて居る真砂町の大逵とは、恰度背中合せになつた埋立地の、両側空地の多い街路を僅か一町半許りで社に行かれる」（「菊池君」）。

先端の婦人論を説く

釧路での記者生活の滑り出しは上々であった。

今日は日曜日。朝社長からの使があつて、行くと、昨日あたりから新聞の体裁が別になつたと云つて大喜び。五円と銀側時計貰つた。十一時頃から第一小学校に開かれた愛国婦人会釧路幹事部の新年互礼会に臨席。乞はれて現代婦人に関する一場の演説をした。出席女性四十余名。（「日記」1月26日）

入社後最初の日曜日である二十六日には、白石社長からの賛辞とともに金員・銀時計を贈られた。ついで釧路第一小学校（釧路小学校）で開かれた愛国婦人会釧路幹事部の新年互礼会に顔を出し、請われて約四十人の会員を前に即興で演説をしている。

啄木は、英国における婦人参政権運動に触れるなどしたうえで、新時代の婦人は家庭という籠を出て、「単に交際場裡や平和的事業に頭角を現はすに止まらずして、個人としては結婚の自由を唱へ、全体としては政治上の権利をも獲得せむとす」と述べる。こうした新現象は「婦人も亦男子と共に同じ人間なりてふ自明の理の意識なり」という「婦人の個人的自覚」を根拠におくもので、時代の大勢であると訴える（「新時代の婦人」『全集』八）。

演説の下敷きにしているのは、イプセン『人形の家』である。盛岡中学退学後、翻訳料を稼ごうとイプセンの翻訳に取り組んだことのある啄木にすれば、これくらいの即興はお手の物だろう。日本で『人形の家』がポピュラーになるのはもっと後であり、女性の解放をめざし、平塚らいてうが青鞜社を結成するのが明治四十四年（一九一一）であることを考えると、啄木の鋭敏な時代感覚には驚かされる。本人は、はったりをきかしたつもりか、「芝居をやる気」(1月30日付金田一京助宛『全集』七)で演説に臨んだという。演説は、男性主導の社会や価値観を打破し、女性の新しい地位を獲得しようとする動きが、いまだ萌芽段階にあるなかでの、啄木の先進性をあらわす挿話であるが、どこまで本心からの訴えであったのかとなると、やや疑問である。少なくとも、家庭内では先進思想の実践者でなかったことは否定しがたい。

二月

❏弥彦

誕生日を迎える

二月は弥彦・啄木ともに誕生月である。弥彦は二十三日、啄木は二十日に、それぞれ満二十二歳を迎えるわけだが、現在なら誕生会を開いたりする記念の日も、当時は生まれた年を一歳、次からは正月ごとに年を取る「数年（かぞえどし）」が一般的であったことから、二人とも特別な行事はしていない。それどころか意識していた様子もない。まずは弥彦からみていこう。二十三日は日曜である。

曇、時に六花を交ゆ。七時起床。直に大崎にknifeを昨日忘れし故に取りにゆく。氷は既にとけて跡方もなし。八時頃帰る。十一時頃学校にローラーをやりにゆく。榊、酒井、相馬など来る。午後より歌舞伎座に義勇艦隊への寄附金の芝居を見にゆく。母上、兄上、姉上、四條さんの方、豊沢さん、日高さん多数来られたり。外題は其時に出来し花丸、又他に二三種あり。十時頃家に帰り、床に入る。

（「日記」2月23日）

弥彦の日記は基本的に簡潔だが、時折、風流な表現が出てくる。「六花」とは雪のことである。忘れ物のナイフを取りに早朝より大崎に出かけたところ、スケート場の氷は完全に溶けてしまっていた。どうしても滑りたかったのか、学校に行き、友人たちとローラースケートに興じている。榊は学習院の後輩榊邦彦、酒井は酒井四郎であろう。ともにスケート仲間である。榊は仲間内では「たしかに坊ちやんだ、又坊ちやんで通つて居る」とされ、酒井は「火燵にあたつて居る時はいつでも手の甲を噛んで居る」と、二人ともやや子供っぽい印象である（「氷滑日記」）。

欧州でローラースケートが考案されたのは十八世紀のはじめとされ、一八五〇年頃には靴の車輪が現在のような四車輪形式となったという。スイスのモントルーで国際ローラースケート連盟が創立されたのは一九二四年である。日本では野球の祖といわれる平岡凞が、アメリカから持ち帰ったとされ、明治二十八年（一八九五）、神田区小川町に体育養生館が創設されてからは同好者が集まるようになったという。全国的に人気が高まるのは、明治末年以降である（『日本史小百科スポーツ』）。

ちなみに、弥彦が使った靴は借りもので、このあと**「柴山より貸りし roller skate をなくせし故」**、三月七日に弁償のため買いに出ている。

二十三日の日記にもどると、午後には母和歌子、兄弥太郎夫妻のほか、親類の四條家、豊沢家、日高家と揃って歌舞伎座での観劇に出かけている。「義勇艦隊への寄附金の芝居」とは、帝国海事協会婦人部の催しによる義勇艦隊建設のため寄付金を集める観劇会である。十七日からの上演であったが、連日満員の人気で、この日が最終日であった（『歌舞伎座百年史』上巻）。

『値段史年表』に、歌舞伎座の正月興行の桟敷席の値段一覧が載っているので確認すると、明治三十六年（一九〇三）が五円五十銭、次が大正十年（一九二一）で七円八十銭とある。明治四十一年は六円前後であろうか。もっとも今回はチャリティーなので、相当な金額を支払ったと思われる。

義勇艦隊とは、平時には国から保護を受けて海運業に従事し、戦時には武装して軍艦の代用をつとめる商船団のことである。寄付金等によって協会は、さくら丸、うめが香丸、さかき丸を建造している。

劇の脚本は懸賞とされ、賞金は五百円であった。応募作七十二本のなかから当選したのは、女流劇作家の長谷川時雨である。題名は「花王丸」、倭寇を題材とした作品である。歌舞伎座で女性の書いた脚本が上演されたのはこのときが最初で、時雨は大いに脚光を浴びた。岩橋邦枝『評伝長谷川時雨』は、今読むとそれほど上出来とも思えないが、募集の趣旨にかなった海洋ものを、ちゃんと手掛けて成功させる才能は大したものと評している。文芸は女性の社会進出が、比較的早く進んだ分野である。

歌舞伎座

弥彦は興味をおぼえなかったのか、日記には感想が記されない。かといって芸術には無関心の無骨者かといえばそうではない。四日後の二十七日には、神田区三崎町にある建坪三三五坪、客席定員二〇〇〇人の大劇場東京座にて上演された「春の歌」を学習院野球部のチームメイトで大学同級の柳生基夫と一緒に観ている。柳生は尾張国柳生氏の出身で、台湾銀行頭取をつとめた柳生一義の弟である。

「春の歌」の脚本は、佐藤紅緑が執筆した。佐藤はのちに大衆作家として活躍し、代表作には『あゝ玉杯に花うけて』がある。子供には、詩人サトウハチロー・作家佐藤愛子がいる。

「春の歌」は男爵岩瀬武彦という華族の坊ちゃんが登場する恋愛劇で、身近なテーマなせいか弥彦も**「中々面白かりき」**と感想を記している。三月一日の回は慈善演劇とされ、再度観に行っている。

このときには、親戚**「四條のおばさま〔春子〕、土方のおあいさん〔愛子〕も来らる」**。四條春子は、もとは花柳界にいたところを四條隆謌に気に入られ、土方久元の養女をへて隆謌の夫人となった。土方愛子は、旧大洲藩主子爵加藤泰秋の三女で、土方久元の嗣子久明の夫人となった。長男が生まれてまもなく夫が自殺したため、未亡人となっていた。

四條・土方の関わりは、幕末の「七卿落ち」に遡る。七卿の一人である四條隆謌と、土佐藩出身で七卿の補佐役であった土方久元は、長州・太宰府で苦難をともにした。明治維新後は、四條は侯爵、陸軍中将に、土方は伯爵、宮内大臣にそれぞれのぼったが、関係はつづいていた。

三島家と四條家は親戚であるが、のちに弥太郎・加根子夫妻の二女梅子が、土方久明・愛子夫妻の長男久敬（ひさよし）と結婚したことで土方家とも親戚となる。久敬といってもわかりにくいが、築地小劇場を立ち上げ、演出家として活躍した土方与志である。

観劇の話題をつづける。近代以降、欧米文化の影響により日本でもチャリティーが盛んとなった。上流層が各種慈善事業に関わることはめずらしくなく、劇や音楽会は最も一般的であった。弥彦日記は淡々としているので、小説、それも同時代の作品である夏目漱石『野分』をもとに雰囲気を感じてみたい。

作中には、裕福な青年中野輝一が登場し、同人を中心にブルジョアの世界が描かれる。あるとき中野は上野動物園前で高柳周作をつかまえ、以下の会話を交わしている。両者は大学以来の親友である。「今日はそこに慈善音楽会があるんで、切符を二枚買はされたんだが、外に誰も行き手てがないから、丁度いゝ。君行き給へ」「入らない切符抔を買ふのかい。勿体ない事をするんだな」「なに義理だから仕方がない。おやぢが買つたんだが、おやぢは西洋音楽なんかわからないからね」。

さらに音楽堂に華族がやって来る場面も描かれる。「後ろからエーイと云ふ掛声がして蹄の音が風を動かしてくる。両人は足早に道傍へ立ち退いた。黒塗のランドーの蓋を、秋の日の暖かきに、払い退けた、中には絹帽（シルクハット）が一つ、美しい紅ゐの日傘が一つ見えながら、両人の前を通り過ぎる。「あゝ云ふ連中が行くのかい」と高柳君が顋で馬車の後ろ影を指す。「あれは徳川侯爵だよ」と中野君は教へた」。さらに話は音楽堂内の場面へとつづくが、これぐらいにしておく。

二月の弥彦日記も、前月同様、学業とスポーツに明け暮れている。後者は、とにかく大崎でのスケートが多い。

スケート三昧

たとえば十一日をみてみよう。この日は紀元節（建国記念の日）で祝日である。

晴。六時の汽車にて進さんと大崎にゆく。有馬兄弟来れり。九時頃より榊、木場、有馬来る。此日は外人など来り、来場するもの非常に多かりき、写真をとる。正熊氏、西園寺氏など来る。此日は弥吉兄上の全快祝にて、兄の級の者及び小生の級の者〔来〕るはずなり〔し〕かば、一時頃帰る。三時頃より皆来る。囲碁をなすもの、将基をなすもあり。庭のすみにはおでんや来り、中々滑稽なりき。ベースボールなとなす。六時頃夕食し、祝盃を上く。夫れより腕押、碁盤、ケン、指角力、種々あり、大にさわぐ。九時頃皆帰る。中々愉快なりき。十一時ねる。

（「日記」2月11日）

この日は早起きして鉄道に乗り、いつもの大崎のスケート場に出かけている。リンクには外国人などが数多く滑っており、学習院や大学の友人・知人も来ていた。

有馬兄弟の兄は、「はじめに」に登場した有馬頼寧である。当時は旧久留米藩主有馬伯爵家の嗣子で、東京帝国大学農科大学の学生であった。学習院高等学科の卒業年次は弥彦の一級上、野球部や陸上競技部で一緒であった。社会事業に関心を寄せたことで知られるが、のちに職業野球チーム「セネターズ」のオーナーとなるなど、野球との縁も深い。

有馬は後年、第一次近衛文麿内閣で農林大臣に就任し、その後は新体制運動に尽力、大政翼賛会では初代事務局長をつとめた。戦後は日本中央競馬会理事長となった。一般には中央競馬で一年の締めくくりのGIレースとして有名な有馬記念にその名を残すといった方がわかりやすい。

有馬の弟とは、安藤子爵家（旧磐城平藩主家）の養子となる信昭か、政治家松田正久の養子となる正之のいずれかであろう。

松方正熊は、学習院陸上部の先輩で、蔵相・首相を歴任した元老松方正義の子息である。父正義は子沢山で知られ、通庸の六男六女を上回る十三男六女の子女がいた。正熊は本年四月、米国留学に旅立つが、現地では兄幸次郎を通じて実業家新井領一郎と知り合い、その長女美代と結婚する。娘の春子は、ハーバード大学教授で駐日アメリカ大使となるエドウィン・O・ライシャワーと結婚し、ハル・ライシャワーとなる。

西園寺八郎は、これまた子沢山で知られる旧長州藩主毛利元徳の八男で、明治三十九年（一九〇六）、ときの内閣総理大臣西園寺公望の養子となった。西園寺家の公家としての家格は、摂家に次ぐ清華である。八郎は学習院に学んだ後、ドイツのボン大学に留学、帰国後は宮内省に入り、式部副長、主馬頭などを歴任する。昭和天皇の側近として、若き日の天皇のゴルフやテニスの相手をつとめたことでも知られる。

自宅で小園遊会

十一日の日記をつづけると、午後から自宅で兄弥吉の病気全快祝の会が催されることになっていたため、午後一時頃には帰宅している。三時頃からは弥吉・弥彦のクラスメイトたちと、囲碁・将棋をしたり、庭でベースボールを楽しんでいる。庭の隅にはおでんの屋台も出ていたから、ちょっとした園遊会である。

園遊会とはガーデン・パーティーの訳語で、祝宴、披露、社交などのために、庭園に摸擬飲食店や演芸場を設け、多くの客を招いてもてなす会とされる。明治二十年前後から園遊会の語が使われはじめ、三十年代にはかなり流行したという。

三島邸での会は、ひきつづき夕食会が開かれ、祝盃を挙げた後、参加者は「腕押、碁盤、ケン、指角力」に興じるなど賑やかであった。

弥吉は、年齢は弥彦より二歳上だが、学習院高等学科の学年は一級上であった。同級生には白樺派の中核メンバーである武者小路実篤・志賀直哉・木下利玄・正親町公和・細川護立らがいた。

弥彦日記では参加者が判然としないが、志賀直哉の日記を確認したところ、はたして同人が参加していた。志賀は当時、東京帝国大学文科大学の学生である。弥彦にとって志賀は、陸上競技部の先輩であった。学習院時代、一緒にラグビーをしていた際、志賀が弥彦にタックルしたところ、倒れた弥彦が頭の上に降ってきて、逆に失神してしまったことがある（「学習院時代を語る」『武者小路実篤全集』十八）。

この日の志賀の日記をみると、「午后三島の所へ行く、集るもの二十何人色々な事をして遊むだ、愉快だつた、九時過ぎ帰途につく」とある。弥彦からスケートの楽しさを吹き込まれたのか、二月十三日の日記には「午前一人で大崎の氷滑りに行く、面白かつた」とある（『志賀直哉全集』十）。

柔道と休講

熱中したスケートも、**「氷われて、あまり面白からざりし」**（2月15日）となる頃にはシーズンも終盤である。

金井　延

このほかに弥彦が冬場に取り組んだスポーツは柔道である。学習院や講道館では「寒稽古」が盛んであった。二月七日には土方寧教授の民法が休講で、午後から**「学習院に行き、柔道をなし、後四年級の甲乙の紅白勝負を見る」**。

学習院での柔道稽古には二十日、二十五日にも参加している。二十五日は金井延教授の経済学が休講で、午後から出かけている。

学業についても触れておくと、目立つのは休講の多さである。一・二月で確認できる休講は、民法の土方寧教授が、一月二十八・三十一日、二月四・七・十四日、経済学の金井教授が二月二十五日、ほかに国法学の野村淳治助教授が二月五日・十二日、刑法の牧野英一助教授が二月二十四日に休講となっている。『三四郎』でも、教師が二人欠席し、午後の講義がなくなったので美禰子の家に出向くことにしたと、休講がごく自然な設定として出てくる。

休講した土方寧教授であるが、同級生河合良成の回想によれば、「だいぶ老境にはいっておられて、老顔で眼鏡で覗きこみ「講義の原稿が字が薄れたので、よく読めない」などと、学生を笑わせたものだ」という。

おなじく金井延教授のことは、「毎年同一の講義を繰り返されることも有名であった。学生間では原稿に「ここでシャレをいう」と書きこんであるなどと噂した当りで「とうてい自分にはカナイエン（金井延）」などと駄ジャレをいわれた」と、最高学府の講義らしからぬ（らしい）エピソードを披露している。けなすばかりでは河合もさすがに悪いと思ったのか、手記では「しかし、前述の土方先生も金井先生も、誠に人間としての立派な方であった」と締めくくっている（『明治の一青年像』）。

❏ 啄木

得意絶頂

二月の釧路は、雪は決して多くないが、寒さはきびしい。凍った市街を行きかう人びとの活気ある様子を、啄木は小説「菊池君」のなかでいきいきと描写している。

　雪は五寸許りしか無かつたが、晴天続きの、塵一片浮ばぬ透明の空から、色なき風がヒユウと吹いて、吸ふ息毎に鼻の息が塞る。冷たい日光が雪に照返つて、家々の窓硝子を、寒さに慄えた様にギラつかせて居た。大地は底深く凍つて了つて、歩くと鋼鉄の板を踏む様な、下駄の音が、頭まで響く。街路は鏡の如く滑かで、少し油断をすると右に左に辷る、大事をとつて、足に力を入れると一層辷る。男も、女も、路行く人は皆、身分不相応に見える程、厚い、立派な防寒外套を着けて、軽々と刻み足に急いで居た。荷馬橇の馬は、狭霧の様な呼気を被つて氷の玉を聯ねた鬣（たてがみ）を、寒い光に波打たせながら、風に鳴る鞭を喰つて勢ひよく駈けて居た。（『全集』三）

鏡のごとく滑らかな街路に下駄の音を響かせ、ときにすべりながら闊歩していたのは、ほかならぬ啄木自身であろう。

釧路での啄木は、地元新聞の記者としての期待に応え、大活躍の日々であった。**「日景主筆から〔が〕正午から帰宅したので、大分急がしい目を見た。佐藤〔衣川〕も上杉〔小南〕もまるで役に立たぬ。これで新聞記者とは驚いたものだ」**（2月4日）、**「上杉も佐藤もまるで活動せぬ。日景君の頭は相不変光つて居る。編輯局は天下泰平だ」**（2月6日）などと同僚を見下し、自らを恃むようなことを書いてみせるのも、偏に自信のあらわれである。

「白石社長を訪ひ、御馳走になつて十時帰る。社長は明日立つて上京する。議会に対する釧路築港の運動だ」（2月6日）。白石社長にもかわいがられ、意気軒昂である。

二月十七日付で小樽の弟子に宛てた書簡では、「釧路は小樽より万事心地よく候」として、詳しく近況を報じつつ、「何でも人間は多少に不拘我儘の出来る所に居るに限るものと信じ候」と、当分この地に落ち着く意向をあきらかにしている。さらに三月になれば家族を呼びよせ、家を構えることになろうと述べ、一、二年も居れば自費出版の資金も何とかなりそうだと夢を語っている。「六十迄は生きる決心故、少しも急ぐ必要なしと、乃ち何とかなる迄居る事にいたし候ふ次第に候」（2月17日付藤田武治・高田治作宛『全集』七）とも語っている。実際に啄木に残された時間は、四年あまりしかないのだが。

紀元節

紀元節の祝日を弥彦はスケートや小園遊会のうちにすごしたが、啄木はどうか。当日の日記は以下のようにはじまる。

今日は、大和民族といふ好戦種族が、九州から東の方大和に都して居た蝦夷民族を侵撃して勝を制し、遂に日本嶋の中央を占領して、其酋長が帝位に即き、神武天皇と名告つた紀念の日だ。第一学校の式に臨むつもりであつたが、朝寝をしたため駄目。

（「日記」2月11日）

啄木の反逆児的な傾向をよくあらわれた不穏な文言で、もしも内容があきらかになれば、問題となりかねない。

ともかく遅く起きた後、午後三時頃から同僚記者と一緒に地元の料亭鹿島屋・㋵喜望楼をはしごしている。釧路の料亭は、波止場から高台へ進んだあたりに立ち並んでいた。㋵喜望楼は、当時の釧路を代表する料亭であった。

当時の波止場付近は埋め立てられ、これらの料亭も現在では失われている。「波止場通」バス停の付近から武富私道といわれる細い坂道を上ると左側に鹿島屋址、その右側にある佐野碑園のあたりが料亭㋵喜望楼の址である。喜望楼は正面が波止場通に面しており、この道をさらに進むと料亭鶤寅（しゃも虎）の址がある。当時の井戸とされる「鶤寅井戸」が唯一の名残である。啄木なじみの三軒はごく近い位置にあった。洲崎町の下宿からだと、南大通を西進し、途中の左側にある「休み坂」という坂道を登ると最短で鶤寅にたどり着く。

㋵喜望楼（上）と鹿島屋（下）

釧路の各界人士がおとずれ、さまざまな情報が飛び交う料亭は、三面記者にとって重要な取材先であった。芸妓は情報に通じていることも多く、取材先として貴重であった。苜蓿社同人の宮崎郁雨に宛てた書簡でも、「此処いらで三面を作るには、怎しても何よりさきに粋界の事情に通じなければならぬ」（2月8日付宮崎郁雨宛、函図）と、業務上の必要性を強調している。

啄木がはじめて料亭をおとずれたのは、一月二十四日である。当初は、いわゆる社用が専らであったが、二月七日以降は、私的な遊興目的でも料亭に通うようになる。芸妓は、現在のご当地アイドルのような存在でもあり、単身赴任の二十三歳の若者にとっては無関心でいられない。

話を十一日にもどす。鹿島屋・喜望楼とも、すでにお気に入りの芸妓がいた。**「連立つて鹿嶋屋に行つたのは三時頃。平常着の儘の歌妓市子は、釧路でも名の売れた愛嬌者で、年は花の蕾の十七だといふ」**。普段着姿の彼女をみて**「フラフラとした好い気持」**になっている。この年の啄木日記の巻頭に市子の写真が貼ってあることからもあきらかなとおり（四頁参照）、彼女は大のお気に入りであった。

つづく喜望楼では、「下町式のロマンチツク趣味の女にて、鏡花の小説で逢つた様な女也」（前掲藤田・高田宛書簡）という小静が目当てだったが、すでに別の座敷から声が掛かっていた。**「小静はお座敷といふので助六を呼んだが、一向面白くない」**と不満を漏らしている。

夜になってからは、近くの劇場釧路座に出向き、地元のライバル新聞『北東新報』の社員が催した慈善演劇「編集局の光景」を観ている。劇は、一月十七日に発生し、死者九十三名を出す大惨事となった新夕張五番坑のガス爆発事故の義捐金を募るためのチャリティーで、脚本は同紙の記者が書いた。**「昨夜よりは見上げる許り上手に演つて居る」**と感心している。

観客のなかには、後日、恋愛トラブルになる本行寺の住職の娘（住職夫人の連れ子）小菅まさえもいた。日記では初出だが、**「娘の手は温かであつた」**と、彼女の手を握ったか、少なくとも触れたとみられる記述がある。なぜそのようなことになったのかはわからない。彼女はその後も「三尺ハイカラ」の異名で日記に頻出する。

地方の芸能

地方は娯楽が少ないといわれるが、釧路には劇場として米町に宝来座、休み坂上に釧路座があった。娯楽に乏しい地方、とりわけ寒さのきびしい釧路のような地では、観劇はなによりの楽しみであった。観るだけでなく、劇場は地元の人びとが芸を披露する場でもあった。

啄木は三面記者らしく、しばしば劇場に顔を出している。九日に宝来座に出向いたところ、この日は替狂言「腕くらべ」全九場を上演していた（『釧路新聞』2月9日）。これに対し啄木は、**「林一座とか云ふ田舎廻り、見るに足らぬ」**と酷評である。芝居には素っ気ないが、人間観察には余念がなく、**「芸者小静が客と一緒に来て反対の側の桟敷に居たが、客を帰して僕等の方へ来た。三幕許り見て失敬して、古川君（釧路実業新報記者）と小静と三人で、梅月庵といふ小集の際の会場であつた蕎麦やでそばを喰ふ。酒二本」**と、喜望楼の小静とは悪くない展開であった。蕎麦は啄木の好物である。

十五・十六日には、釧路座で帝国琵琶精神会会頭で薩摩琵琶の名手有馬正彦による北海孤児院設立基金募集のための演奏会が催されている。有馬は、日露戦争当時、慰問先の満洲で第七師団長大迫尚敏（第七師団は旭川に衛戍）を落涙させたという琵琶の名手であった。演奏会には釧路の名士百余名が発起人に名を連ねており、在郷軍人会も後援していた（『釧路新聞』「薩摩琵琶大会」2月13日、「悲壮哀婉の調　大迫将軍を泣かしむ」2月14日）。

宝来座

啄木は両日とも釧路座に出向いている。十五日は**「定刻の六時過ぐる十分の頃には既に木戸〆切といふ盛会、釧路初めてだと云ふ。琵琶は左程でもなかつたが、琴、ヴアイオリン、剣舞、独吟など、仲々に陽気であつた。佐藤衣川子の剣舞には僕が詩吟をやつた」**。この日の釧路座は、来場者八百名ほどの大盛況で、余興も盛んにおこなわれた。

剣舞を披露した佐藤衣川は釧路新聞の同僚記者で、本名は巖。四年前に啄木が上京した際、おなじ下宿にいたという奇縁の持ち主である。同人は催眠術に凝り、小石川で「東京心理病院」を開業したものの失敗し、釧路で新聞記者をしていた。後日、啄木と看護婦梅川操との恋愛トラブルが起きたときには、彼女に強引に関係をせまった人物として登場する。

翌十六日の演奏会は、**「有馬君の琵琶は、今夜余程声がよくなつて居た。ヰオリン（ヴァイオリン）と琴の合奏やら剣舞やら」**とあり、つづいて八時頃より、余興として釧路新聞・北東新報両社記者による合同劇「無冠の帝王」が上演される。

「無冠の帝王」は、啄木の脚本という説があるが、福地順一『石川啄木と北海道』ではこれを否定し、啄木の関与を先日上演された慈善演劇「編集局の光景」の脚本に手を入れ、題名を変え、配役を決めたくらいだろうとしている。筆者もこの説に同意する。

劇には啄木も出演、**「僕は顔に少し白粉を施こし眉をかいた」**。役柄は第一・三幕では新聞記者、第二幕では山師の乾分をつとめた。**「芝居は一回の稽古だにしなかつたのに不拘、上出来であつた」**。終わってふたたび喜望楼に乗り込み、痛飲している。**「今日は、どうしたものか、大に浮かれた」**と、この日の日記を締めくくるほど上機嫌であった。

誕生日を迎える

啄木は弥彦より三日早く、二月二十日に満二十二歳の誕生日を迎えた。弥彦もそうだが、特別な感慨は記されない。

起きて楊枝をつかつて居る所へ、内国生命の林戩君が来た。初対面の挨拶よろしく、一寸気持のよい男で、八時髯が長い。

出社。昨夜遅く書いた「増税案通過と国民の覚悟」を載せる。夜、また林君が来た。操業視察隊一行の出迎は失敬して、一緒に鹿島屋に飲む。市ちゃんは相不変の愛嬌者、二三子といふ芸者は、何となく陰気な女であつた。強いてハシヤイデ居る女であつた。十一時出たが、余勢を駆つて、鶤寅へ進撃、ぽんたの顔を一寸見て一時半帰る。

（「日記」2月20日）

この日は木曜日。釧路での一日が普通に展開されるが、当時の啄木の日常がうかがえ興味深い。いつものように遅く起きて出社し、前夜に執筆した論説を紙面に載せるため、印刷に回している。啄木の書いた原稿は字がきれいで読みやすく、活字を組む職工たちから人気があった。

論説の題名は、正式には「予算案通過と国民の覚悟」。釧路新聞における啄木の数少ない記名原稿である。「予算案通過」とは、第一次西園寺公望内閣が第二十四回帝国議会に提出した明治四十一年度予算案が、衆議院で可決されたことをさす。日記には「増税案」とあるが、こちらが衆議院で可決されたのは二月四日である。

論説記者石川生

ここで明治四十一年度予算案をめぐる動きについて確認しておく。

明治三十九年（一九〇六）一月に発足した第一次西園寺内閣は、立憲政友会を与党に、同党の党是である積極主義をかかげ戦後経営に取り組んだ。ところが、明治四十年に入ると一月に東京株式市場が暴落し、経済恐慌が起こった。さらに同年十月にニューヨーク株式市場が大暴落、世界的な不況の波はやがて日本にも押し寄せた。経済状況の悪化に伴い、税収は落ち込み、政府は財源難に陥った。

釧路新聞2月21日付　一段目より啄木の執筆した論説が載る

政友会としては、明治四十一年三月に衆議院議員の任期が満了し、その後に総選挙を控えているため増税は避けたく、政府は歳出不足については一時借入金と国庫余剰金で補塡し、やむを得なければ兌換券を増発するとした。だが元老井上馨・松方正義はこれを認めず、前首相桂太郎も批判的であったことから方針をあらため、経費の節減、事業の繰り延べ、酒税・砂糖税の増税、石油税の新設をおこなうことで歳出入の均衡をはかることとなった。

ところが今度は、財政方針の変更をめぐって、鉄道事業拡張の実施をもとめる逓信大臣山県伊三郎と、これに難色を示す大蔵大臣阪谷芳郎が閣内で対立した。阪谷は最終的に折れたが、井上・松方両元老は納得せず、閣議での再議を要求した。閣内は紛糾し、明治四十一年一月十四日、阪谷・山県は辞任した。明治四十一年度予算案は右のような紛糾、混乱を経たうえで、一月二十二日、衆議院に提出された。

日露戦後の政治は、桂太郎と西園寺公望が交互に政権を担当したことから「桂園時代」といわれる。第一次西園寺内閣は、当初は与党政友会以外に、桂支持派の吏党、大同倶楽部とも気脈を通じていたが、第二十四議会を迎える頃には、同派との関係はほとんど予断を許さないものとなっていた。

衆議院で予算案審議がはじまると、野党の憲政本党・猶興会は、本予算案は元老の干渉と桂の調停によって編成したものであり、政府独自の政見がなく、政治の中心はいずれにあるのか、また増税をおこなわずとも余剰金があれば、歳入不足は補塡できるのではないかなど、きびしい批判を政府に浴びせた。一方、大同倶楽部は、石油税の新設にのみ反対した。

一月二十三日の衆議院本会議には、猶興会の島田三郎より内閣不信任案が上程された。猶興会・憲政本党および大同倶楽部が賛成、政友会の反対により否決されたが、票差はわずか九票であった。

衆議院での予算案審議は、政友会対憲政本党・猶興会、立ち位置微妙な大同倶楽部という図式で展開され、採決の日を迎える。

二月十三日、憲政本党領袖の大石正巳が、政府はいたずらに政費を膨張させ、とりわけ軍事費に偏重し、あえて増税をおこなうなどと批判し、予算案返上の動議を提出した。これに同党と猶興会が賛成したが、政友会と大同倶楽部が反対したため、動議は否決された。予算案は賛成多数により可決された。

以上のような経緯を踏まえ、啄木は論説「予算案通過と国民の覚悟」を執筆したわけである。約一週間前の話題なのは、東京の新聞が釧路まで届くのに五、六日かかり、それらを閲覧してから起筆するためである。

啄木は本来、自我のつよい性格であるが、論説では自己顕示の発揮は修辞上にとどめ、政友会員である白石社長の宣伝媒体という新聞の基本性格を忘れることなく、巧妙に読者の反感を政府・与党からそらすような議論を展開させている。

論説はとく。「現内閣が政友会を率ゐて終始議場に多数を制し、政府案を確立せしめたるは事実なりと雖ども、政府案の勝利は必ずしも内閣若くは其与党の勝利に非ざるを見る。現内閣は議会に勝ちて却って民望を失へり。乃ち未だ以て真の勝利と目すべからず」と。

与党政友会のもとで予算案が可決されたことは事実として認めつつも、かれらは決して勝利者ではないとする。真の勝利者は「政府に非ずして増税案なり。否、此苛酷なる増税を余儀なくしたる厖大の軍事費なり」と、読者の意識を不人気な増税とその背後に軍部ありと向ける。一方で釧路築港とも関わる政友会の積極財政政策には触れない。巧みなすり替えで、政権と政友会は免責され、半ば軍部の犠牲者のような印象を抱かせる。

論説では、人びとの不満や批判の矛先を内閣や政友会からそらす一方で、大同倶楽部を生贄にしている。すなわち同派を軍部の巨頭たる桂太郎や山県有朋らの走狗とみなし、「試みに之を政界の浮浪漢たる大同派の行動に見よ、彼の一派は決して現内閣の存続を希望する者に非ざるは、不信任案討議の際に於ける彼等の去就に見ずしても既に明なる所、然も予算案の大論戦に当りてや、彼等山桂両棟梁の命に服して静然たる事宛[ママ]林枯林の如かりしに非ずや」と徹底的に貶める。

そのうえで論説は、話題を増税案から予算案にもどし、「通過したる予算案は之を奈何ともする能はず、吾人は国民の義務を尽さん為には讐へ餓ゆとも辞する者に非ず」と、成立した以上はどうにもならず、積極的な協力を惜しまない旨を表明している。

最後は「帝国主義の妄想を胸中より追」い、「空莫たる妄想を排除し」たうえで、日露戦後の日本で喧伝された『「世界の一等国」』なる美名の価値を詮考すべし」と観念的な問題に議論を昇華させ、議論を締めくくっている（『釧路新聞』2月21日）。

はるか後年の目でみれば、あれこれ批判は可能だが、同時代にあってこれだけの論説はそう簡単に書けるものではない。洒脱な三面記事から硬派な政治評論まで、自在に筆を書き分け、それらしいものをたちどころに造形してしまう。かれが社内でいかに貴重な存在であったかが納得できよう。

料亭にのめり込む

二月二十日の日記をつづける。

この日は「操業視察隊」、正しくは北海道鉄道冬季操業視察隊の一行が釧路に到着することになっていた。視察隊は前年九月に鉄道が函館・釧路間に全通したのを受け、冬季はダイヤの混乱や事故も多いことから、そうした実情を知るべく北海道鉄道管理局が企画したものである。視察隊のメンバーは管理局職員のほか、道庁職員、道内各新聞社員などで構成されていた。小樽日報編集長沢田天峰も参加している。

北海道鉄道冬季操業視察隊との記念写真（2月21日撮影） 最後列中央やや左で帽子をかぶっているのが啄木、2列目左端が佐藤衣川

釧路新聞では、視察隊の釧路入りにあわせて二十一日に六頁建ての特集号を出すことになっていた。さきの論説もそのために書かれたもので、当日は一面トップに掲載された。執筆した啄木に気合いが入ったのも無理はない。

社では日景編集長が視察隊を迎えるため、前日から旭川に出張しており、白石社長も上京中であった。留守をまもる啄木の責任は重いはずだが、なぜか夜の列車で到着した視察隊一行の出迎えには行っていない。内国生命の林とともに鹿島屋に出かけ、夜遅くには鶤寅を初訪問している。

鹿島屋での目当ては「愛嬌者」の市子である。鶤寅には、啄木の釧路時代を語るうえで欠くことのできない芸妓小奴がいるが、彼女と急接近するのはもっと後である。ぽんたは小奴と同居していた芸妓で、この後も日記によく登場する。

順風満帆な釧路での啄木であるが、話はそれだけでは終わらない。単身生活のなかで、酒をおぼえ、料亭に足繁くかよい、女性たちと浮名を流すようになる。色恋は啄木の詩歌を彩る重大な要素であり、それゆえ研究も多く、些事に至るまであきらかにされている。二月の日記にも関係記事は随所に出てくるが、詳細は各研究にゆずり、ここでは触れない。

啄木の二月は、当人の言葉で締めくくっておく。二十九日条に記された総括記事は、虚飾に満ちた釧路での栄光と、心の奥底に沈潜していく澱を言い尽くしている。

今月自分の手に集散した金は総計八十七円八十銭、

釧路へ来て茲に四十日。新聞の為には随分尽して居るものの、本を手にした事は一度もない。此月の雑誌など、来た儘でまだ手をも触れぬ。生れて初めて、酒に親しむ事だけは覚えた。盃二つで赤くなつた自分が、僅か四十日の間に一人前飲める程になつた。芸者といふ者に近づいて見たのも生れて以来此釧路が初めてだ。之を思ふと、何といふ事はなく心に淋しい影がさす。

然しこれも不可抗力である。兎も角も此短時日の間に釧路で自分を知らぬ人は一人もなくなつた。自分は、釧路に於ける新聞記者として着々何の障礙なしに成功して居る。噫、石川啄木は釧路人から立派な新聞記者と思はれ、旗亭に放歌して芸者共にもて囃されて、夜は三時に寝て、朝は十時に起きる。

一切の仮面を剥ぎ去つた人生の現実は、然し乍ら之に尽きて居るのだ。

石川啄木!!!

（「日記」2月29日）

三　月

❏弥　彦

雪の陸軍記念日

弥彦の三月は、相変わらず大学への通学が中心の毎日である。登校日で特段のことがなければ、**「平日の如し」**と淡々と記される。休講も多い。

大学までの通学路として最も自然な行程は、自宅を出て、千駄ヶ谷駅から電車に乗り、御茶ノ水駅で下車して徒歩か、路面電車に乗るならお茶の水橋を渡って、中山道（本郷通り）に出て、そこから路面電車に乗り本郷三丁目で下車、あとは徒歩である。四月に鉄道が御茶ノ水駅から昌平橋駅まで延伸されるので、それからは同駅近くの松住町電停から路面電車に乗り、本郷三丁目まで行けるようになる。

自然主義作家の田山花袋は当時、千駄ヶ谷の隣の代々木に住んでいた。かれは出版社勤務の傍ら作家活動をつづけており、電車通勤をしていた。『少女病』には花袋の実見をもとに千駄ヶ谷付近の車窓風景が描かれている。

　春の朝は心地が好い。日がうら〳〵と照り渡つて、空気はめづらしくくつきりと透徹つて居る。富士の美しく霞んだ下に大きい櫟林が黒く並んで、千駄谷の凹地に新築の家屋の参差として連つて居るのが走馬燈のやうに早く行過ぎる。

三月十日には、東京に雪が降った。弥彦日記には「曇り後午後より大雪、平日の如し、穂積さん休みなりしかば、十時より直に帰る。丁度金井さんも休みなりき」、翌十一日は「雪。近年になく大雪にて、三、四寸積もれり。国法も金井さんか休みなりしかば、直に帰る」とある。東京で十センチほどの雪ともなれば、休講はやむを得なさそうである。

和田垣謙三

ちなみに三月十日は、日露戦争の勝利を記念する陸軍記念日であった。九段の靖国神社境内で開かれた第三回記念会は、はげしい雪の中での開催となった。報道によると、午後二時頃には大雪のためほとんど視界が効かなかったが、それがためかえって参加将兵の「剣光帽影は之と相反映して一種名状し難き壮観を呈した」という。また余興でおこなわれた大相撲では、「各力士は尋常ならぬ場所の事とて、吹雪の中の土俵を戦場と心得て必至と角力ふ状亦壮烈の光景なりき」であったという（「雪中の陸軍紀念会」『東京朝日新聞』3月11日）。

上野動物園とキリン

大学関係をつづけると、二十三日には、経済史の和田垣謙三教授の講義が休講となったため、同級生と上野動物園に出かけている。

晴。平日の如し。和田垣さん休みな〔り〕しかば、升本、酒井、瓜生、柳生などと、久しぶりに動物園にゆく。中々面白かりき。きりんを初めて見る。帰りに豊国にて昼食す。スプレーグ時間に少しくおそくなる。（「日記」3月23日）

和田垣は、経済学者としては、英国風の自由主義経済学が中心ななかにあって、いちはやくドイツ流の歴史学派経済学を唱えた人物として知られる（『東京大学百年史　部局史一』）。だが、そうしたことよりも学生たちの間では、名物教授の一人として鳴り響いていた。弥彦の同級生河合良成は「学問とはぜんぜん関係のないことばかり」の珍妙な講義や、経済史なのに「ハレー彗星の尾の長さ如何」といった出題意図をはかりかねる試験問題を紹介し、人物として「いまでもよく解らない」「よほど世の中をどうかした人」と不思議がっている。

伝説も多く、別の年の試験では「卵が鶏が生むか、鶏が卵を生むか」という題であったというが、ある学生は幾(いく)へん（エッグ〈卵〉・ヘン〈鶏〉）考えても解らないと書いて百点もらったという話が伝わっていた」という。試験を採点するとき、答案用紙を口で吹いて遠くに飛んだものに良い点をつけるという噂もあった（『明治の一青年像』）。

河合は最後まで和田垣を理解できなかったが、大隈重信の側近で初代早稲田大学図書館長をつとめた市島春城は、早稲田に出講していた当時の和田垣を振り返り、「生徒受けのよい一名物であつた。氏は英語の操縦に熟し、ウエツト(wit)があつた。課業時間の一半は余談で、学生を烟に捲いたが、学生には人気があつた。畢竟あの人は学生に同感性があつたからだと思ふ」（『随筆早稲田』）と評価している。

河合にしても和田垣のような奇人を許容した明治という時代に対し、「烈しさのいちめん、なんとなく「ゆったり」としたところがあったのだと思われる」（『明治の一青年像』）と、包容力に富む時代であったと懐かしんでいる。

休講により出かけた上野動物園は、東京帝国大学から不忍池を越えた先にある。同園は明治十五年（一八八二）、農商務省所管の博物館の付属施設として開館し、その後、宮内省の所管となり、帝室博物館（東京国立博物館）に属していた。園は大正十三年（一九二四）、皇太子成婚を記念して東京市に下賜される。現在の正式名称が東京都恩賜上野動物園なのはこのためである。

弥彦がみたキリンは、明治四十年（一九〇七）にドイツのハンブルクのハーゲンベック動物園より購入したファンジというオスである。ファンジはメスのグレーとペアでやって来たが、伝説の神獣「麒麟」の本物ということで評判をよび、上野動物園の年間入園者が初めて百万人を超すほどの大人気を博した。

キリン人気はすさまじく、十月三日には宮城（皇居）の宮殿御車寄前庭において、明治天皇の天覧にも浴している。天皇がキリンをみてどう思ったかはわからないが、「御覧畢りて後、女官一同をして之れを観しめたまふ」（『明治天皇紀』第十二）とある。

十二月二十日には、日本に来ていた韓国皇太子李垠が動物園をおとずれている。満十歳の皇太子はキリンをみて「館長が何も申し上ざるに「これは支那の霊獣だね」とてつか〳〵と進まれしが、学友の一人が手を伸て菓子を与へしに細く長き舌もて之を受くるさまの面白さに、われもと三個、四個と投げ与へられ、二分ばかり瞳も動かさず御覧」になったという。その後、傍らの供奉員に対し、「『吾国にも斯様な動物園を造れ』と御言葉爽やかに仰せ」になったという（「昨日の韓皇太子」『東京日日新聞』明治40年12月21日）。

大人気のキリンであったが、収容施設の不備などからうまく越冬できず、明治四十一年一月八日にまずグレーが死亡、残るファンジも三月二十三日、奇しくも弥彦が観覧したその日に死亡してしまう（記録上は三月二十四日午前四時四十分）。

ファンジは、二十三日午前中は室内で起立していたが、午後一時以降は臥せたままとなり、二度と起き上がらなかったというから、弥彦がみたのは、まさに最後の雄姿であった。

キリンの相次ぐ死は関係者に衝撃をあたえた。新聞には「麒麟妻を慕ふて死す」（『読売新聞』3月26日）といった同情的な記事が載る一方で批判も多く、上野動物園の現状は動物の飼育に適さないとして移転説も出るほどであった。ふたたび上野動物園でキリンが飼育されるのは、二十五年後の昭和八年（一九三三）である。

豊国の牛鍋

二十三日の日記をつづけると、弥彦たちが昼食をとった「豊国」とは、現在の東京大学龍岡門を出てすぐを左折した本郷区龍岡町（文京区湯島四丁目）にあった有名な牛肉屋である。

徳田秋聲は「蓋し豊国といへば、誰も知らないものもない有名な牛肉屋で、よくは覚えてゐないが、庭はその頃も今も大して変りはない様に思ふ。何しろ本郷気分の漂つた家で、地震〔関東大震災〕前までは古格を崩さず、牛肉専門の堅気な家として通つてゐた」とし、店内は「何の部屋にも客が殆ど一杯で、角帽の学生もゐたが、今思ふと多分大学関係の若い医学士とか教授連とかいふものや、地方から出て来た学校の先生達でゝもあつたらう大抵袴をつけた髯のある紳士であつた」（「大学界隈」）と記す。帝大生、なかでも場所的に医科大学（医学部）に近いことから、かれらの御用達的な存在であった。

弥彦が食べたのは牛鍋であろう。当時の学生にとっては、ちょっとした御馳走といえば牛鍋であった。小菅桂子『にっぽん洋食物語大全』によると、明治後、東京ではぶつ切りの牛肉を味噌仕立てで鍋で煮る、「牛鍋」が流行し、大正の頃からは「すき焼き」に変わっていったという。食通で知られる古川ロッパによれば、牛鍋が優勢な関東が、関西風のすき焼きに席巻されたのは、関東大震災の後だという（『ロッパ食談』）。

『三四郎』には、牛肉屋をめぐる逸話として、熊本では学生が飲食店に上がるといえば牛肉屋で、牛肉の代わりに馬肉を出されるかもしれないので、その場合、「学生は皿に盛つた肉を手攫みにして、座敷の壁へ抛き付ける。落ちれば牛肉で、貼付けば馬肉」という判定法を紹介している。この話のタネは、漱石が熊本第五高等学校教授時代に得た知見であろう。さすがに豊国で肉を試す客はなかったと思われる。

桃中軒雲右衛門と電話

弥彦の日記には芝居以外の興行に関する話題が少なくない。さきにみた「魅魔術」もそうだが、五日には**「七時頃より、日高さんの御招きにて、本郷座に桃中雲右衛門を見にゆき、十時半頃帰る」**。義兄日高栄三郎の招待により、本郷座で桃中軒雲右衛門の浪花節を聴いている。

雲右衛門は、浪花節を民衆の芸能として日本人のあいだに定着させた人物として知られる（倉田喜弘『明治大正の民衆娯楽』）。同人は明治六年（一八七三）生まれ、波瀾の半生を送った後、明治三十六年、宮崎滔天や玄洋社の後援を得て九州で公演して回り、浪曲師として人気を博した。四十年には兵庫県舞子の有栖川宮別邸で熾仁親王妃董子の所望により御前講演をおこなっている。台覧は大道芸、労働者階級の娯楽と蔑まれてきた浪花節において画期的な出来事とされ、この年、雲右衛門は関西ついで東京本郷座での公演を成功させている。

弥彦がみた本郷座興行は「本郷の電車停留場には大緑門が建つて権大教正桃中軒雲右衛門と顕はしてある、茶屋暖簾は例の山道を染出したのが軒端に翻へつて景気は大上吉で八時前後には錐も立たぬ大入り」（「初日の雲を聴く」『東京朝日新聞』3月2日）と大盛況であった。肝腎の弥彦の感想であるが、日記にはなにも記されていない。

二日後の七日は土曜日で、午後に女学校設立ためのチャリティー音楽会に出かけ、**「帰りに神田にて夕食を食す。東郷に逢ふ。其れ榊氏に電話をかけしに、活動写真を見に行くことを云ふ。余も数年至らざり**

し故に行きてみる。前とは変り中々面白かりき。宮内、相馬、安場、其外学習院の物十数人来り居りたり」とある。

東郷とは日本海海戦の英雄、海軍大将伯爵東郷平八郎の嗣子彪。榊はスケートのときに登場した榊邦彦である。神田の料理店で借りたのか、電話が連絡手段として出てくる。明治四十一年の東京市の人口は約百六十万人、同じ年の東京市の電話加入者数は一万九〇五七。五年前にくらべ約一・三倍の増加で、普及が進んでいた。さらに五年後には、加入者数三万九三六〇とほぼ倍増している（『東京の電話』上）。

弥彦はごく自然に電話を使いこなしているが、はたして、この年の啄木日記にも電話の記事が登場する。最初は上京後の六月十五日で、本郷区菊坂町の下宿赤心館で小説家としての成功を夢みるなかで、**「電話附の家にも住んでみたい」**と夢想し、電話への羨望をみせている。その後、九月に森川町の蓋平館別荘に転居すると、下宿に友人の並木翡翠から電話がかかって来て大いに狼狽えている。

蓋平館は三階建ての最新の下宿で設備も充実しており、赤心館にはなかった電話も架設されていた。啄木は四年前にかけたことがあるきりで、**「電話はイヤだつた。イヤと云ふよりは恐ろしかつた」**ことから、**「今煙草をのんでるので立たれぬからと無理な事を言つて、女中に用を聞かせ」**て済まそうとした。結局逃げ切れず、仕方なく電話口に立つのだが、やってみると意外に平気で、**「何でもなかつた。これからは、いくら電話がかかつて来てもよい」**（9月11日）と、すっかり自信満々になっている。

運動シーズンの到来

三月に入ると、弥彦の周囲では、野球と漕艇が本格的に始動する。

十四日、弥彦は本郷区向ヶ丘弥生町の第一高等学校グランド（東京大学農学部）でおこなわれた聯合野球大会の観戦に出かける。

晴。非常に寒く、午後より高一に聯合大会を見にゆく。あまり面白からず。学校よりⅢB白に二條、RPに鈴木出ず。早稲田よりP赤獅子内、SS白田辺、慶応よりⅡB白阿部、ⅠB赤亀山出ず。白軍の勝となる。三対一。

（「日記」3月14日）

弥彦が学習院野球部の主力投手として大活躍したことは『三島弥彦―伝記と史料―』で詳しく述べた。明治三十八年（一九〇五）冬、柔道の稽古中に鎖骨を折ってから、投手としては精彩を欠くようになり、大学進学後は、選手よりも審判として関わることが多かった。

野球をめぐっては、弥彦にはひとつ気がかりなことがあった。それは前年四月九日、長兄弥太郎の長男で満十歳の通陽を野球観戦に連れて行ったときに起きた。試合中、ファウルボールが通陽の胸部を直撃し、重傷を負ってしまったのである。

問題の試合は、この日とおなじ一高グランドで、京都の第三高等学校を迎えておこなわれた。両軍選手のなかには平山復二郎（土木学会会長）・戸田保忠（農林次官）・木下道雄（皇后宮大夫・侍従次長）など後年、官僚をはじめ各界で活躍したものが少なくない。一高チームより八番二塁手で出場した君島一郎は、野球史研究の功績により、平成二十一年（二〇〇九）に野球殿堂入りを果たしている。試合は三高が勝利している（『向陵誌』）。

弥彦にもどると、かれは負傷した通陽の患部を水や氷で冷やすなど懸命に看護した。通陽もいったんは落ち着いたが、まもなく肋膜炎を発し、重篤化してしまう。快復は長引き、神奈川県大磯の別荘で転地療養をつづけることになる。

事故の責任が弥彦にあったわけではないが、かわいがっている甥、しかも三島子爵家の跡取りを大変な目に遭わせてしまっただけに痛恨であった。

通陽は白樺派に憧れ、のちに作家となる。筆名章道。このときの受傷体験をもとにした小説が『錦華鳥』である。作中では少年の眼に映った自慢の叔父弥彦の風貌や、明治時代の野球試合でのスタンド風景が、いきいきと描かれる。

その帰途、一高対三高のベースボールマッチを見るべく第一高等学校の正門をくゞつた。

叔父は其頃運動界の覇者として知られた男であつたから、多くの学生連が丁寧に頭をさげては、『よく御出下さいました』

などと大歓迎をするのに、私は少からずプライドを感じて、小さな肩をそびやかし、大手を振つて意気揚々グラウンドへとのり込むだのであつた。

やがてアンパイヤのプレーの叫びに、両軍は華ばなしい戦闘を開始した。私は叔父の大きな膝の上に腰かけて、やつとおぼえたばかりのルールを小さな胸のうちに繰返しながら、勇ましい武者振に心地よい興味を覚えて力をいれて見て居た。

回数は次第に進んだ。両軍の戦闘は益々激烈になつて、熱狂した応援隊は狂喜の体で喝采し、群衆はメカホンをひつ抱へてわめき叫び、はては何処から持つてきたのか石油缶なぞを叩き出した。

（『三島章道創作全集』）

作中ではこのあと大怪我の場面となるのだが、日記にもどる。

聯合野球大会は、東京の学生野球の開幕を告げる行事で、学習院からは二條邦基が三塁手、鈴木友亮が右翼手として出場したほか、東京帝国大学・第一高等学校・早稲田大学・慶応義塾・独逸学協会学校・尋常中学郁文館・麻布中学校・東京高等師範学校附属中学校の代表選手が紅白にわかれて試合を繰り広げた。

紅軍投手の早稲田大学の獅子内謹一郎は、盛岡中学校の出身で、啄木の同級生であった。大学卒業後も選手、指導者として長く野球界の発展に尽くし、とくに郷里での貢献は大きく、「岩手野球の父」と讃えられている（『〔天狗倶楽部〕怪傑伝』）。

獅子内はまた天狗倶楽部のメンバーでもあった。早稲田大学出身者を中心にスポーツと文学と美術を愛好する人士によって組織された天狗倶楽部は、ＮＨＫ大河ドラマ『いだてん』で取り上げられたことで一躍有名になった。弥彦も倶楽部とは関わりがある。「私なんかは院外団ですけれど…。みんな友達ですから来い来いといわれて、よく相撲とりに行ったんです」（「三島弥彦翁スポーツ放談」）と語ったように相撲が中心で、「双鞭将」という四股名まで有していた。獅子内も相撲が得意で、天狗倶楽部で二人は相撲仲間であった。獅子内は、弥彦と啄木にとって共通の友人となる。

聯合野球大会であるが、「例に依て花相撲を見るやうな物なれど今春劈頭の競技といふを呼物にて是を観んとて集るもの引も切らず、定刻前には既に堵をなす許りの盛会なりき」（「今春劈頭の野球競技（聯合野球大会）」『東京朝日新聞』3月15日）とスタンドは大賑わいであった。当時の野球人気の高さがうかがえる。

もっとも肝腎の試合は、弥彦が「あまり面白からず」と記したように低調であった。試合は顔見世、親睦的な色合いがつよく、「各学校から集まつた俄か造りのチーム」ゆえ、「何れも個々の活動のみを発揮し過ぎるのでチーム全体としての一貫した活動がな」かった。さらにこの日は「風の荒ぶ空気の寒い日であつた為めに観るものゝ方が苦痛を感ずる」ほどであったという（『読売新聞』3月15日）。要するにお寒い試合であった。

第一高等学校グランド

とはいえ、春の到来とともに弥彦日記の運動記事は俄然賑やかとなる。逐一紹介はしないが、たとえば十六日には、大学で午前の講義に出た後**「昼やすみ一寸とノックをなす」**と野球に興じたのち、午後には**「学習院にボートの相談ありしかばゆく」**とある。

隅田川のイルカ騒動

明治期、東京の各学校ではボート競技が盛んにおこなわれ、弥彦も学習院時代には選手として活躍した。隅田川でおこなわれた各校チームによる競漕は人気も高く、二十八日には、弥彦も観戦に出かけている。艇庫のある向島をめざし、浅草から吾妻橋へ進んだところで、人ごみにぶつかっている。

雨後晴。帰りにボートにゆく。最早非常の人出なりき。昨日よりイルカ墨田川に来りし由。今日は千住の大橋の処に上がりしと聞くも、見る能はさりき。（「日記」3月28日）

「非常の人出」の原因は、折からの隅田川に出没したイルカであった。

隅田川にイルカが出現したのは前日で、以来、漁師たちが網や銛をもって追い回していた。このため吾妻橋から永代橋・相生橋にかけては「両岸に見物群集し、各橋上は人を以て埋めらるゝ程」の大賑わいであった。競漕中の学生たちもイルカを捕獲しようと追い回したが、逃げられている（「大川で海豚を捕ふ」『東京日日新聞』3月28日）。そのイルカであるが、千住大橋の上流付近まで遡上したところを最後は銛で突き殺されている（「大海豚を突殺す」『東京朝日新聞』3月29日）。

大磯の別荘で鳥撃ち

三月二十一日は、現在では春分の日、かつては春季皇霊祭という名の祭日であった。弥彦は兄の弥吉とともに前日から大磯の別荘に出かけている。三島別荘は、大磯駅からほど近い簾田にあった。近世以前、狩猟は武芸の一環として盛んであり、欧州でも貴族の嗜みのひとつとされた。弥彦は狩猟を生涯の趣味としている。

晴。五時半起床。少しく勉強し、八時頃より海に鳥打ちゆく。弥吉兄、由蔵とにて一艘の舟にて、所々と鳥をさがしつつ乗りまはす。波高くして、少しく舟によふ。一時頃舟より上り、花水の方に行く。余は皆と分れて先きに帰る。獲物ははずかに海スゞメ三。

（「日記」3月21日）

この日は早朝に起き、勉強をすませた後、午前八時頃より弥吉と使用人の由蔵と三人で船で海上に出ている。この日は不猟で、獲物はウミスズメ三羽だけであった。気温も低く、海は荒れ気味で、船酔いをしている。猟を終え、午後一時頃に上陸している。「花水」とは、この付近に花水川という河川があり、川沿いには親類の別荘があったので、その関係であろう。弥彦は弥吉・由蔵と別れ、さきに別荘にもどっている。

翌二十二日には弥吉・由蔵に甥の秋月種人を加えた四人で舟に乗り、鳥撃ちをおこなっている。

吾妻橋

晴。五時半起床。日出を見る。朝の内裏の山にゆく。八時頃より弥吉兄、種人、由蔵と海にゆく。鴨など多く居り面白なりき。獲物は海スヾメ三、其十数羽なりき、三時半の汽車にて帰途につく。六時半頃帰宅す。此日耳のそばにて銃をうたれし為、耳なり大に閉口す。十時頃寝につく。

（「日記」３月22日）

この日は晴天で、気温も前日より多少温かく、猟も好調であった。翌日には大学の授業があるためであろう、大磯を三時半発の汽車で帰京している。

両日条の日記に「獲物は海スヾメ三」とある。必ずしもこの日の出来事とは言い切れないが、弥彦は狩猟後、大磯別荘に転地療養中の甥通陽に生け捕りにしたウミスズメを送り届けたことがある。通陽は動物好きで、弥彦に鳥を飼ってみたいと切望していた。通陽は弥彦からウミスズメを送られたことを小説『彼の鶏と野良犬』に描いている。

又彼には狩猟の好きな一人の叔父があつた。叔父は仲々上手な射手であつた。叔父は、よく日曜に東京から一泊位でやつて来て沢山の獲物をもつて帰つて行つた。彼は叔父が、狩猟に出かける度に、生きた鳥をおみやげにくれ〳〵と云ひ〳〵したものだつた。しかし叔父のみやげは、いつも生々しい血潮にそまつた哀れな鳥共の屍許りであつた。所が或日の事、叔父は舟に乗つて海に、鴨なぞの海鳥を打ちに行つた事があつた。所がその日叔父は数十羽の獲物の他に、翼だけ打たれて、生きて居る「うみすゞめ」を三羽、彼の為に生かしたまゝもつて来てくれた。彼は珍らしい海鳥に、またも輝やかしい好奇の眼をむけるのであつた。「うみすゞめ」は傷ついた羽をばた〳〵させながら、それでも彼のあてがつた籠の中に可愛らしい目をきよろつかせて居た。

（『三島章道創作全集』）

ともかく弥彦にとっての三月二十一・二十二日は、春の湘南の海で穏やかにすぎていった。もっとも二十二日の狩猟の際、「耳のそばにて銃をうたれし為、耳なり大に閉口す」と、酷い耳鳴りに悩まされているから、良い事ばかりでもなかったが。

❑ 啄 木

塩原事件

三月二十一日は、弥彦・啄木とは直接関係のないところで、当時の世間を揺るがす大スキャンダルにして、文学、フェミニズムの歴史に残る重大事件が起きている。

日本女子大学校を卒業し、成美高等英語女学校に通っていた平塚明子（明）は、同校講師で夏目漱石門人の森田草平と、二十一日夜に連れだって失踪、栃木県塩原で雪山を彷徨った末、二十三日に保護された。事件は、妻子ある男性（森田は重婚のような状態であった）と女学生の情死未遂事件として、なにより当時の文壇を風靡していた自然主義を地で行く行為として、新聞、雑誌を賑わせた。事件は「塩原事件」とも、森田が事件をもとに翌年発表した小説の題名にちなんで「煤煙事件」とも呼ばれる。

事件そのものについては、佐々木英昭『「新しい女」の到来―平塚らいてうと漱石―』をはじめ各種研究にゆずるが、現在では青鞜運動の主唱者、フェミニズムの旗手平塚らいてうのデビュー・エピソードとして広く知られる。偶然だが、彼女も弥彦・啄木とおなじ明治十九年（一八八六）二月生まれ、二月十日の誕生である。

明子は美貌と謎めいた言動とで森田を虜にしたが、それだけでなく、事件後、森田を通じ漱石にもインスピレーションをあたえている。『三四郎』のヒロイン美禰子は明子から造形された。美禰子の謎めいた「思わせぶり」な性格は、漱石によれば「女性の中でも最も女性的なもの」だという。森田にいわせれば、実際の明子の「謎」は、美禰子の「思わせぶり」とは次元が異なり、むしろこうした平板な理解こそが漱石の女性理解の限界であるとする（『夏目漱石』三）。

森田は明子と恋愛関係にあった際に、漱石の観念的な小説や女性像を批判している。「夏目先生の小説は、ほんとうの意味の小説ではない、ホトトギス派の写生と理屈で書いた学者の小説で、ああいう低徊趣味の文学は、自分の趣味ではない」「夏目先生という人は、女のひとをまったく知らず、それも奥さん一人しか女を知らないで小説を書くのだから、作中の女はみんな頭で作られ、生きている女になっていない。いつも弟子たちの、とくに女性についての話を注意深く聞いていて、そのまま翌々日あたりの新聞小説に書いたりする。女の使う言葉もまったく知らないから、わたくしが教えているのだ」（平塚らいてう『原始、女性は太陽であった』上巻）。

森田も森田だが、これほどの内容を平然と暴露する明子の感性も相当である。たしかに「思わせぶり」だけで終わるタイプではない。

モテキ突入

もう一人の明治十九年二月生まれ、平塚明子による明治の恋愛スキャンダルを紹介したのは、おなじ時期、啄木も複雑な恋愛問題に陥っていたからである。

釧路で料亭通いの魅力に取りつかれた啄木は、当初は小静・市子に好意を抱き、二月下旬以降は鶤寅の小奴との関係を急速に深めていた。**「小奴のカッポレは見事であつた。釧路へ来てから今夜程酔うた事は**

鶴寅（しゃも虎）

なかつた」（2月22日）、**「九時頃、衣川子を誘ひ出して鶴寅亭へ飲みにゆく。小奴が来た。酒半ばにして林君が訪ねて来て新規蒔直しの座敷替。散々飲んだ末、衣川子と二人で小奴の家へ遊びに行つた。小奴はぽんたと二人で老婆を雇つて居る。話は随分なまめしかしかつた。二時半帰る。小奴と云ふのは、今迄見たうちで一番活潑な気持のよい女だ」**（2月24日）等々。

三月にはいると、さらに一般女性である「三尺ハイカラ」こと小菅まさえ・梅川操との関係が加わり、複雑な様相を呈する。

啄木の釧路時代の艶聞は、かれの薄幸な生涯におけるハイライトの一つとされ、詩歌を内在的に捉えるうえでも重要な要素である。このため注目度は高く、研究も多い。よって、全体的な動静は諸研究にゆずり、ここでは小奴・市子・まさえ・操をめぐる動きに絞って日記をたどる。

とはいえ、男女の間柄というのは、当事者以外にはわからないことが多い。日記にすべてが書いてあるとはいえず、ぼかしたり、あえて書かないこともめずらしくない。日記は本来主観的な世界であるが、こうした問題には、特に自己弁護や美化が生じやすい。啄木日記も例外でなく、限界を孕んだものであることをあらかじめ断っておく。

三日、日景主筆が北海道鉄道冬季視察隊関係の業務を終えて帰社したことから、夕方より鶴寅で慰労会が開かれた。啄木も佐藤衣川など社員と一緒に参加した。席では**「小奴は予の側に座つて動かなつた」**。良い雰囲気だったが、散会後**「出る時小奴は一封の手紙を予の手に忍ばした。裏門の瓦斯燈の仄暗き光に封を切ると、中には細字の文と共に、嘗て自分の呉れてやつた紙幣が這入つて居た」**。

文面はわからないが、啄木のモーションを素直に受け入れるものではなかったことはまちがいない。押せば引く、引けば寄せ来る小奴に、**「小奴の心は迷うて居る」**とみた啄木は、すぐ引き返し、彼女を呼んで封筒を投げ返している。

鶴寅を出た啄木は、真っすぐ下宿にはもどらず、逆方向の本行寺に行き、佐藤衣川と一緒にカルタ会に参加している。啄木は渋民時代からカルタを得意としたが、この夜の戦績は**「目がチラチラして居て、駄目であつた」**。

唐突にカルタ会に参加した本当の目的は、小奴と会うきっかけをもとめてだろう。彼女の家は本行寺正門のすぐ向かいにあった。日記には**「帰りに小奴に逢つた」**と素っ気なく記すのみである。

この頃には啄木と小奴の接近は、「石川とヤッちゃんはねんごろだ」（近江ジン「小奴の回想」『回想の石川啄木』）と、狭い釧路の町ではすぐに広まった。五日の日記には、市子から嫉妬を買った記事が出てくる。**「既にして市子が来たが、常の如くでない。小奴に金色夜叉を置いて来た事を一晩怨まれた」**。『金色夜叉』は言わずと知れた尾崎紅葉のベストセラー小説である。一月十七日夜の熱海海岸での別離場面が有名だが、啄木の日記をみるに、関係者のあいだでその名は恋愛の象徴、少なくともメタファーとして取り沙汰される。

小奴

小奴とは三日夜を最後に会っていないようである。次なる登場は十日、仕事を終え四人で鶴寅で飲んだときである。**「小奴は非常に酔うて居た。此日自分へ手紙出したといふ事であつたが、まだ届かぬ」**。

翌日**「小奴の長い長い手紙に起される。先夜空しく別れた時は「唯あやしく胸のみとどろき申候」と書いてあつた。相逢ふて三度四度に過ぎぬのに何故かうなつかしいかと書いてあつた。「君のみ心の美しさ**

浄けさに私の思ひはいやまさり申候」と書いてあつた」。啄木は夜になって**「名も聴かなかつた妹に邂逅した様に思ふが、お身は決して俺に惚れては可けぬ」**と返信した。

花柳界での色恋は、社会一般から隔離された空間で成り立っており、これを外界に持ち出す際には、経済的な手続き、いわゆる「身請け」が必要である。それができない男女の道をはずれた恋の成就法が心中である。

梅川　操

小奴の「際どい」アプローチに対し、啄木は彼女を「妹」と呼ぶことで回答した。「妹」とは契りを結ぶことのできない恋人を意味する。花柳界の常識を当てはめれば「甲斐性なし」を宣言したに等しいが、経済力がない以上、ほかに選択肢はない。彼女も瞬時に意味が理解できたはずである。二人の交際が「清らか」なのは、花柳界の常識の枠内にとどまり、逸脱しなかったからである。

本行寺のカルタ会は思わぬ副産物を生んだ。本行寺住職の娘、「三尺ハイカラ」こと小菅まさえが啄木に好意を抱き、求愛してきたのである。まさえはカルタ会の友人で、啄木下宿の向かいの釧路共立笠井病院で薬局助手（看護婦）をしている梅川操を仲介役に頼り、連絡してきた。だが、啄木は小奴と「盛り上がっている」最中だったので、全然相手にしない。

結局、操と、おなじ下宿に住む北東新報記者横山城東の協力を得て、十五日に啄木の部屋でカルタ会を催し、そこで一芝居打って、まさえを諦めさせることとなった。この工作はうまく行き、最終的にまさえは離れていった。だが、今度は操が啄木に好意を寄せるようになる。

恋愛自然主義

梅川操は明治十八年（一八八五）三月、岩手県生まれ。幼いときに函館に移り、函館大谷女学校（函館大谷高等学校）に学んだ。家庭の都合で釧路に移り、ふたたび函館にもどって造花教師をしていたところ、明治四十年（一九〇七）八月の函館大火を受け、再度釧路に移り住んでいた。彼女にはかつて婚約者がいたが、日露戦争に出征し、戦死している。笠井病院に勤務し、本行寺のカルタ会に参加したときに啄木と出会う。

おそらく最初になんらかのモーションを起こしたのは啄木の方であろう。この時期の啄木は、次々と異性から好意を寄せられている。そういうものがあるかは知らないが、まるで恋愛における「ゾーン」に入っていたかのようである。十三日条の日記で操のことを「年は二十四、背の高くない、思切つて前に出した庇髪を結つて、敗けぬ気の目に輝く、常に紫を含んだ衣服を着てゐる」、「男を男と思はぬ様な、ハシヤイダ、お転婆な点は、閲歴境遇が逆説的に作り上げた此女の表面の性格である。然し、二十四にして独身なる此女は、矢張二十四で独身な女である。心の底の底は、常に淋しい、常に冷たい。誰かしら真に温かい同情を寄せてくれる人もと、常に悶えて居る。自ら欺き人を欺いてるだけ、どちかと云へば危険な女である」と辛辣に評し、警戒したのは、自分の「思わせぶり」に対する彼女の反応に、危険を感じたからであろう。「二十四で独身」「庇髪」「紫を含んだ衣服」は、『虞美人草』のヒロイン甲野藤尾のイメージと重なる。

笠井病院　啄木の下宿とは道を挟んで向かいあっていた

啄木は『虞美人草』を読んでおり、「美しき女の二十を越えて夫なく、空しく一二三を数へて、二十四の今日迄嫁がぬは不思議である」、「波を打つ廂髪」、「女は紫色の着物を着て居る」等々、紫がシンボルカラーで結婚を焦る二十四歳の美女という藤尾のイメージに操を重ね、危険視したのであろう。

にもかかわらず、火遊びの衝動は抑えられないのか、啄木は「思わせぶり」をエスカレートさせる。十五日夜、まさえが帰った後、啄木と操・横山は、三人で波止場から知人岬に出かけている。三人で夜の海をみながら、操が持ってきたビスケットをかじった。

月が明るい。港は静かだ。知人岬の下の岩に氷交りの波がかかると、金剛石の如く光る。光る度に三人は声を揚げて「呀」と叫んだ。三人！二人は男で一人は女！三人は「自然」だと叫ぶ。三人共自然に司配されて居る。そして寧ろそれを喜ぶものの如くであつた。噫、自然か、自然か。此夜の月は明かつたが。

「三月十五日は忘れまい」と一人が云ひ出した。「さうだ、忘られぬ」と一人が応じた。かくて此三人を「ビスケット会」と名づけた。「ビスケット会は自然によつて作られ、自然を目的とす」と誰やらが云ひ出した。「毎月十五日には、お互何処に居ても必ずビスケットを食ふことにしませう」と女が附加した。二時頃月を踏んで帰つて寝る。

（「日記」3月15日）

深夜の海岸は酷寒のはずだが、三人は熱に冒されたようにハイテンションである。月齢は十二・三、満月に近い。三人が歩いた海岸は現在では埋め立てられ、往時を偲ぶべくもないが、近くの米町公園には啄木生誕五十年記念の石碑が建ち、「しらしらと氷かがやき　千鳥なく　釧路の海の冬の月かな」の歌がきざまれている。

「月」や「金剛石」、「三月十五日は忘れまい」という台詞は、あきらかに『金色夜叉』を意識している。『金色夜叉』は小奴・市子のさや当ての場面にも登場したが、海岸では恋愛を話題に盛り上がったのだろう。かれらが叫んだ「自然」とは、「自然主義」のことである。寓意は、今この瞬間を支配する感情に忠実なことであり、恋愛至上主義に結びつく。

恋心を燃え上がらせた操は十七日、釧路新聞社をたずね、**「小さい花瓶に赤いリボンを結へて、燃ゆる様な造花の薔薇一輪をさしたのを持つて来た」**。造花を得意とする彼女なりの求愛表現である。よせばいいのに、啄木は同夜また操と佐藤衣川と三人で夜の海岸に出かけている。**「誰の発議ともなく、復、此間の晩の浜へ行つた。汐が引いて居て、砂が氷つて居る。海は矢張静かだ。月は明るい。氷れる砂の上を歩いて知人岬の下の方まで行くと、千鳥が啼いた。生れて初めて千鳥を聞いた」**。翌十八日は満月、ちなみに操の満二十三歳の誕生日である。啄木は、デート先として夜の海岸がよほど気に入ったようで、二十日には小奴を伴っている。

その二十日、啄木が鶴寅に行くと小奴が来て、釧路新聞社の佐藤理事とそのなじみの芸妓を介して啄木が妻帯している事実を知らされ、**「惚れるのは構はないけれども、失敬しては可けない」**と忠告されたことを耳うちした。秘密を知られ、顔から火が出そうな場面だが、小奴の小悪魔ぶりがこれを救う。**「『可笑いのネー。』と笑つた。自分も亦哄然として大笑した。『ほんとに可笑いのネー。』と奴は再云つた」**。

その後、小奴と夜の釧路港、埠頭のあたりの浜に出て、二人で小舟の縁にもたれて海を眺めた。啄木は**「『妹になれ』と自分は云つた。『なります』と小奴は無造作に答へた」**。「妹」の隠喩はすでにみたとおりである。答えは出た。小奴は啄木との別離を予感したらしく、**「何日までも忘れないで頂戴。何処かへ行く時は屹度前以て知らして頂戴、ネ」**といった。啄木が、妻子が遠からず釧路に来ることを打ち明けたところ、小奴は**「非常に喜んで、来たら必ず遊びにゆくから仲よくさして呉れ」**といった。

本格的な春の到来＝家族との同居を前に、小奴との関係にはひと区切りがついた（節子夫人が許容するか否かは定かではない）。

もう一方の懸念材料である操との火遊びであるが、啄木はさらなる「思わせぶり」な言動に出て、彼女の恋心を一段と燃えあがらせてしまう。十九日付の釧路新聞に「一輪の紅き薔薇の花を見て火の息すなる唇をこそ思へ」という官能的な歌が載った。作者は「おもはれ人」。ほかにも「釧路潟千鳥なくなる夜の波の此月影を忘れずと言へ」「君を見て我は怖れぬ我を見て君は笑ひぬその夕暮に」などの歌も載っており、他人にはわからなくとも、操には啄木の作であることはあきらかであった。彼女がこの行為をもって自身の求愛に対する啄木からの「秘密のメッセージ」と受け取っても不思議はない。

そもそも啄木は、なぜこれほどモテたのか。この点で参考となるのが、盛岡中学校の先輩の野村胡堂の証言である。

啄木という男は、社会人としては、厄介な人間であった。ほら吹きで、ぜいたくで、大言壮語するくせがあり、まことにつき合いにくかったが、その半面、無類の魅力を持った人間でもあったのである。おしゃれで、気軽で、少し陽気すぎるほどで、そして何よりも美少年であった。異性の友人を吸いよせただけでなく、のちには啄木と絶交した人たちも、一度は彼の不思議な魅力に傾倒していたはずである。

（『胡堂百話』）

こうした人間的な魅力に加えて、啄木の東京で名の通った歌人という肩書は、釧路の人びとに好印象や尊敬の念をあたえたにちがいない。文学好きとされる小奴や操ならば猶更であろう。現在も地方では、中央の有名人をチヤホヤするといわれる。

さらに、小奴には知られてしまったが、啄木は釧路では独身と思われていた。さながら人気の出た男性芸能人が、糟糠の妻の存在を隠して、女性たちとの逢瀬を楽しむ状況に似ていようか。操は二十四歳、不幸が重なり婚期を逃しつつあるところへ、突然の有名人とのロマンスである。舞い上がってしまっても不思議はない。

この頃、啄木は小樽で留守家族の面倒をみていた沢田天峰に書簡を送っているが、このなかで新居の確保が困難であると言い訳し、もうしばらくのあいだ、家族を庇護してほしいともとめている（3月19日付沢田信太郎宛『全集』七）。そこには、本格的な春の到来を前に、今しばらく事態を先延ばし、釧路での恋愛ゲームを楽しみたいという心理が感じられるが、如何であろうか。

話を日記にもどす。

操は二十一日深夜、ただしくは翌二十二日の午前一時、啄木の下宿をたずねる。ところがその場には、前夜の鶴寅以来ずっと一緒だった小奴がいた。日記の描写は、ほとんど映画やドラマの場面をみているようである。とても長いが引用する。

九時頃横山を伴れて鶴寅に進軍。水を持つて来さしたコツプで飲まうとすると、妓小奴銚子を控へて大いに酔ふことを許さぬ。自分には飲ませずに人の盃をとつて飲んで居た。

十二時が打つて弾迎へ。にならぬうちに、奴は先に出て門で待つて居て送つて行くからとて坐を辷つた。程なく辞して出ると、奴は其家からコートを着て提灯を持つて出て来た。満街の雪を照して、月は水の如く明るい。

酔が大分廻つて居てフラフラする。奴の温い手にとられて帰つて来て、室に入ると火もあり、湯も沸つて居る。横山と奴と三人で茶を飲んだ。

兎角して一時となつた。「石川さん」といふ声が窓の下から聞える。然も女の声だ。窓を開けば、真昼の如き月色の中に梅川が立つて居る。「お客様がありますか」「あります」「誰方？」此時奴は梅川と聞いて、入れろと云ふ。「お這入りなさい。」

月は明くても、夜の一時は夜の一時である。女の身として、今頃何処をどう歩いて来たものか、一向合点がいかぬ。入口の戸をトントンと叩いて室に入つた顔を見て驚いた。何といふ顔だらう。髪は乱れて、目は吊つて、色は物凄くも蒼ざめて、やつれ様ツたらない。まるで五六日も下痢をした後か、無理酒の醒めぎはか、さらずば強姦でもされたと云つた様の顔色だ。這入つて来て、明るい燈火に眩しさうにしたが、「あまり窓が明かつたもんだから、遂……」と挨拶をする。「これは梅川さん、これは私の妹」と紹介すると、「おや貴女は小奴さんで」と女は挨拶。顔を上げた時、唯一雫、唯の一雫ではあつたが、涙が梅川の目に光つた。

横山と二人で、頻りに目で語つて見たが、一向要領を得ぬ。今時分、若い女が唯一人、怎して歩いて居たのだらう。それは、よしや此女の性格として、有りうべからざる事で無いにしても、今時分下宿屋に居る男を訪問するとは何事だ。且つそれ其顔色は、と幾何疑つても少しも解らぬ。唯、今夜は此女の上に何かしら大事件があつたのだナと云ふだけだが、明瞭に想像せられる。

梅川は殆んど何も云はなかつた。唯時々寂しく笑ふては、うつむいて雑誌などをまさぐつて居た。一時が二時となり、三時になつた。それでも帰らうとせぬ。奴も亦帰らうとせぬ。ハハア、根気競べをして居るのだナと思つて、自分は奴と目を見合して笑つた。

夜が闃として、人は皆鼾のモナカなのに、相対して語る四人の心々。鶏の声が遠近に響いて暁が刻々に近いて来る。

遂に四時になつた。懐に右手を入れて考へ込んで居た梅川は、此時、遂々「どうも晩くまで失礼しました」と云つて帰つて行つた。「私の方が勝つた」と奴は無邪気に云つて笑つた。「勝つ筈ですワ、お呪符を二つやりましたもの。」

見れば、小さい鼈甲の髪差を逆さにさして居て、モ一つは、蹴出しの端を結んでいた。これを以て客を帰す呪符だろ、我が無邪気な妹は信じて居る！

「私が勝つたんだから、これを貰つてつても好いでせう」と奴は云つた。梅川が拵へて来た一輪の紅の薔薇の花は、かくて奴の物となつた。五分許りして奴も亦独り帰つて行つた。

奴の帰つた時、自分は云ひ知れぬ満足を感じて、微笑を禁じ得なかつた。冷えきつた茶を飲み干して自分は枕についいた。

が、が、暫しは眠れなかつた。

（「日記」３月21日）。

かなりの修羅場である。主人公をめぐって美女二人が恋のさや当てをするというのは少年漫画では鉄板の人気局面であり、一度はそのような目に遭ってみたいと妄想する（したことのある）男性は少なくないであろう。

ともかく三時間に及ぶ心理戦は小奴に凱歌があがった。彼女が戦利品として薔薇の造花を持ち帰るあたりは、現実とは思えないほど見事である。三月二十一日深夜は、まさに啄木の生涯におけるモテキの絶頂であった。

夢から醒めて

眠りから覚めてまもなく啄木の甘い夢は突然終わりを告げる。二十二日午後、新聞社の同僚上杉小南から昨夜、操と佐藤衣川が一緒にいたという目撃情報を聞かされた。

やがて操が下宿にたずねて来た。ついで鹿島屋の市子もやって来たが、二十分ばかりして、玄関で**「お楽しみ！」**などとふざけて出て行った。

啄木にとって「お楽しみ」はここまでで、操に真相を問いただしたところ、彼女の勤務する笠井病院に衣川がやって来て飲酒した後、操を厳島神社まで連れ出したという。そこで衣川に口説かれ、あわや暴行に及ぼうとしたのを峻拒して帰って来たのだという。日記ではレイプ未遂事件のような書きぶりだが、操と衣川は後に結婚しているので、脈ありとみた衣川がかなり強引に迫ったということであろうか。

「昨夜は、私悪魔と戦って勝つて来ました」。「私、悪魔と戦つて勝つたのですネ。愉快でした、愉快でした、実にモウ愉快でした、だから私、昨夜アンナに遅かつたけれど、お知らせしようと思つて伺つたのでした」と、操は貞操を守ったことを誇り、昨夜の訪問はその報告のためであったと告げた。

啄木はこの告白にしらけてしまう。優位に立っていたはずの自分だが、操を中心とするもうひとつの恋愛の三角形では一方の駒にすぎなかった。しかも「恋のライバル」は、社の同僚として見下していた佐藤衣川である。**「愍むべき破碇〔綻〕の子、その一身の中に霊と肉とが戦つて、常に肉が勝利を占めて居る男である」**と、性的衝動を抑えられない男と軽蔑していたあの衣川である。散々にこきおろし、自らの優越を誇る啄木だが、写真をみるかぎり、衣川はなかなかの美男である（北畠立朴『啄木に魅せられて』）。実際、操と衣川は結婚していることからみて、啄木がいうほどには分はよくないのだろう。

自尊心をひどく傷つけられた啄木のこの日の日記は、以下の文句で締めくくられる。**「夢が結べぬ。それからそれと考へて、果敢ない思のみ胸に往来する。つくづくと、真につくづくと、釧路がイヤになつた。噫」**。

翌日から啄木は、新聞社を欠勤するなど投げやりな言動に出るようになる。再出社をもとめる同僚の声に耳を貸さず、最後は出社を促す白石社長の電報に激高し、月末にはひそかに釧路脱出を決意する。

福地順一『石川啄木と北海道』は、啄木が釧路を去った理由について、中央文壇への憧憬や感情面、物質面で充足されない生活への不満といった、文学的側面に傾斜した従来の分析を批判し、直接的な理由として、①梅川操・小菅まさえとの危険な関係、②喜望楼の女将らによる小奴との離間策、③日景編集長との確執その他、④自尊心を傷つけた白石社長の電報をあげている。

筆者も、啄木の日々の動静と心理的葛藤を重視した福地氏の分析に同感である。本書では、料亭での疑似恋愛にはじまり、最後は素人女性を巻き込んだ危険な火遊びに発展した恋愛模様に注目したが、要するに、さまざまな要因が絡み合った末、最後は釧路脱出による全面リセットにおよんだと考える。実際、このまま春になって家族を呼び寄せれば、いよいよ収拾がつかなくなるし、面子は丸潰れとなる。

啄木研究の多くは、小奴にやさしく、操にきびしい。啄木研究の第一人者岩城之徳は、小奴と操を比較して、「こうした啄木の心中を見ぬいた賢い小奴は、彼を愛するがゆえに、しいて啄木をこの地に引止めようとせず、東京におけるその文学的成功を祈り、心から彼の前途を祝福した。小奴が啄木の永遠の恋人として、今日もなお多くの人になつかしみ愛される所以もまたここにある。これに反して梅川ミサホは賢明さにおいて、また美しさにおいても小奴に劣らぬ女性であったにかかわらず、最後まで啄木の心中がみぬけず、つねに自己中心に啄木との恋愛を考えたところに大きな誤算があった」（『啄木評伝』）と評する。

だが、操の側に立てば、恋愛をゲームのように振る舞い、純情を弄び、一方的に貶めた啄木は許しがたい。小奴にしても**「去る人はよいかも知れぬが、残る者が……」「一月でもよいから居てくれ」**（3月28日）などと釧路残留を懇願しており、快く淡々と送り出したわけではない。操が、啄木が既婚者であると知ったのは後日のことである。残酷な話である。

釧路脱出を決意した啄木は、新聞社には家族に関する要件があるので函館に出かけると伝えた。四月二日、「新聞を披いて出帆広告を見ると、安田扱ひの酒田川丸本日午後六時出帆——函館新潟行——とある。自分は直ぐ決心した。「函館へ行かう。」「さうだ函館へ行かう。」」海路で函館に行くことを決断した啄木は、安田鉱業事務所船舶部の汽船酒田川丸の乗船券を購入する。荒天などのため出航は四月五日朝に遅れた。釧路港外に出たのは午前八時であった。「氷が少し許り。後には雄阿寒・雌阿寒の両山、朝日に映えた雪の姿も長く忘られぬであらう。知人岬の燈台も、程なくして水平線上に没した」(4月5日)。

四月

❏弥彦

春休み

三月末より四月前半にかけての二週間、大学は春休み期間となる。

晴。六時起床。十時の汽車に、横浜に正熊氏渡米せらるによりて送りに行く。横浜の千歳にて昼食を饗応になる。二時出帆す。柳谷、西郷、川上其他正熊氏親戚のもの来れり。
（「日記」４月１日）

四月一日、弥彦は松方正熊の渡米を見送るため、学習院先輩の柳谷午郎や西郷従志らとともに、午前十時新橋発の汽車で横浜に出かけている。この時期、東京駅はまだない。松方正熊はスケートのときにも登場したが、元勲松方正義の六男で、学習院より東京帝国大学農科大学に学び、米国イェール大学に留学することになっていた。

正熊を乗せた日本郵船伊予丸は、この日午後二時、シアトルに向け、横浜を

新橋駅

出航する。同人は二年後に帰国し、台湾での製糖業をはじめ実業家として活躍する。

向島・浅草に遊ぶ

四月五日は、啄木が酒田川丸で釧路を発した日であるが、この日は日曜日で、弥彦は終日、学習院の友人榊邦彦とともに向島・浅草にすごしている。

晴。九時頃榊氏の処をさそひ一寸上り、十時半より向島に行く。五時頃滞り、帰り浅草により電気館に入り、活動写真を見る。七時頃帰途につく。帰り神田にて榊氏と共に食事し、夫れより榊氏の処に行き、十一時頃迄話す……記憶す可き日なり。十一時半頃帰り寝につく。有栖川の栽仁殿下薨去ならせらる。

（「日記」４月５日）

向島は古来、文人墨客の散策の地として知られる。本所区（墨田区）に属し、浅草より吾妻橋で隅田川を渡った対岸の北側にある。

東京倶楽部編『最新東京案内』では、行楽地としての向島について、「桜花の勝地として春は花見の群衆を以て雑沓し、夏は涼しき川風に日中の汗を洗ひ、秋は月に風情の待乳山を望み、冬は彼の芭蕉翁の『いざさらば雪見にころぶところまでと』暖かならぬ風流に手足を氷らすも一興なるべく、まことに四季折々の面白き眺めは都下第一の勝地たるに背かぬのである。併して此地の重なる名所社寺遊楽は三囲神社、牛島神社、長命寺、白鬚神社、秋葉神社、隅田川神社、木母寺、梅若塚及び短艇競漕、百花園、花月華壇等又た少しく離れて堀切の菖蒲は都下第一とし、名物にては長命寺の桜餅、言問団子、隅田川焼等である」と紹介している。学習院関係では、向島には漕艇用のボートを格納する艇庫が置かれていた。

近世以来の行楽地の向島だが、近代以降は花街が発達したことでも知られる。永井荷風『濹東綺譚』の舞台、私娼街玉ノ井があることでも有名である。玉ノ井が発展したのは関東大震災後だが、それ以前にも向島には「高等ぢごく」と呼ばれる高級売春宿が存在した。

時期はややずれるが、墨堤隠士『女魔の怪窟』では、「結構な庭樹に大小の奇石が、何式か何流かによつて配置されて居る処、定めて莫大の費用を要したものと想像された」、元は別荘とされる某屋敷が「高等魔窟」になっていたとして、詳しくルポルタージュされている。

この日の弥彦は、榊と午前から午後五時頃まで向島ですごしているが、具体的な事柄は記されていない。夕方からは浅草に移動し、「電気館」で活動写真をみている。

電気館は日本初の活動写真常設館であり、人気を誇っていた。電気館のある浅草六区は東京随一の歓楽街であった。六区は一～四号地からなり、東京市編『東京案内』下巻では次のように説明されている。

一号地　観物に大盛館（江川玉乗）、清遊館（浪花踊）、共盛館（少年美団）、共盛館（青木玉乗）、外に猿の観物及蓄音器屋三軒、釣堀二軒あり、料理店に惣菜料理吹よせ、蕎麦屋萬盛庵あり、裏通りに大弓店、銘酒屋、碁会所、新聞縦覧所、鮨屋等あり。

向島

浅草

二号地　観物に日本館（娘都踊）、野見（剣術）あり、又洋食店、銘酒屋、鮨屋及写真店あり。
三号地　観物に清明館（剣舞）、明治館（大神楽）、電気館（活動写真）あり、劇場常盤座、寄席金車亭あり、料理店生洲、鳥料理鳥萬あり、写真店、銘酒屋、釣堀等もあり。
四号地　観物に日本パノラマ、珍世界、木馬館、S派新演劇朝日あり、料理店角萬、天亀（共に天麩羅屋）あり。又釣堀あり。

浅草を出た後は神田で食事をして、榊の処に寄り、午後十一時半頃に帰宅している。一日を振り返って「記憶す可き日なり」と記している。こうした感想はほかになく、いずれにせよよほど忘れられない一日であったのだろう。

不如帰

六日は、学習院の端艇競漕春期大会観戦のため、あらためて向島に出かけるはずだったが、**「有栖川の若宮の御かくれの為め中止となり翌日に延ばす」**。「有栖川の若宮」とは、五日条にもある有栖川宮威仁親王の長男で海軍兵学校在学中の栽仁王のことで、同人が、三日に死去したのをうけ、大会は延期となった。このため弥彦は**「夕食後本郷座にゆき、不如帰を三幕立見」**している。なお延期となった競漕は七日におこなわれ、弥彦は早朝五時に起きて観戦している。

『不如帰』は、弥彦の兄弥太郎とその妻信子（大山巖の長女）の結婚と、信子の病気による別離をめぐる悲劇に着想を得た徳冨蘆花の小説である。ベストセラーとして版を重ね、何度も舞台化されたこともあって、作中の川島武男・浪子夫妻のモデルが弥太郎・信子であることは周知であった。そもそも川島という姓からして三島の「三」を縦にしたにすぎない。読者・観客は浪子の悲劇に涙し、川島家の薄情を憎んだ。

小説ゆえ、誇張や事実と異なる描写もめずらしくないが、三島家にすれば反論もままならず、苦痛の種であった。

川島家一番の憎まれ役は、家を守るため、愛し合う若夫婦を引き裂いた武男の母である。鹿児島訛りで「女丈夫」といわれた風貌は、和歌子そのままであった。

『不如帰』での悪評は和歌子も気にしており、時期は定かでないが、家族の制止を振り切って観劇に出かけ、「ワイがいつあんな事言うた」「蘆花ちう奴は悪い奴じゃ」と激高したという逸話が伝わっている（『話の吹きだまり』）。

弥彦が観た本郷座の公演は、川島武男を伊井蓉峰、浪子を喜多村緑郎が演じている。人気俳優の共演とあって、「毎日売切れ続きの大景気」（「本郷座の不如帰」『東京日日新聞』4月10日）であった。武男の母は水野好美が演じたが、劇評では「男勝りになり過ぎて詞の角々が男性になる、殊に薩音だから瞑目して居ると老軍人が出て活躍して居るやうにも思はれた」（「本郷座の初日」『東京朝日新聞』4月5日）とあり、和歌子が観たら噴火は避けられそうもない。

新　劇

弥彦は、この日につづいて二十二日にも、大学のあと『不如帰』舞台を観ている。**「平日の如し。帰り図書に行き、帰りに本郷座にて不如帰の立見をなす」**。両日とも一人で出かけ、なにも感想は記されていないが、『不如帰』に対して並々ならぬ関心を抱いていたことはまちがいない。

春の大雪

七日に降り出した東京の雨は、翌八日には雪となり、季節外れの大雪となった。

窓を開くれば銀世界。今日、明日桜の花も盛りなんとする時、如何なる事ぞ。昔は三月三日に大雪ありしと云ふ事なるも、今日既に去る七日、五六十年来に見る大雪尺余に達す。風吹きもはげしく電線のきるゝ事甚しく、東京市線の半数に及ぶ。東海線など電柱将基倒しの有様なりき。汽車、電車は不通となる。近年稀れなる事なりき。

（「日記」4月9日）

東京日日新聞は「一昨八日夜十時頃より満都花なる今日この頃、奇しくも降り出せる妖雪は終夜ら花魂を驚かして降りしきり、明けて昨朝となるも尚降り歇まず、春の泡雪と思ひしは違ひて、世は白妙の眼の行く限り白皚々たるのみか量さへ尺と積りて寒中にも都には容易く見られぬ大雪、されば其が為めの被害も少からず」と報じ、東京市内では各所で電話線が切断し、電柱が折れた。電車の運転にも支障が出たという（「時ならぬ妖雪」4月10日）。

四月の降雪自体は前年にもあり、明治三十五年（一九〇二）には四月十日に降っている。ちなみに観測史上、東京で最も遅い降雪は昭和四十二年（一九六七）、四十四年（一九六九）、および平成二十二年（二〇一〇）の四月十七日である（「気象庁調べ」）。

季節外れの大雪の被害について、ときの内務大臣原敬は、「桜花殆んど満開なるに昨日来大雪にて電信、電話、電燈等不通となり、困難せり、稀有の事なり、電話は今後十日を費やさゞれば開通せざるべしと云ふ」と日記にしるす。

弥彦もそうだが、日露戦後のこの時代、人びとが春の雪と聞いて想い起こすのは、四十八年前の万延元年（安政七年・一八六〇）三月三日の大雪、大老井伊直弼が水戸浪士らに襲撃された桜田門外の変であった。

ちなみに四月八日は、旧暦だと三月八日にあたる。ほかにも震災といえば安政地震であり、江戸は決して遠い過去ではなかった。

学習院小運動会・長距離競走

思わぬ大雪はあったが、本格的な春の到来とともに弥彦日記の運動記事は賑わいを増す。

四月は漕艇関係の記事が多いが、これらは観戦が中心で、参加はしていない。十八日には学習院で「小運動会」がおこなわれている。弥彦は前日におこなわれたボートレースの祝勝会で飲みすぎたため、**「昨日の酔未だ醒めず大に閉口す」**と、二日酔いにより絶不調であった。それでも**「午後一時より小運動会あり、出場す」**。

戦績は**「百2、二百2、四百2、千1、弾丸投げ1、鎚1」**。**「昨日の勝祝の為め大につかる。小生のはハンク〔パンク〕なり、大に閉口す」**と嘆いたように、短距離走種目はいずれも二着と精彩を欠いている。それでも一〇〇〇メートル走と砲丸投げ・ハンマー投げは優勝している。二日酔いでも勝利するあたり、「弥彦神話」を裏切らない。

小運動会の翌日の十九日には、学習院輔仁会第一回長距離競走がおこなわれ、弥彦は出場はしていないが、卒業生として熱心に応援している。

晴。六時起床。朝食もなさず、早々新宿停車場に学習院にて催ふされし長距離競走の出発を送りに行き、同場〔乗〕して国分寺迄至り、夫れより府中に行き一同を送り、直に引き帰し新宿の銀世界に行くや、最早先頭は来れり、伊達ならんと思ひしに、あに計らん関氏なりき。伊達氏御途中にて倒れし由聞し

かば、直に自転車にて迎ひにゆく。一里程行きし時自転車パンクして、徒歩にて帰る。十二時頃銀世界に一同にて食事し、賞品授与式などあり。雑談して解散す。（「日記」4月19日）

長距離競走のスタート地点は北多摩郡府中町（府中市）の大國魂神社、ゴールは豊多摩郡淀橋町（新宿区）の「銀世界」。「銀世界」とは、現在の西新宿三丁目にあった梅園の名称で、現在は「新宿パークタワー」が建っている。距離は五里十町というから、約二〇・七キロ。道筋はわからないが、普通に考えて甲州街道だろう。

弥彦は朝食も摂らずに、出場選手の壮行のため新宿駅に出かけ、一緒に電車で国分寺駅まで移動し、下車してからは柳谷午郎らと、おそらく馬車で府中まで移動している。このような行程となったのは、当時はまだ現在の京王電鉄が開業していなかったためである。

弥彦が、わざわざ大國魂神社まで出かけて選手のスタートを見送ったことに対し、『輔仁会雑誌』では、「三島、柳谷君等已にあり、此等熱心なる先輩諸君が此のレースの為めにわざ〳〵来られしは我等院内にあるものゝ最も感謝する処」と、謝意をあらわしている（「輔仁会第一回長距離競走」）。運動にかけて弥彦は労をいとわず、情熱的である。スポーツの発展、振興に使命感を見出していたのだろう。

レースは、戦前の予想では高等学科の伊達九郎が最有力とされたが、同人は途中で気分が悪くなって路傍に倒れ込んでしまう。優勝は中等学科の関義長であった。タイムは一時間四十五分二十秒。つづいてデッドヒートの末、二位には中等学科の近衛文麿、三位には加太安邦が入った。近衛というと後年の政治家としての面ばかりがイメージされるが、学生時代は健脚で知られた。弥彦と近衛は陸上部の先輩後輩である。

弥彦は倒れた伊達を心配し、自転車で駆けつけようとしたが、途中でパンクしたため、やむなく徒歩でゴール地点にもどっている。一方伊達は復活し、六位で完走している。

競走が無事に終わって、賞品授与式では大森金五郎教授が「今日のレースの無事に畢りし事を祝し、又運動の目的は賞品にあらざる事を説」いた。わざわざ、このようなことを断るあたり、アマチュアリズムの発露といってよい。それでも賞品授与の際には、「拍手は其度毎に起つて休憩所に当てゝある小さな家は其度毎に揺れる様な気」（「輔仁会第一回長距離競走」）がしたという。

❏ 啄　木

上京の途

釧路脱出の際、「**先づ函館に行つて、〔函館〕日々新聞に入らんと考へた**」（3月28日）啄木は、四月五日に海路で釧路を発し、岩手県宮古経由にて七日夜、函館港に到着する。

昨年五月五日此処に上陸して以来将に一週年。自分は北海道を一週して来たのだ。無量の感慨を抱いて上陸。俥に賃して東浜町に斎藤大硯君を訪うたが留守。青柳町に走らして、岩崎君宅に泊る。何といふ事もない異様の感情が胸に迫つて、寝られぬ。枕を並べた友も、怎やら寝られぬ気であつた。

（「日記」4月7日）

函館上陸後、啄木はまず入社相談のため函館日日新聞主筆の斎藤大硯を訪問するが、留守であった。ひきつづき苜蓿社同人の岩崎白鯨をたずね、同人宅に泊っている。

おなじ苜蓿社同人でも宮崎郁雨をたずねなかったのは、顔を合わせにくかったからであろう。本書では触れなかったが、釧路滞在中、郁雨からはライバル紙「北東新報」取り潰しの工作資金として五十円を借用しながら料亭などで蕩尽してしまっており、その後も釧路脱出を簡単な電報で伝える程度と不義理を尽くしていた。

八日午後に至り、ようやく郁雨をたずねる。**「午后、旭町に宮崎君を訪ふ。相見て暫し語なし。夜、吉野君が宿直なので、東川小学校の宿直室で四人で飲む」**。再会後は、苜蓿社同人の吉野白村が勤務する東川小学校宿直室で白村・郁雨・白鯨と夕食を共にしている。その夜は郁雨宅に泊まった。

翌朝、郁雨は啄木に驚くべき提案をする。上京し文学で立身をはかってみてはどうかと。しかも生活の目途がつくまで、留守家族の面倒をみようという好条件つきである。啄木が興奮したのも無理はない。これまで間歇的に湧き上がった「東京病」と結びついて、元から上京するつもりだっと、記憶も意識も再編成されてしまっている。


自分は、初め東京行を相談しようと思つて函館へ来た。来て、そして云ひ出しかねて居た。今朝、それが却つて郁雨君の口から持出されたので、異義のあらう訳が無い。家族を函館へ置いて郁雨兄に頼んで、二三ヶ月の間、自分は独身のつもりで都門に創作的生活の基礎を築かうといふのだ。

(「日記」 4月9日)


破格の提案をした宮崎郁雨は明治十八年(一八八五)、函館生まれ。幼少時こそ貧困であったが、父の事業が成功し、地元有数の資産家となったことで、何不自由のない生活を送っていた。啄木の豊かな才能に畏敬の念を抱くとともに、貧窮のため能力を発揮し得ないことに深く同情していた。

郁雨は、その後も啄木とその一家を経済的に支えつづける。さらに妻節子の妹を娶り、啄木とは義理の兄弟ともなる。

桁違いの好意を注いだ郁雨だが、無批判な信奉者ではなく、心底ではかれを蔑んでもいたとされる。作家杉森久英は、郁雨の屈折した心理について、「一方では啄木の無責任、放埒の性格を憎み、さげすみながらも、なお且つ啄木との交際を絶とうとしなかったのは、彼の性格が啄木と対蹠的で、自身では到底持ち得ない不羈奔放の態度や行為を敢てする啄木の大胆不敵な性格の、不思議な魅力に引かれていたからであった」とし、英雄崇拝的な心理でもって奉仕したとする（『啄木の悲しき生涯』）。

文学的運命の試験

当初、引きつづき道内にとどまり、新聞記者をつづけるつもりだった啄木は、郁雨の提案に狂喜し、上京して文筆でもって生計を立てるという、ずっと果たせなかった夢に向かって邁進しはじめる。

かれが異常な興奮状態であったことは、苜蓿社同人に宛てた書簡にもあらわれている。「家族を残して単身上京の事に決定。小生の文学的運命を小気味よく試験する心算に候」（4月14日付向井永太郎宛『全集』七）、「君、僕は此度の上京の前途を、どうしても悲観する事が出来ぬ、若し失敗したらといふ事も考へては居るが、僕はどうしたものか、失敗する前に必ず成功（？）する様な気がする、理屈もいらぬ、何派、彼派も要はない、只まっすぐらに創作だ」（4月17日付岩崎白鯨・吉野白村宛、函図）。

「天才」啄木にとって成功は約束されたも同然ということだが、過去の上京はいずれも挫折の苦い記憶とともにあった。

啄木は明星派の歌人として文壇に出たが、現実問題として、詩歌では原稿料がほとんど期待できなかった。詩歌では生活できないことは、新詩社を主宰する師匠の与謝野寛・晶子夫妻ですら、その生活は雑誌『明星』の売上に依存しており、近年は売れ行き不振に苦しんでいたことからも明白であった。原稿料を稼ぐには小説を書くよりなかったが、それとて容易ではなかった。

岩手県渋民尋常高等小学校の代用教員をしていた明治三十九年（一九〇六）当時、啄木は小説家としての成功をめざし、さまざまな小説に目を通すなど研究に余念がなかった。

かれが新時代の作家として注目したのは、夏目漱石と島崎藤村であった。漱石は第一高等学校・東京帝国大学講師の傍ら『吾輩は猫である』『坊っちゃん』を雑誌『ホトトギス』に発表、藤村は自費出版で『破戒』を公刊し、本格的な自然主義小説として注目を集めていた。**「近刊の小説類も大抵読んだ。アトは皆駄目。夏目漱石、島崎藤村二氏だけ、学殖ある新作家だから注目に値する。夏目氏は驚くべき文才を持つて居る。しかし「偉大」がない。島崎氏も充分望みがある。「破戒」は確かに群を抜いて居る。しかし天才ではない。革命の健児ではない」**（「渋民日記」）。

二人を超えた「天才」の出現を期し、「面影」「雲は天才である」を執筆したが、いずれも掲載に至らなかった。颯爽と文壇に登場するサクセスストーリーは脆くも失敗に終わった。その後、小説家への華麗な転身を夢想しながら、北海道でくすぶり続けたことは、これまでみてきたとおりである。

今回、啄木が小説家として成功をめざすうえで気がかりだったのが、明星派が代表する浪漫主義の没落と自然主義の台頭という、文壇における流行の変遷であった。

自然主義作家の代表格である田山花袋は、後年、明星派の栄光と没落について、「一方には明星派が詩壇にそのグロテスクな特色を掲げて覇を唱へてゐた。晶子の歌などは正に現代青年の群の憧憬の的となつた。しかし、明星派には小説を書く才に乏しかつた。それに、外国文学に対する知識も概して受売的で、自からそれを研究しようとする態度に乏しかった」(『東京の三十年』)と、辛辣に分析している。花袋の指摘する明星派の弱点は、啄木にも当てはまる。

啄木も自然主義の台頭によって、それまで文壇を風靡した紅葉一派や明星派が急速に色あせつつあることを感じており、釧路から新詩社同人の金田一京助に向けて書簡を送った際、「今日以後の日本は、明星がモハヤ時勢に先んずる事が出来なくなつたと思ふが如何、自然主義反対なんか駄目々々」(1月30日付金田一京助宛『全集』七)と、敏感に時勢に乗じようとする姿勢をみせている。

自然主義的生活

文学における自然主義とはいかなるものか。『日本国語大辞典』によると、現実をありのままに直視し、醜悪なものを避けず、理想化もおこなわずに描写するのを本旨とする思潮と説明される。自然主義文学は、自然科学の隆盛を受けて十九世紀末、フランスを中心に興り、日本では島崎藤村『破戒』や田山花袋『蒲団』が注目を惹いた。

自然主義をいかに受け入れるか。実際に創作しようとすると明確な像を結び得ない。『破戒』と『蒲団』の共通性といっても、容易に見出せるものではない。当事者のあいだでも定義は難しく、たとえば国木田独歩は自然主義作家といわれたが、当の本人はそうした色分けに肯定的ではなかった(黒岩比佐子『編集者国木田独歩の時代』)。

自然主義の定義ははっきりしなかったが、この時期、作家とその作品には、たしかに新旧の境界線が引かれようとしていた。大東和重『文学の誕生』によれば、作品の評価基準が、脚色構成や文章の技巧の優劣といった技術的なものから、作品に作者の個性のオリジナリティが表現されているのかどうかの判断へ移ったという。その結果、自然主義と目された作家・作品が文学の新潮流を担う存在として好評を博する一方、旧派の烙印をおされたものは評価を下げ、隅に追いやられていった。啄木にすれば、否が応でも自然主義を意識せざるを得ない。

そうしたなかで、啄木が注目したのは総合月刊誌『太陽』明治四十一年一月号で、編集者で文芸評論家の長谷川天渓が、自然主義とは「現実暴露の悲哀」にほかならないと論じたことであった。「彼れ等自然主義の一派は、醜陋、鎖末、非理想的、非芸術的、反道徳的、肉的、性慾的を面白がりて描写するにあらず。其処に偽なき現実を認めたればこそ此れを描け、而も背景は深刻なる悲哀の苦海なり」。

「現実暴露」こそ自然主義だとしても、人一倍プライドの高い啄木にとっては、自己の現実をありのまま文学に変換、昇華させることは容易でない。さらに心情的に抜けきれない浪漫主義的な芸術観、信奉するニーチェ流の超人主義、天才主義とが相まって葛藤をつづけることとなる。

小説のなかで自己の内面をさらけ出せなかったことは、啄木が小説家として挫折した一因となるが、これまでみてきたとおり、日記や友人への折々の書簡では、相当なレベルの「自然主義」が発揮できている。

「自然主義が人を教訓し得る唯一の言葉は、唯『勝手になれ』といふ事の外にない、善もなければ悪もない、美も醜ない、唯々『アリノマヽ』有の儘！」、「うまい物は喰ふべく、うまい酒は飲むべし、流石にまだ実行した事はないが、本然の要求に基く際に肉慾の如きも決して罪悪でも何でもあるまいと理屈から考へて居る、婦人の貞操といふが如きはマルデ根拠のない事だ、君にだから斯んな事まで云ふが、夫婦といふものも必至にして堅固なる結合では決してない」（2月8日付宮崎郁雨宛、函図）。

釧路での連日の料亭通いや、女性たちとの数々の浮き名も、かれ一流の「自然主義」の実践となり、日々の動静や折々の心情を虚心にしるした日記は、なまじの小説など及びもつかない迫力と真実性、すなわち「現実暴露」でもって読者にせまる。ドナルド・キーンは「おそらく日記は啄木の最も素晴らしい散文だった」(『石川啄木』)と評したが、そのとおりである。

最後の上京

上京を決意した啄木は、郁雨から旅費をもらい、十三日夜、小樽にいる家族を迎えるため函館を出発する。翌朝小樽到着、家族との再会を果たす。**「感多少。京子が自由に歩き廻り、廻らぬ舌で物を云ふ。一時頃野口雨情君を開運町に訪ひ、共に散歩。明日立つて札幌にゆき、本月中に上京するとの事」**。約一年前には生後間もなかった長女の成長した姿に感慨をおぼえ、また小樽日報社での盟友野口雨情と上京談を交わしている。雨情とは「成るべくは函館で待合して、相携へて津軽海峡を渡らうと約束して別れた」(「悲しき思出」『全集』四)というが、約束は果たされなかった。

小樽滞在は短かったが、精力的に現地の友人、知人と会っている。その最中、数カ月前まで勤務し、創刊に携わった『小樽日報』の休刊を知った。**「自分は日報の生れる時小樽に来て、今はしなくも其死ぬのをも見た」**。啄木の生涯は短いが、不思議なまでに劇的要素にあふれている。

十九日には母と妻子を連れて小樽を出発、函館にもどってさらに準備を進めた後、二十四日夜、家族を郁雨に託し、約一年をすごした北海道をはなれる。行先は東京千駄ヶ谷の新詩社である。**「郁雨・白村二君と共に豚汁をつついて晩餐。夜九時二君に送られて三河丸に乗込んだ。郁兄から十円。舷窓よりなつかしき函館の燈火を眺めて涙おのづから下る」**。

啄木が乗り込んだ三河丸は、日本郵船の貨客船である。英国建造の蒸気船で、総トン数は二九三二トン。神戸・小樽東回り線に就航していた。同航路は三日に一度出航し、小樽より函館・荻浜・横浜をへて神戸に到達する。

函館出発に際して、啄木は日記に決意をしるす。「自分が新たに築くべき創作的生活には希望がある。否、これ以外に自分の前途何事も無い！　そして唯涙が下る。唯々涙が下る。噫、所詮自分、石川啄木は、如何に此世に処すべきかを知らぬのだ」。最後を「犬コロの如く丸くなつて三等室に寝た！」（「最後の函館」）と悲愴感漂う描写で締めくくっているが、神戸・小樽東回り線の船舶はいずれも貨物主体で、船客は三等しかない。

横浜で小島烏水に会う

三河丸は太平洋を南下し、二十六日午前七時頃、牡鹿半島の荻浜港（宮城県石巻市）に寄港した。

船は午前七時荻の浜港に投錨した。五時間碇泊すると云ふので、同船の二三子と共に上陸。東の風が山から下して来て、波の余沫が艀の中に這入る。

大森といふ旅店に上つて、二人の若い男と共に朝飯を食ふ。家の後の竹藪の崖の下に、咲きくづる許りの椿の花。何処ともなく鶯が頻りになく。給仕に出た女は、珍らしい程大人しくて愛嬌があつた。戯れに名を聞くと佐藤藤野、年は二十歳だといふ。

町は極めて狭くて、大男一人ふさがれば、犬も通れぬ様な気がする。古風な家が五六十許りもある。町の後の琴平社の山に登ると、入口に嶋を扣へた美しい港が見下される。山の中腹に一軒家があつて、其前に梅の花が盛りを少し過ぎて居た。桜は笑みそめた許り。其家の主婦に十銭やつて八重の梅と桜とを一枝づつ貰つた。

雪が消えた許りの、青草一つ無い国から、初夏の都に行く自分には、此荻の浜の五時間が今年の春

であつた。（「日記」4月26日）

旅の途中とあって、観察眼は冴えわたり、風景描写と心情の織りなし方は見事である。「啄木本来の書き方のスタイルは、詩であれ散文であれ場面や会話をたちどころに活写する、いわば本質的に即興詩人のものだった」（『石川啄木』）とするドナルド・キーンの指摘のとおりである。

啄木が訪れてから百三年後、荻浜の街なみは東日本大震災の津波に押し流されてしまった。現在集落は高台に移転しており、かつての名残りは更地のなかの道筋や崖に沿って生える竹藪がわずかに伝える。それでも啄木が「琴平社の山」からみた「入口に嶋を控えた美しい港」の景色は変わらない。

三河丸は午後零時に荻浜を出港し、翌二十七日の夜、横浜港に到着した。啄木は東京には直行せず、弁天通五丁目の旅館長野屋に泊まっている。長野屋は三階建ての洋風建築で、向かいには横浜正金銀行本店（神奈川県立歴史博物館）が建っている。偶然だが前月には弥彦の兄弥太郎が同行取締役に就任していた。

あえて横浜に一泊したのは、北海道で漂泊をつづけ、釧路では文芸誌に目を通すことも稀であったことから、いざ東京を目の前にして、文壇から取り残されたのではないかという恐怖感が、足どりを鈍らせたためであった。実際、釧路では東京の新聞が届くのは数日後で、書店は**「唯一軒の本屋正実堂と云ふがあるきり」**、**「東京と釧路は少なくとも十日が間時勢が違つて居る」**（2月6日）と落差を感じていた。

とりあえず落ち着いた長野屋では「湯に入つて晩餐の膳についたが、綿入を着て汗が流れた」。ギャップは服装の感覚にもあらわれていた。夕食後、向かいの正金銀行に勤務する作家の小島烏水に書を送り、明日正午に会食の約束を取りつけた。

烏水は銀行勤務の傍ら、登山家、随筆家として知られ、新詩社同人であった。啄木は初対面の烏水を**「正金銀行の預金課長、紀行文に名を成して、評論にも筆をとる此山岳文学者は、山又山を踏破する人と**

思へぬ程、華車な姿をして居た。瘠せた中背の、色が白くて髯黒く、目の玉が機敏に動く人で、煙草は飲まぬ」と観察する。

啄木が知りたかったのは、文壇の最新状況であった。**「名知らぬ料理よりも、泡立つビールよりも、話の方がうまかつた。話題の中心は詩が散文に圧倒されてゆく傾向と自然主義の問題であった」**。対話を通じ**「遠からず自然主義の反動として新ロマンチシズムが勃興するに違ひない」**との感触を得たことは成果であった。烏水から「今後若し小生が職でも求める際は出来る限りの助力をする」（5月2日付宮崎郁雨宛函図）との好意を取りつけたことも、将来に対する不安をやわらげた。

啄木は汽車に乗り込んだ。気分の高揚も手伝って、車窓風景の観察は冴えわたる。**「車窓の右左、木といふ木、草といふ草、皆浅い緑の新衣をつけて居る。アレアレと声を揚げて雀躍したい程、自分の心は此緑の色に驚かされた。予の目は見ゆる限りの緑を吸ひ、予の魂は却つて此緑の色の中に吸ひとられた。やがてシトシトと緑の雨が降り初めた」**。

千駄ヶ谷で与謝野寛に再会

二十八日午後三時頃、啄木は新橋駅に到着した。この時代、山手線の環状運転はまだない。めざす与謝野寛・晶子夫妻のいる新詩社の住所は千駄ヶ谷五四九番地。ちなみに弥彦の住む三島邸は七六二番地。この日、弥彦は普段どおり大学に通っている。日記はごくわずか、**「晴少しく寒し。平日の如し」**だけである。

新橋駅に着いた啄木が千駄ヶ谷へ向かうには、路面電車・鉄道を乗り継ぐか、手前の品川駅にもどり、新宿方面の列車に乗り換えなければならない。**「永く地方に退いて居た者が久振りで此大都の呑吐口に来**

て、誰しも感ずる様な一種の不安が、直ちに予の心をも襲うた、電車に乗つて二度三度乗換するといふ事が、何だか馬鹿に面倒臭い事の様な気がし出した」。

またも前途に対する不安がもたげたわけだが、駅頭で右往左往するのを恥じる地方出身者にありがちな心理もはたらいたのだろう。新橋から千駄ヶ谷まで人力車を雇うことにした。距離は大体六、七キロ。豪勢な話だが、人力車夫は、このような行き先指示をする書生然とした青年を、東京に疎い田舎者にちがいないと看破したはずである。

新詩社到着は午後四時すぎであった。このとき啄木は与謝野寛の身なりから邸内の様子まで細々と観察している。一番気になったのは明星派の現状であった。「先月も今月も九百五十部しか刷らないんだが」、「怎しても月に三十円以上の損になります。……外の人ならモウとうにやめて居るんですがネー」。寛とのやりとりを通じて『明星』の発行部数減を確認し、明星派の退潮を事実として受け止めた。

与謝野寛・晶子

寛は「頻りに漱石を激賞して「先生」と呼んで居た。朝日新聞に連載されて居る藤村の「春」を、口を極めて罵倒する。「自然派などといふもの程愚劣なものは無い」と云つた」。また尾崎紅葉門下の小栗風葉を称賛した。

自然主義派の作家たちは、紅葉やその一派の文学は時代遅れととらえ、漱石文学にも批判的であった。啄木は自然主義の風靡を時代の趨勢と受け止めていただけに、島崎藤村の『春』を罵倒し、自然主義を頭から否定する寛の認識に文学者としての衰えを感じた。

梅川操とよもやの再会

あけて二十九日、この日は午前中、元北東新報主筆で、一足先に釧路より上京した小泉奇峰（長三）を四谷大番町（新宿区大京町）にたずね、一緒に市中をぶらついた。神田区小川町の蕎麦屋で昼食をした後、小泉と別れ、須田町電停から本郷三丁目行きの「電車を待合はして乗らうとすると「石川さん」と云ふ女の声に後から止められた」。

声の主は梅川操であった。「看護婦の梅川……造花の稽古に上京したと聞いた梅川であつた。妙に釧路の人に逢ふ日だなと思ふ」。平静な書きぶりであるが、実際には相当驚いたはずである。一応上京の経緯が説明されるが、偶然だけでここまでタイミングよく再会できるとは思えない。おそらく事前に小泉と操のあいだで、啄木をみかけたら連絡する手筈がついていたのだろう。

上野公園

「何処へと聞くと芝へと云ふ。予は態と反対の方角をとつて上野へゆくと云ふと、私も来てからまだ行かぬから伴れて行つて呉れと先に立つて歩く」。

啄木は操をなんとか振り切ろうとしたが、彼女の積極性がまさる。「女は只一人を相手とする芸当を心得て居る。一人と一人と戦ふ時、勝つものは必ず女である。男は必ず負ける」。啄木の胸中を『虞美人草』の一節がよぎっただろうか。

結局二人は上野公園を散策する。「遂に二人は上野の山に上つた。色あせた残んの八重桜の春の名残り、鮮かな緑の色にけおされて痛ましい。若葉の中の大仏は興を引いた。女は頻りにセンチメンタルな事を云つては「奇妙ですねー。」と繰返した」。

啄木はなんとか操を上野広小路から路面電車に乗せる。啄木の堅いガードがまさり、操はそれ以上踏み込むことができなかった。その後十一月十一日に至り、啄木は小泉より操と佐藤衣川が結婚したこと、一昨日より衣川が岩手に帰省した旨を聞かされる。操と衣川の破局を直感した啄木は、それならば**「梅川を訪問して見ようかと思つたが、思返てやめた」**。結局、二人がふたたび出会うことはなかった。

その後の操の半生は、岩城之徳「啄木を憎む女」(『啄木評伝』)に詳しい。また北畠立朴『啄木に魅せられて』には操の「略伝」「年譜」が掲載されている。これらによると、操と衣川の結婚生活は、衣川が操と啄木の関係を疑うなどしたため数年で破綻に終わった。その後、別の男性と再婚したが、これもうまくいかなかった。

女手一つで男女二人の子どもを育てたが、男子の方は昭和十二年(一九三七)、支那事変が起きると陸軍に召集され戦死した。大戦中は広島の長女のもとに身を寄せていたところ、昭和二十年(一九四五)八月、原爆投下により重傷を負ってしまう。戦後しばらくしてから釧路にもどり、行商などさまざまな職業についたが、生活は苦しかったようである。

小奴と啄木の交際がロマンスとして美しく語られるかげで、操は人知れず薄幸な後半生を生き抜き、昭和四十二年(一九六七)九月、弟子屈町の国立弟子屈病院で死去した。享年八十二。最後まで啄木に愛情と憎しみのアンビバレントな感情を抱きつづけたという。

金田一京助との再会

上野広小路で梅川操と別れた後、啄木は、盛岡中学校の先輩金田一京助をたずねる。下宿の赤心館は、本郷三丁目交差点を北に進んで左折、菊坂通りを直進し、三本目の通りを右に折れ、すぐまた左折した先にあった。住所は本郷区菊坂町八二（文京区本郷五丁目）。「いったい菊坂町の下宿の赤心館というのは、当時は本妙寺の構内で、菊富士楼〔菊富士ホテル〕の隣の二階建ての十二、三室しかない小さな下宿だった」（『新訂版石川啄木』）。赤心館のあった場所は、現在マンションが建設されている。その前、工場があった時代に地形も大きく変化しており、往時の風景を想像することは難しい。

金田一京助

金田一京助は啄木より四歳年長の明治十五年（一八八二）生まれ、盛岡中学校卒業後は第二高等学校をへて東京帝国大学文科大学に学んだ。花明の号を有する新詩社同人の文学青年である。

アイヌ語を研究し、のちに東京帝国大学教授、日本学士院会員となり、文化勲章を受章するなど学者として大成する金田一だが、このときは月給三十五円で、海城中学校の国語教師として働きはじめたばかりであった。海城は現在、屈指の進学校として知られるが、元々は海軍兵学校志望者の予備校として創立され、校舎は霞ヶ関の海軍省の隣（現在の中央合同庁舎五号館のあたり）にあった。

金田一は**「髪を七三にわけて新調の洋服を着て」**いた。啄木のほうは、金田一の回想によると「ちょっとそこから散歩にでも寄ったような無造作な姿――茶の瓦斯縞の綿入れに、紡績飛白の羽織へちょこなんと茶の小さな紐を結んで、日和下駄の半分歯の欠けたのを突っ掛けて、手荷物というのは、五、六冊の本の包み（実はそれは日記と、自分の書いた新聞の切り抜きだった）を、弁当箱でも持ったように手に持っているだけだった。帽子を脱ぐと、髪は五分刈りで、おまけに三か所ほど禿をこしらえて「台湾坊主の直りかけだ。社長の大薬缶に、私の小薬缶なんですよ」などと、玄関をはいるなり、朗らかに笑った」（『新訂版石川啄木』）という。

金田一は柔和な性格の持ち主で、女性のようなやさしい声色と話し方が特徴である。啄木は、**「金田一**

君といふ人は、世界に唯一人の人である。かくも優しい情を持つた人、かくも浄らかな情を持つた人、かくもなつかしい人、決して世に二人とあるべきで無い。若し予が女であつたら、屹度この人を恋したであらうと考へた」（5月6日）と述べ、最上級の友情を示している。辛辣な表現も厭わず、人物の特徴を射抜くことを得意とする啄木だけに、金田一への絶大な信頼と好意がみてとれる。

再会時にもどると、二人はしばらく東京言葉でぎこちなく会話した後、「豊国へ案内されて泡立つビールに牛鍋をつついた」。豊国は、弥彦のときにも登場した帝大生御用達の牛肉屋である。食後、二人は赤心館にもどり、夜更けすぎまで語りあい、旧交を温めた。

明けて三十日、啄木は「十二時千駄ヶ谷に帰る」が、しばらくして「急に逢ひたくなつて、突然並木君を市ヶ谷本村町に訪ねた」。苜蓿社同人の並木翡翠は上京し、東京外国語学校支那語科に学んでいた。「そんなにハイカラにもなつて居らず候」（5月2日付宮崎郁雨宛、函図）と、金田一との再会のときもそうだが、なにかと風采が気になるのは、上京直後で、つよい東京コンプレックスに支配されていたためであろう。その後は新詩社にもどり、「夏目漱石の「虞美人草」を読んで」から眠りについている。

五月

❏ 弥彦

友の死

啄木が上京したことで、これからさき弥彦と啄木は、東京を主な舞台に、おなじ空の下で、おなじ時間を送ることとなる。

弥彦の五月は、学習院時代の友人と先輩の事故死という衝撃的な事件とともにはじまる。

晴。六時起床。登校す。大山高、瓜生氏の馬公港（台湾媽公港のをける）松島艦にをける不幸の死を聞き、直に瓜生氏の処をとひ、後大山氏の処にゆく。十二時頃帰る。酒井・柳生などゝ行く。

（「日記」5月1日）

軍艦松島の爆沈事故が起きたのは、四月三十日午前四時頃である。同艦は練習艦隊に所属し、海軍兵学校第三十五期生を乗せ、台湾の馬公港に碇泊していたころ、突然後部火薬庫が爆発し、ほとんど一瞬のうちに沈んでしまった。

艦長以下二百二十二名が殉職、負傷者は四十五人で、日清戦争で聯合艦隊の旗艦をつとめたかつての花

爆沈した軍艦松島

形軍艦にとっては無残な最期であった。犠牲者のなかには、かつて学習院で弥彦と同級であった大山高、一級上の瓜生武雄がいた。大山は元帥陸軍大将公爵大山巌・捨松夫妻の長男で海軍少尉候補生、瓜生は海軍大将男爵瓜生外吉・繁子夫妻の長男で海軍少尉であった。

　高の父大山巌は、弥彦の父通庸とおなじ薩摩藩出身で、維新後は陸軍に進み、陸軍大臣・参謀総長などを歴任し、日露戦争では満洲軍総司令官をつとめた。元老の一人である。母捨松は旧姓山川、会津藩家老の家の出身で、明治四年（一八七一）、第一回海外女子留学生として岩倉使節団とともに米国に渡った経験を有する。女子留学生仲間のひとりが瓜生繁子（旧姓永井）であった。かつて留学の苦楽を共にした二人は、偶然にも我が子を失う悲劇をも共有することとなった。

　大山高の誕生日は明治十九年（一八八六）二月十六日、かれもまた弥彦・啄木や平塚明子と同年同月の生まれである。

　学習院中等学科時代、弥彦と高のクラスは、活気ある学年として鳴り響いていた。なかでも大柄な高は、武闘派の筆頭格として目立つ存在であった。

　武者小路実篤らがいる一級上の学年が、高や弥彦のクラスに威圧されていたことは前に触れた。武者小路は、このときの学年間の葛藤を題材に小説『小さき世界』を描いている。

　作中、高や弥彦の学年の傍若無人ぶりを「腕白者のよりあつまりのやうに見られてゐた。学校のもてあましの級のやうに思はれてゐた。さうして実際腕力の強いものが多かつた。運動場を我もの顔にそれ等の人が一団になつて歩きまわつてゐた。さうして他の級を威圧するのに興味をもつてゐた、下の級の人達は恐れてゐた。美しい少年達はそれ等の人の自由になることを強いられ、それ等の人にこびてゐた」と記す。

武者小路は下級生の専横に我慢ならず、中等学科六年のとき、「粗暴と活潑」という題で演説をおこなった。これに五年生が激怒し、復讐のため武者小路を襲撃しようとするなど、両学年のあいだで緊張が高まった。

その最中、六年生某〔作中では加津〕が五年生某から殴打される事件が起きた。最終的に五年生から謝罪の申し入れがあり和睦が成ったが、このときの五年生の代表が、酒井晴雄がモデルの榊と、「加津をなぐつた時彼の級の悪口云つた、身の脊が五尺八寸許りある太田」であった。太田のモデルこそ大山高であった。泰然とした榊（酒井）に対し、太田（高）は「常から顔色がわるかつたが、一層顔色がわるく、肩をいからして目を充血さしてゐた」。

全身に悔しさを滲ませた高であったが、中等学科修了後、同級生の多くが高等学科に進むなか、軍人となる道へ、それも父のいる陸軍ではなく、反骨心からか海軍に進んだ。

兵学校に進んだ高は、みちがえるほど成長した。このことをだれよりも喜んだのは、高の両親であった。母捨松は米国の友人に宛てた書簡のなかで、「始終心配ばかりかけていた高も、見違えるほど立派になり、主人と私にとって心の安まる息子になりました。高は順調に成長しており、思慮深く、仕事も立派にやっていると先生達も褒めて下さいます。自分の仕事について何の考えも持たず、浪費ばかりして自分の将来に責任を感じていない上流階級の子息達とは、高はまったく違います」（一九〇七年一月一〇日付書簡『鹿鳴館の貴婦人大山捨松』）と誇らしげに報じている。

明治四十年（一九〇七）十一月、高は海軍兵学校三十五期を卒業、少尉候補生として遠洋航海に臨み、そして事故に遭遇した。「人生のスタートラインに立ったばかりで、前途には輝かしい未来が開けていた」（一九〇八年六月八日付大山捨松書簡『鹿鳴館の貴婦人大山捨松』）はずの青年大山高の人生は、突然の轟音と共に終わりを告げた。かれがこの世ですごした期間は、二十二年と三カ月半であった。

三島・大山家と『不如帰』

弥彦と高は親友であったが、三島家と大山家のあいだには『不如帰』問題、すなわち弥太郎・信子の結婚と離婚をめぐる悲劇が棘のように刺さっており、微妙な間柄であった。

信子が結婚後まもなく当時「不治の病」といわれた結核になると、三島家の家政を預かる母和歌子は離婚を選択し、弥太郎も苦悩の末、これを受け入れた。和歌子にすれば、蓄妾による跡継ぎ問題の解決は受け入れがたく、一夫一婦のもとでの家の存続を考えての判断であったが、大山家にとっては容易に受け入れられるものではなかった。とりわけ米国で近代教育を受けた捨松夫人にとっては、家の都合で夫婦を引き裂くなど到底許されることではなかった。

慣習に従って大山家の側から離縁を申し出るようもとめられたとき、彼女の怒りは頂点に達した。『三島弥太郎関係文書』には、捨松の怒りにあふれた書簡が残されている。

三嶋子爵閣下〔弥太郎〕に呈す

昨日送呈されたる貴君の書状に対し、妾〔捨松〕は只最期の数言を呈せんとす。妾は我等が此度の事に及びしは、貴君の家族に於て新日本の男子は固り、古代日本の義士と雖ども嫌悪する所の所望を顕はし他に方法なかりしに因れり。妾は表面上我等の方より名誉上拠なく申出しと雖ども、離縁之責任は全く尊君と尊君の家族に在る事を明知せられん事を望む。

妾は日本が未だ野蛮にして男子をして病気の故を以て其妻を去らしむるが如き事有るを悔ゆ。然れども妾は日本と雖ども尚外国の教育を受けて道理と不道理を弁別するの明を失し数個の愚婦の命令に従ふ如き者の少なきを悦ぶ。
茲に此度の事か娘に知れざる以前貴君より妾が娘に送られたる二通の書状と娘より尊君に宛たる書状にして大山伯爵が手元に止め置きたる者を送付す。
妾は此事の記念として妾より尊君に宛たる此書状の写しを保存すべく尊君の又之を保存せん事を望む。

思わず息をのむ文面である。捨松の母としての怒りは、離婚を主導した和歌子と、母に従い、妻（娘）を守らなかった弥太郎、さらにその射程は「後進的」な日本の家族制度におよんでいた。

皮肉なことに、捨松も『不如帰』では、浪子に冷酷に接した実家片岡家の継母繁子のモデルとされ、世間からいわれなき非難を浴びていた。信子の継母であることや、米国仕込みの言動が日本婦人らしからぬとして曲解されたわけだが、『不如帰』は大ベストセラーだけに、彼女の受けた被害も甚大であった。

弥太郎は、この問題に対して終生沈黙を守った。弥太郎の信子への秘めた情愛が判明したのは、同人の死後であった。家族が遺品を整理した際、弥太郎がいつも携帯していた手帳の中から信子の写真が発見されたのである。妻信子への変わらぬ愛情と贖罪の念を背負いつづけた弥太郎の苦悩もまた察するにあまりある。

弥彦日記にもどる。一日、大学で事故発生の報に接した弥彦は、弔問のため、まず大学から近い北豊島郡日暮里村金杉（荒川区東日暮里）の瓜生家を、ついで千駄ヶ谷町穏田（渋谷区神宮前）の大山家をたずねた。大山家の弔問には、学習院のクラスメイトの酒井晴雄・柳生基夫らも同行している。帰宅したのは深夜十二時頃である。

おなじ日、武者小路実篤は、学習院の同級生瓜生と、因縁深い高の死を知り、志賀直哉に「八時半の富山行きの汽車にのつて大船でのりかへて横須賀に来た、横須賀では松島沈ぼつの話でもち切つてゐるらしい。瓜生と大山は今日の新聞で見ると死んだらしいね、たまらないね」（『武者小路実篤全集』十八）と書き送っている。

二十日には、大山家で高の通夜が営まれた。弥彦は、高を仲間とともに陽気に送ってやろうとしている。

「午後六時頃大迫氏の処にゆき、其れより柳生、田尻、大迫と共に、大山氏の処に悼夜にゆく。校服のもの及び加藤、西郷氏、松方氏など十数名なりき。大にさわぎ、にぎやかに夜を悼夜せり。夜明五時頃家に帰る」。

高の葬儀は二十二日、殉難者合同葬として水交社、ついで青山墓地で盛大に営まれた。青山墓地の式場には、元老松方正義や海軍大臣斎藤実、陸軍大臣寺内正毅、弥彦の義兄文部大臣牧野伸顕をはじめ、陸海軍将官、米国東洋艦隊司令官とその幕僚、各国使節などが多数参列した。この日、弥彦は**「午後より大山高氏の葬式にゆく。海軍の合葬なりき。大山氏の墓地迄名木（銘木）をもちてゆく」**。

葬儀後、傷心の大山夫妻は栃木県西那須野村（那須塩原市）の別荘で静養する。母捨松は米国の友人に宛てた書簡のなかで「たとえ目的を達する前に若くして死んだとはいえ、彼の短かった人生は、後に続く候補生達のお手本になったと信じています。彼は海軍士官としての立派な素質と、上流階級の子息には無い優れた人格との両方を備えていたのですから」（一九〇八年六月八日付書簡『鹿鳴館の貴婦人大山捨松』）とあらためて息子の成長を誇り、みずからを慰めている。それでも愛するわが子を失った母の悲しみは、決して消えることはない。

東宮御所を拝観

三島家は、はじめは士族であったが、通庸の勲功により華族となった家柄である。華族は皇室の藩屛であり、一般庶民とは比較にならないほど皇室は身近な存在であった。

九日午後、弥彦は義兄の牧野伸顕文相をはじめ親類一同とともに新築の東宮御所を拝観している。

午後より東宮御所拝観に行く。牧野兄初め親類者共十七名。只美と云ふ外なし。見る物皆珍壮大。一回猶に三時間をついやせり。帰り学習院に少時より、テニス match を見、五時頃帰る。

（「日記」５月９日）

弥彦が「只美と云ふ外なし」と感嘆した東宮御所は、現在の迎賓館赤坂離宮である。皇太子（大正天皇）の住居として、明治三十二年（一八九九）八月に起工し、三十九年には建物全体が完成した。外構を含む全体が完成するのは四十二年である。延床面積は四六五三坪、建築面積は一五六六坪。煉瓦造であるが、耐震補強の鉄骨が組み込まれている。

東宮御所

階上・階下および地下の三層から成り、階下には皇太子・同妃の御常住の諸室を、階上には主として公式の引見、国賓の接遇その他の儀式に使用する諸室を配している。

外観は、十九世紀最末期のネオバロック様式（第二帝政様式）で、内部はフランス宮廷装飾を中心に、日本の伝統的な工芸が各所に織り込まれている（『皇室建築』）。御所は幕末以来、日本人が学びつづけてきた本格的な西洋の様式建築を完全に消化し、みずからの手で形にしたものとして、高く評価される（小沢朝江『明治の皇室建築』）。明治日本のモニュメント的な建造物として、現在は国宝に指定されている。

明治四十一年の時点で工事はほぼ終了しており、大臣はじめ政府高官や、華族などが順次拝観におとずれていた。たとえば、内務大臣原敬は、四月十八日に各県の知事たちと揃って拝観している。「全くの洋風にて日本に於ては未曾有の御建築ならん、但し御住よりは貴賓用を注意せられたるが如し、余の考にては総体の御室は少々狭過ぎ小間多きが如き感ありたり、石材の多分（良材）は外国より取寄られたるものなりと云ふ、随分壮観なり」（『原敬日記』同日）。

原は東宮御所の壮麗さを「随分壮観」と認めながらも、外交官時代にフランス滞在した経験からか、実用性には疑問符をつけている。実際、東宮御所は居住性が悪く、大正十二年（一九二三）から約五年間をこの建物で暮らした昭和天皇は、後年新聞記者より、御所での生活は快適とは言い難かったのではないかと尋ねられ、「それは確かにそうだ。ことに、あの西日がね、非常に当たるんで、現在のように冷房とか暖房とかもできないしね」（『陛下、お尋ね申し上げます』）と率直に認めている。

学生生活

五月の弥彦の生活は、学業の比重が一段と高まる。平日は大学で講義を受け、それ以外は大学の附属図書館ですごすというのがパターンであった。以前は目立った観劇や運動関係の記述も少なく、週末に野球やテニスの試合を観戦する程度である。

それもそのはずで、翌月には学年末の試験が控えていた。弥彦が学ぶ法科大学は、全国から秀才たちが集まっており、試験も熾烈であった。本書で大学事情のナビゲーターとして再三登場の同級生河合良成によれば、「当時の東大は全国の立身出世の登竜門だったし、ことに法科は学生数も一クラス何百人で、ともかくなんでも勉強して良い点数をとることが必要だった。点数さえ良ければ日本国中どこでも威張って歩けるし、そして思うところへ就職できるという状態だった」（『明治の一青年像』）ということで、学生たちも将来がかかっているだけに必死だった。

弥彦日記も「スプレーグは出でず。図書館に行く。帰りも六時半迄図書館にをる」（5月2日）、「平日の如し。五時頃迄図書館にをる」（5月8日）、「平日の如し。五時頃迄 Lib にをる」（5月19日）などの記述がつづく。

附属図書館は、正門を入って斜め右側にあった。明治二十五年（一八九二）に竣工した煉瓦造の中期ゴシック様式の建物で、蔵書数は明治四十年度末段階で、和漢書二二万二八四三冊、洋書一六万三三一一冊、合計三八万六一五四冊を有した。閲覧室は、各期休業日、祝日、祭日および臨時休日を除き、平日は午前八時より午後九時まで、日曜日は午後六時より九時まで（毎月第四日曜は掃除日のため閲覧停止）開館していた（『東京帝国大学五十年史』下冊）。館内の様子は『三四郎』をたよりにみてみよう。

〔図書館は〕広く、長く、天井が高く、左右に窓の沢山ある建物であつた。書庫は入口しか見えない。此方の正面から覗くと奥には、書物がいくらでも備へ付けてある様に思はれる。立つて見てゐると、時々書庫の中から、厚い本を二三冊抱へて、出口へ来て左へ折れて行くものがある。職員閲覧室へ行く人である。中には必要の本を書棚から取り卸して、胸一杯にひろげて、立ちながら調べてゐる人もある。三四郎は羨やましくなつた。奥迄行つて二階へ上つて、それから三階へ上つて、本郷より高い所で、生きたものを近付けずに、紙の臭を嗅ぎながら、――読んでみたい。けれども何を読むかに至つては、別に判然した考がない。読んで見なければ分らないが、何かあの奥に沢山ありさうに思ふ。

三四郎は一年生だから書庫へ這入る権利がない。仕方なしに、大きな

附属図書館学生閲覧室

箱入りの札目録を、こゞんで一枚々々調べて行くと、いくら捲つても後から後から新らしい本の名が出て来る。仕舞に肩が痛くなつた。顔を上げて、中休みに、館内を見廻すと、流石に図書館丈あつて静かなものである。しかも人が沢山ゐる。さうして向ふの果にゐる人の頭が黒く見える。眼口は判然しない。高い窓の外から所々に樹が見える。空も少し見える。遠くから町の音がする。三四郎は立ちながら、学者の生活は静かで深いものだと考へた。それで其日は其儘帰つた。

弥彦は、六月の試験を控え、連日図書館に通うなどして勉強にはげんだが、おなじ学習院出身でも、一年早く文科大学に進学した武者小路実篤は、「当時学習院から帝大には無試験で入れたので、僕でものんきに入れたわけです。しかしそれだけ帝大に入れたことは少しもうれしくなく、一日も早く帝大をやめて、自由な身になりたいと思っていたのです」(『私の履歴書』文化人1)と一年で退学している。おなじく学習院から文科大学に進学した志賀直哉・里見弴もやはり中退している。

無試験入学ゆえ、ありがたみが感じられなかったのだろうが、立身出世の登竜門といってよい法科大学と、卒業しても官界や実業界とはほとんど無縁の文科大学のちがいもあったかもしれない。

法科大学に通う弥彦にとっては、試験に及第するため運動関係はできるだけ我慢し、勉強の毎日である。二十四日は第四日曜日のため図書館が終日休館とあって、**「晴。終日家にをる。民法を見る。十二時寝につく」**。あけて月曜からは**「平日の如し」「終日家にをる」**といった日がつづく。

三十日は土曜日だが、**「弥六兄上の御十年祭及び御祖母上様の三十年歳〔祭〕なりしかば、青山の墓地に行く。親類御一同来らる」**と、早世した兄弥六と祖母の式年祭に参列している。**「夕飯は一同そろひて食す。洋食のごちそうなりき。皆々御出になり、にぎやかなり」**ということで、勉強に集中するのは難しい。もっとも祭典と夕食のあいだには、**「学習院にゆきBaseball を見」**ており、運動方面には寸暇を惜しんで精励している。

翌三十一日は**「終日家にをる。二法を見る。十二時寝につく」**と、前日の遅れをとりもどすべく自宅に籠って勉強している。月が替われば、いよいよ試験本番である。

❏啄　木

文壇リサーチ

上京を果たした啄木は、いよいよ新生活を本格化させる。まずみきわめたかったのが文壇の趨勢であった。時代遅れ観のある新詩社に属したままでよいのか、自然主義の台頭はどこまでなのか、執筆活動はどのような形ですべきかなど疑問は尽きない。

一日朝、新詩社の隣に住む評論家の生田長江を**「庭伝ひに訪ねる」**。その目的は、先頃「二三ヶ月前、自然主義論を書いて、時勢に遅れぬ才子の本領を発揮した」（5月7日付吉野白村宛、函図）同人の自然主義分析を聞くためであったが、ニーチェに傾倒する生田は、**「今日は頻りと英雄崇拝主義――天才主義をとなへて、来るべき新ロマンチシズムの鼓吹者は自分だと云つた。「僕は必ず次期の新機運を起します。」と胸をそらした」**。

来るべき新ロマンチシズムは、啄木にとっては自身の専売特許であり、先を越されてはたまらないという敵愾心が生じたのか、**「予は此人の此日の議論によつて益せらるる所は少しも無かつたが、新詩社の関係や其他についての親切なる語には感謝した」**と冷淡な評価をくだしている。

森田草平に会う

五月一日は、弥彦が同級生大山高の事故死に衝撃を受けた日である。おなじ日、啄木は文壇情報の収集にいそしむなかで、新詩社で森田草平と会っている。スキャンダルの渦中の人は当時、師匠夏目漱石の邸に匿われていた。さすがに啄木の目にも意気消沈してみえた。

八時半頃森田白楊君が来た。平塚明子といふ女と二人日光の山に逃げた事について、二週間前に各新聞に浮名を謳はれた人……その故か、随分と意気阻喪して居た。然し自分は怎してか此人が昔からなつかしい。今は夏目氏の宅に隠れて居るとの事。

（「日記」5月1日）

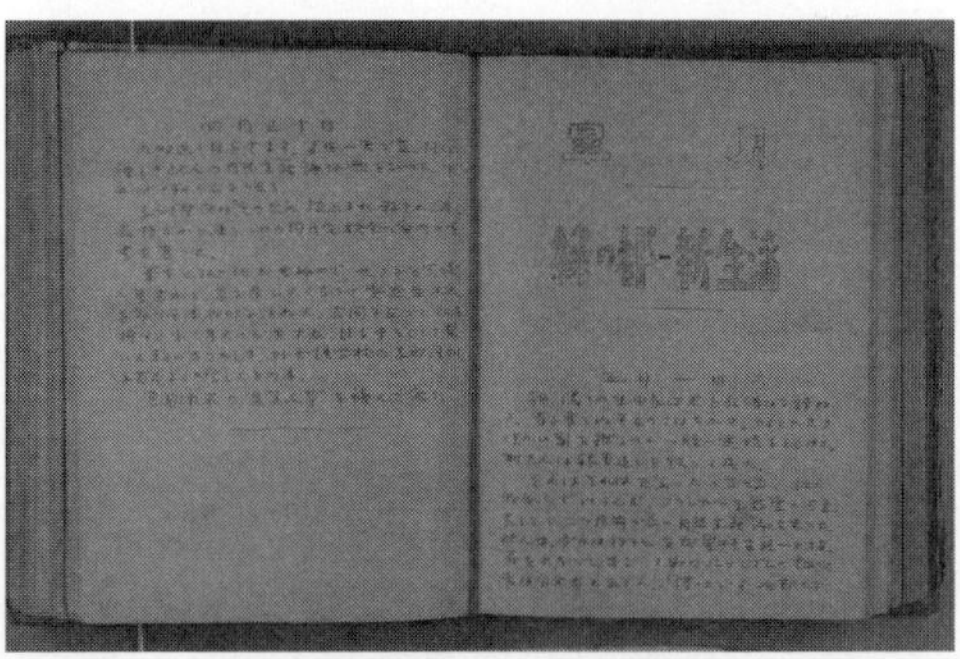

石川啄木日記　5月1日条

事件は二月の章でも触れた。森田と平塚明子が起こした心中未遂事件は、三月二十五日に最初の報道がなされて以降、自然主義を地で行くスキャンダルとして世間を賑わし、二人は糾弾の嵐に晒された。「時の人」と会った啄木は、五月七日付吉野白村宛書簡で、森田と塩原事件について詳しく触れている。

同君〔森田〕とは或夜新詩社で会つて、久振で色々話して見た。例の平塚明子事件が、余程深く此人の頭を痍つけたと見えて、殆んど気の毒に堪えぬ程意気銷沈して居た。

アノ事件は、今以て方々で話に出る。事情を知つた人の語る所では、森田君が実に可哀相だ。そして、女が何故森田君と一緒に日光へ行つたかと云ふ其心理に就いては、何人も疑問にして居る。（恐らくは森田君にも解つて居まい。）或人は、女が何かの動機で死にたくなつたから、森田君を道づれにしようとしたのではないかと云ふ。又或人は。一体アノ女はヒドイ奴だから真面目な恋なんて解る奴でない。森田君の恋を玩弄したのだらうと云ふ。
それは何れでもよい。兎に角に僕は森田君が大好きだ。森田君は頗るおとなしい人、無邪気な人で居て、そして頗る近代人的色彩に富んだ熱情家である。森田君は真面目に恋をした、そして恋人と共に心中しようとまで決心した。それで居て、「妾をあなたの心に従はせようと思ふなら、どうか妾を殺して下さい。」と、再三女に侮辱されて、森田君は遂に殺し得なかつた。こゝが凡俗人の以て意気地なしと嘲ける点で、又昔の小説にない所である。ト同時に森田君の近代的色彩に富んで居る所で、僕の大好きな所である。

（5月7日付吉野白村宛、函図）

森田から聴取した話に、与謝野晶子から得た情報等を盛り込んで分析しているが、あきらかに事件の意味をつかみかねている。事件の場所を塩原でなく日光と記すなど、事実誤認も正されていない。

事件の起きた三月二十一日から二十三日にかけて、啄木自身、釧路で色恋沙汰の渦中にあったことは、三月の章でみたとおりである。その後も含め、新聞に十分目を通す環境になかったことは、日記からもうかがえる。

事件に関する予備知識をほとんど持ち合わせないなかで、森田やかれに近い関係者からの情報に拠っているため、おのずと分析は森田に同情的である。森田と明子の心理の交錯と葛藤に触れながらも、問題を掘り下げることはせず、結論は森田への好意に帰結させている。

啄木自身、単身生活を謳歌した釧路時代の余韻も冷めやらぬなかで、男女の恋愛に対する自由な意識と行動、すなわち「自然」を肯定する気持ちに傾いていたのだろう。だからこそ、衝動はあっても容易に踏み切れなかった妻帯者の自然主義的恋愛を派手にやってのけた森田に共感し、道ならぬ恋愛の結末が近世のような心中で終わらなかったことに近代性を見出している。

弥彦と啄木、接点のない二人にそれぞれ連なる大山高と平塚明子。二人もまた明治十九年二月の生まれである。高は洋々たる前途を突然の轟音と共に失った。一方、塩原の雪山を彷徨い、死にきれなかった明子は、三年後「らいてう」として再誕する。

啄木と森田は、翌年啄木が東京朝日新聞社に校正係として入社し、ついで森田も嘱託社員となり文芸欄を担当したことで交際が深まる。さらに森田を通じて漱石とも関係が生まれる。そして、啄木が不治の病に冒されると、森田はたびたび病床をおとずれ、漱石夫人からの見舞金を届けたり、話し相手をつとめることとなる。

森鷗外の知遇を得る

二日は与謝野 **「晶子夫人と色々な事を語」** り、**「明星は去年から段々売れなくなつて此頃は毎月九百しか（三年前は千二百であつた。）刷らぬ」** などと、『明星』の売上不振の実態を詳しく聞かされている。さらに **「今年の十月には満百号になるから、その際廃刊する」** と衝撃の事実を知らされる。

午後には **「与謝野〔寛〕氏と共に明星の印刷所へ行つて校正を手伝ふ。お茶の水から俥をとばして、かねて案内をうけて居た森鷗外氏宅の歌会に臨む」**。鷗外邸の「観潮楼」（文京区立鷗外記念館）は、本郷区千駄木町の団子坂上にあった。

鷗外は陸軍軍医総監、陸軍省医務局長。陸軍軍医界の頂点に立つとともに、文学者としても絶対的な地位にあった。鷗外は当時の自分を小説『青年』の登場人物、毛利鷗村に託して「干からびた老人の癖に、みずみずしい青年の中にはいつてまごついてゐる人、そして愚痴と厭味とを言つてゐる人」などと評しているが、老人といっても満四十六歳にすぎない。元来論争好きな鷗外は、大御所となっても、新進者のなかに分け入って歌を詠み合う若さを持ち合わせていた。

観潮楼歌会は、歌壇がアララギ系と明星系とのあいだで疎隔しているのを接近させようと、鷗外が肝煎った歌会で、この日の参加者は主人の鷗外のほか、寛・啄木・佐佐木信綱・伊藤左千夫・平野萬里・吉井勇・北原白秋である。啄木の認識では、平野以外はすべて初対面であった。

歌会は洋食を摂りながらおこなわれた。席上、啄木は、得意の観察眼を発揮している。鷗外は**「色の黒い、立派な躰格の、髯の美しい、誰が見ても軍医総監とうなづかれる人」**、佐佐木は**「温厚な風采、女弟子が千人近くもあるのも無理が無いと思ふ」**、伊藤は**「所謂根岸派の歌人で、近頃一種の野趣ある小説をかき出したが、風采はマルデ田舎の村長様みたいで、随分ソソツカシしい男」**である。

森 鷗外

採点の結果、最高は鷗外の十五点、次点が平野で十四点、啄木は寛・吉井と並んで十二点、最低は伊藤の四点であった。鷗外は**「御馳走のキキメが現れたやうだね」**と軽口が出るなど上機嫌であった。散会時、啄木は鷗外から**「石川君の詩を最も愛読した事があつたもんだ」**と言われ、自尊心をくすぐられている。鷗外の発言は単なる社交辞令ではなく、以前より啄木のことを高く評価していた。

鷗外には大御所らしい面倒見のよさがあった。啄木はすぐに鷗外の気質を嗅ぎ取り、以後、同情を引く手紙を送ったり、小説の売り込みに協力をもとめるなど、なにかと頼ることになる。

鷗外は観潮楼歌会以外に、山県有朋が中心の歌会「常磐会」にも参加していた。啄木というと権力者からは遠い印象だが、鷗外を介せば山県はごく近い。山県は和歌には並々ならぬ関心を寄せており、「吾人は時代に順応して、明治の人間は明治の歌、大正の人間は大正の歌を作るといふ事に心懸けねばならぬ」(『山県公のおもかげ』)が持論で、和歌は一定の格調は保ちつつも、時代に順応していくべきという漸進論者であった。もしも啄木が長命であったら、歌を通じて山県とのあいだに接点が生じたかもしれない。

自然主義の座標

話を二日夜にもどす。観潮楼歌会の後、啄木は千駄ヶ谷にはもどらず、吉井・北原と一緒に駒込動坂(文京区千駄木)の平野萬里宅に泊まっている。

平野は本名久保(ひさやす)、東京帝国大学工科大学の学生で新詩社同人、啄木より一歳年長である。平野のことを「明治の歌集にては〔与謝野〕晶子さんの著と平野君の『若き日』などの外、これといふ価値あるものもあるまじく候」(8月10日付菅原芳子宛『全集』七)と評するなど、啄木は歌人としての才能を高く買っていた。

吉井は啄木と同い年、北原は一歳年長。いずれも新詩社同人である。歌人として成長著しいかれらは、師匠の与謝野寛が他誌への発表を禁じたり、なにかと自分たちを軽んじることが我慢ならず、この年一月には太田正雄(木下杢太郎)とともに新詩社脱退を通告するなど不穏な形勢であった。啄木や平野の前で下手なことを喋れば寛に筒抜けになってしまうと警戒したからか、北原・吉井は、寛や新詩社に対する批判めいた発言はしていない。

翌日午前、平野の室にて皆でパンを食べたが、このとき平野が、**「**True love, its first practice. **と云ふ西洋の春情本を出して、頻りに其面白味を説いた」**。啄木は、以前の平野はこのようなことは口にしなかったと驚くとともに、**「此人達は、一躰に自然主義を攻撃して居るが、それでゐて、好んで所謂其罵倒し**

て居る所の自然主義的な事を話す。これは三年前になかつた事だ。自然主義を罵倒する人間も、いつしか自然主義的になつて居るとは面白い話だ」と、自然主義の風靡をたしかなものとみた。

啄木は上京以来、数日間を文壇のリサーチに費やしたが、その結論は、「自然主義は、今第一期の破壊時代の塵を洗つて、第二期の建設時代に入らむとして居るだけだ。此時期の後半になつて、初めて新ロマンチシズムが芽を吹くであらう。然し此の新ロマンチシズムが、如何なるものであるかはまだ何人の頭にも上つて居らぬ。サテ終ひになつて、大なる意味に於ての象徴芸術が最後の錨を投げるであらう」(5月8日)というものであった。

こうした現状と、予想される将来は、「自然主義を是認するけれども、自然主義者ではない」(5月8日)自分にとって好都合とみた。よほど嬉しかったのか、苜蓿社同人の吉野白村には「今は恰度自然主義が第二期に移る所だ。乃ち破壊時代が過ぎて、これから自然主義を生んだ時代の新運動が、建設的の時代に入る。僕は実際よい時に出て来たよ」(5月7日付吉野白村宛、函図)と報じている。

こうして啄木は、独善かつ楽観的な見通しでもって、東京での執筆活動に乗り出すことになる。

千駄ヶ谷から本郷へ

上京後の啄木は、これから取り組むべき文学の方向性とともに、生活設計についても悩んでいた。思案のほどを啄木は、函館の宮崎郁雨に書簡で明かしている(以下5月2日付宮崎郁雨宛、函図)。

選択肢は三つあった。第一は「一生懸命書いて居れば、月に三四十円の収入は必ずあるから、唯先づ書くべしとの説(与謝野氏も八分通り此説に候)」、第二は「創作をやると共に準文学をやる覚悟さへあれば二十円やそこいらの職につくよりもよいとの説」、いずれも執筆中心の生活である。

作家伊藤整は明治期の文士の生活を分析し、「紅葉、露伴時代には、主要な作家はいずれも新聞社に席をおき、毎日の出社はしないまでも社員として拘束され、また生活を保証されていた」と、明治の作家は兼業が基本であったとした。さらに「新聞社に席をおかなければ長編小説を発表する機会がなかった」ともいう（「近代日本の作家の生活」）。

本書にこれまで登場した作家をみても、森鷗外は軍医、田山花袋は出版社勤務、小島烏水は銀行員、師匠の与謝野寛は『明星』の売り上げに収入の多くを拠っていた。

啄木が新時代の作家として注目した夏目漱石と島崎藤村も、漱石は東京朝日新聞社員として月俸二百円を得ていたが、藤村は『破戒』を自費出版して世間の注目を集めたものの、経済的には楽ではなかった。

啄木自身、第一・二の選択が危険なことは無論承知している。さらに今回は早晩家族を呼び寄せなければならず、安定的な収入は喉から手が出るほどほしい。そこで「然し今度は小生も余程実際的常識を重んずる筈に候故、早晩何かの職につく考へに候」と、第三のコースを選ぶとしている。

啄木が思案するなか、師匠の与謝野寛は骨折ってくれた。五月四日、寛は啄木に**「二六新聞へ入社する様に主筆に話して来た」**と告げた。さらに**「新詩社附属の、歌の添刪をやる金星会を、今後予がやる事にきまる」**と収入の当てを世話している。微々たる収入だが足しにはなる。啄木は寛を「唯先づ書くべしとの説」とみていたが、世間のきびしさを知る同人は堅実であった。

寛の親心にもかかわらず、啄木のほうは、文壇で活躍するうえで新詩社との関係は不利と考え、距離をおこうとしていた。「目下新詩社の勢力頗る微弱にて且つ敵多き故全く社内の人とのみなつて居ては、原稿売るにさへ都合悪い由」であり、「新詩社との関係は関係として置いて、別に一家独立の立場を立てなくては損だ」とする周囲の声をよしとした。

師匠の寛と、出身母体の新詩社を見限るのは心苦しいが、やましさを払拭すべく、もともと自分と新詩社とは文学上の意見に相違があり、同社との関係は寛と自分との情誼にすぎないと断じた。「今後、氏の情誼に酬ゆる事は永久に忘れざると共に、一方独立の創作家としてやつてゆく考へに候。つまり新詩社の社友たると共に石川啄木なるを忘れぬ考へでやればよいのに候」と結論づけた。

こうして啄木は、寛が就職の斡旋をしてくれたのとおなじ四日の午後**「三時、千駄ヶ谷を辞して、緑の雨の中をこの本郷菊坂町八十二、赤心館に引き越した」**。これより本郷での生活がはじまる。ちなみに同日の弥彦日記は**「雨。平日の如し」**。

啄木が暮らすことになる現在の文京区本郷は、当時は東京市本郷区といった。『本郷区史』によれば、明治四十一年当時の人口は九万四一四六人、区内には、東京帝国大学のほか、現在の東大農学部の敷地には第一高等学校があり、ほかにも近隣には東京高等師範学校（筑波大学）、東京女子高等師範学校（お茶の水女子大学）、東京美術学校・東京音楽学校（東京芸術大学）があったことから、学者や教育者が多く居住していた。

赤心館

啄木が使用する室の掃除がまだできていなかったため、この日は金田一の部屋で寝ている。日記には**「枕についてから故郷の話が出て、茨嶋の秋草の花と虫の音の事を云ひ出したが、何とも云へない心地になつて、涙が落ちた。蛍の女の事を語つて眠る」**とあるが、「何とも云へない心地」のうちには寛を半ば裏切った心の痛みも含まれていただろうか。

東京生活のはじまり

赤心館に移った啄木は、六日より執筆生活に入る。手始めは函館・札幌

・小樽の印象を記した小品「北海の三都」である。翌七日には本を売って電車賃をこしらえ、御茶ノ水駅から電車に乗り、千駄ヶ谷の新詩社に出かけている。

九時千駄ヶ谷へゆく。明星が今日出来た。家から来て居る葉書と小包を受取つて、二時与謝野氏と共に電車に乗る。牛込の停車場で、賑やかな裁仁宮の葬式を電車の窓から見物して、お茶の水で別れて帰る。早速小包をとくと、なつかしの妻が、針の一目一目に心をこめた袷に羽織、とり敢へず着て見て云ふ計りなく心地がよい。中に一通の手紙があつた。

（「日記」5月7日）

「牛込の停車場」は、現在のJR飯田橋駅西口から中央総武線を市ヶ谷方面に向かってすぐのあたりにあった。「裁仁宮」とは四月の章で触れた栽仁王のことだが、実際には、五月二日に死去した山階宮菊麿王の葬列である。栽仁王も菊麿王も海軍軍人で、年齢も前者が二十歳、後者が三十四歳と若かったので、車内で取り違えて会話されていたのだろう。

『山階宮三代』の菊麿王の項によれば、「午後一時霊柩は砲車に御移し申し、宮邸を御発引、豊島岡に向かわれた。砲車を引く水兵は明治三十七八年戦役の御乗艦八雲に於ける部下及び最近の御乗艦壱岐の水兵等二十名にして、陪柩将校には嘗ての御附武官若しくは王の上司たる将官が選ばれ、

山階宮菊麿王の葬列

霊柩の御前に東郷静之介大佐・丸橋中佐・上原少将及び山屋大佐、御後に上村中将・坂本中将・東郷大将及び片岡中将が侍し、儀仗隊は海軍砲隊一ヶ中隊・同銃隊二ヶ大隊・同無銃隊・近衛歩兵一ヶ聯隊・同騎兵二ヶ中隊の外海軍軍楽隊にして、喪主武彦王以下皇族・親族等皆徒歩にて従われ、霊柩は二時三十分豊島岡の葬場に到着せられた」とある。啄木が目撃したのは、麹町区富士見町（千代田区ふじみこどもひろば）の宮邸を出発した葬列が、牛込橋を渡り右折、豊島岡墓地内に設けられた葬場をめざし、外濠沿いの通りを進むところであった。

上京したばかりの啄木の目を引くには十分な光景だが、弥彦とちがって、皇室への敬意はあまり感じられない。後日、吉野白村に宛てた書簡でも、「寛氏と共に電車に乗つて、花やかな葬らひの行列（名は忘れたが今度死んだ宮様の）を牛込の停車場で電車の窓から見物して」（5月7日付吉野白村宛、函図）云々とあるから偶然ではない。

執筆生活と新たな女性

八日から啄木は本格的な執筆活動に入る。結局、与謝野寛が斡旋してくれた二六新報に入社することはなかった。金星会の仕事は引き受けたが、歌添削の収入はわずかであり、事実上、第一のコースを選んだことになる。

二時頃から夜の十二時迄に、短篇「菊池君」の冒頭を、漸々三枚書いた。書いてる内にいろいろと心が迷つて、立つては広くもない室の中を幾十回となく廻つた。消しては書き直し、書き直しては消し、遂々スツカリ書きかへて了つた。自分の頭は、まだまだ実際を写すには余りに空想に漲つて居る。

夏目の「虞美人草」なら一ヶ月で書けるが、西鶴の文を言文一致で行く筆は仲々無い。

（「日記」5月8日）

「菊池君」の当初の構想は、「舞台は釧路、菊池君なる男を書くのだが、それと共に、人と人とが近づきになる径路を最も自然に書きたい」というもので、分量は七十枚程度と見込んだ。原稿料は一枚につき五十銭と見積もれば、三十五円の収入となる（5月11日付宮崎郁雨宛、函図）。

「菊池君」のモデルは、北東新報の記者で岩手県出身の菊池武治である。**「菊池君は漢文にアテられた男である。正直で気概があつて、為に失敗をつづけて来た天下の浪士である。年将に四十、盛岡の生れで、怖ろしい許りの髯面、昔なら水滸伝中の人物、今なら馬賊と云つた様な人物」**（3月20日）と、同郷人で初対面時の印象が強烈だったので題材に選んだのだろう。菊池とは三月二十六日にも**「夜、北東の奇漢子菊池武治君が来た。自分で手を打って女中を呼んで、ビールを三本云附けた。横山君も来て飲む。既にして唐詩を吟じ出した」**などと一緒に飲んだが、その程度の面識にすぎない。

自然主義を意識しながらの執筆なのであまりはかどらないが、それでも漱石の『虞美人草』くらいなら一カ月で書けると豪語しており、意気盛んである。浪漫主義になじんだ啄木には、『虞美人草』の絢爛たる文体くらいは、さほどでもないということか。

いよいよ本格的な執筆生活がはじまった。おなじ時期、弥彦は図書館通いだったが、啄木は下宿での籠城生活である。意気込みの割りには、執筆はさほどはかどらない。

九日は**「朝から「菊池君」に筆をとつた。三時頃、森鷗外先生から手紙、時々訪ねてくれるやうにと云ふ事が懇ろに書いてあつた。金星会の歌が一封着く。六時頃千駄木に森氏の門を叩いたが留守。帰路与謝野氏に逢つて一緒に平野君を訪問した」**。

十日は**「今日は意外に筆が進んで、夜一時までに「菊池君」が二十一枚目まで出来た」**。十一日は**「朝八時に起きて、夜の十二時まで「菊池君」の筆を進める」**。十二日は**「朝から頭の加減が悪くて、昼迄にたつた三枚しか書けぬ」**。執筆を中断して空想に耽ったが、**「雲に乗る様に空想に乗つて、ズーツと天に上つて、ドタリと落つる。其時の気持の悪さ」**と、あきらかに精神的に低下している。

これまでの「菊池君」の原稿を読んでみたところ、**「モウそれはそれはたまらぬ程イヤ」**になってしまう。だが、翌日読み返すと、**「矢張自分の書かうとした事が其儘書かれて居る。怎も不思議だ、昨晩ナゼ那麼に醜く見えたらうと考へて見た」**ということで、結局、自身の釧路生活も織り込んで書き進めることにした。

だが十四日・十五日ともに心が落ち着かず、最後は下宿に籠っていられなくなり、十五日の午後六時半頃、森鷗外邸をたずねる。**「留守であつたが、上り込んで一時間許り待つて居ると、帰つて来られた」**と、当初の慇懃さは薄まり、かなり無遠慮になっている。

啄木を精神的に不安定にした要因は、執筆のプレッシャーだけではなかった。同時進行で旧知の女性植木貞子からアプローチを受けていたのである。

貞子は、明治二十三年（一八九〇）生まれ。藤間流の踊りの師匠の娘で、京橋区大鋸町（中央区京橋一丁目）に住んでいた。啄木とは明治三十八年（一九〇五）四月の新詩社演劇会以来の知己で、上京前から文通を交わしていた。再会は五月十日である。

> **朝にてい子さんから、午后に節子から葉書。**
> **五時頃、窓の下をうつむいて通る人がある。あの人だなと思つたら矢張その人であつた。てい子さんが来た。あの時は十六であつたが今はモウ十九、肥つて、背が高くなつて、話のやうすも怎やら老**

けて居るが、それでも昔の面影が裕かに残つて居る。話は唯昔の事許りであつたが、金田一君も来合せて、いろいろとアノ芝居の時の人々の噂が初る。少し暗くなつて洋燈をつけたが、七時四十分頃に帰る。三丁目の電車の所まで送つた。

（「日記」5月10日）

その後は、手紙のやりとりや貞子の下宿訪問がつづいた。金田一によれば「石川君も初めは、綺麗な下町娘の、殺風景な、無聊な下宿へ、天から降ったように、目の前にあらわれるのが嬉しいことであった」（『新訂版石川啄木』）という。

十六日には、朝貞子から長文の手紙が届く。日記ではつづいて**「百千万の物の響が渦を巻いて居る大都の中に美しい火が、一つパツと燃えて、其火が近いて来る、近いて来る……近いて来る」**と、幻覚か白昼夢のような描写が記される。

たまらず下宿を飛び出し、東京砲兵工廠前から路面電車に乗り、まず四谷大番町（新宿区大京町）に小泉奇峰をたずね、つづいて千駄ヶ谷で与謝野寛・生田長江に会っている。それより市ヶ谷本村町（新宿区本塩町）に並木翡翠をたずねたが留守で、生田から借りた田山花袋『蒲団』を読みながら下宿にもどっている。

下宿への帰路、**「家庭といふものが、近代人に何故満足を与へぬかと云つた様な事を考へた」「男と女は、結婚しない方が可いぢやないか」**などと考え、部屋にもどってからは左胸に痛みをおぼえ、**「四辺がすつかり暗くなるまで、洋燈をつける事も忘れて、椅子に凭れて居た。轟々たる都の響の只中から、幻が唯一つ花の様に湧いて、近づいて来る、近づいて来る」**とまたも幻覚をみたような記事である。

十七日は日曜日。午前**「金田一君の室で話してると原達君が来た」**。原達は号抱琴、内務大臣原敬の甥で、盛岡中学校の先輩である。森鷗外と山県有朋のときもそうだが、明治日本の世間は案外せまい。

午後には貞子の実家をたずねている。貞子は不在であったが、彼女の母と懐旧談を交わし、辞去後に路上で貞子と会っている。

それから千駄ヶ谷に行き、新詩社の歌会に参加している。席上**「火の如き少女つと出づ虚なる都の響き轟たる中ゆ」「手にてをとりふと他を思ふ束の間に一人死ぬべき末期を怖る」**という、貞子との愛欲の果ての死を連想させるような歌を詠んでいる。

自然主義小説「病院の窓」

しばらく悶々としていた啄木であったが、十八日は天候もよく、朝から散髪に行き、銭湯に行ったところで、**「気が軽々」**している。「菊池君」は**「余り長くなるので、筆を止めて」**、新たに釧路新聞時代の同僚佐藤衣川を主人公にした「病院の窓」の執筆に着手する。

啄木自身の説明によれば、「釧路新聞の佐藤といふ男（催眠術の先生）をモデルにしたのにて、肉霊の争ひ胸中に絶ゆる事なく、下り坂一方の生活のために廉恥心なくなり、朝から晩まで不安でゐる人間を描き候。舞台は無論釧路に候」（6月8日付宮崎郁雨宛、函図）というものである。

風景や人物の動静の描写は巧みだが、内面に踏み込みきれなかった「菊池君」に対し、衣川のことは同僚としてよく知っており、熟知する同人の人間像に、啄木自身の内面も被せ、醜悪に貶める形で造形されたのが「病院の窓」の主人公野村良吉である。

主人公の野村以外に、梅川操や啄木をモデルにした人物も登場する。野村の卑しい内面を暴露する一方で、啄木自身がモデルの竹山主任は、「烈しい気象が眼に輝いて、少年らしい活気の溢れた、何処か恁うナポレオンの肖像画に肖通つた所のある顔立で、愛想一つ云はぬけれど、口元に絶やさぬ微笑に誰でも人好がする」などと臆面もなく描いており、こうした展開ならば執筆も心地よい。操は共立病院に勤務する「評判の梅野といふ看護婦」(「病院の窓」『全集』三)として登場する。

転換は功を奏し、今度は順調に筆が進んだ。友人・知人の来訪はあっても、外出は近くに食事に出る程度で、執筆に集中できている。

貞子との自然主義な関係も進展している。二十日には、午後三時頃から八時頃まで貞子と一緒にいたが、貞子は**「来た時は非常に元気がよかつたが、段々と静んで来た。噫、段々と沈んで来た。昨夜決心したと云つて居たが、其の決心が、逢つて話してるうちに鈍り出した」**。**貞子が帰った後で、彼女の残した罫紙十六枚に書かれた「彼女自身が彼女自身の事を書いた小説」「清く思切ると云ふ決心を書いた小説」**を読んだ。

自然の諧謔

「病院の窓」の脱稿も近い二十四日朝、**「何やら夢を見て居て、何と訳ともなしに目が目覚めると、枕元に白いきものを着た人が立つて居る」**。植木貞子であった。**「食前の散歩の序、起してやらうと思つて来たとの事」**であった。

「清く思切る」挙に出た貞子を前に、啄木が混乱していると、ちょうどそこへ函館の宮崎郁雨より、至急の手紙が届く。長女の京子が病気で重篤な状態にあるとの急報に、思わず茫然自失となる。**「昏睡」**の文字をみて**「予の頭は氷つた様な気がした」**が、読み進めると**「昏睡からさめて、物を言つたと云ふので、漸く心を安めた」**。すべては妻と友人に託すほかかない。**「あゝ二百里外の父は！」**。父親として何もしてやれない無力感に苛まれている。所在をなくした**「貞子さんは八時少し前に帰つて行つた」**。

想像だにしなかった劇的な展開に対し、啄木は**「予を思ふといふ此人が、例になく朝早く来て予を起した。起されて起きて、遙かなる海の彼方の愛児が死に瀕してるといふ通知！　予は、噫、冷やかなる自然の諧謔に胸を刺された」**と日記にしるした。さすがに動揺が大きく、この日は小説を書く気になれなかった。ところが、このようなときこそ、かれの内面からは詩が湧き出してくる。啄木は天性の詩人・歌人である。

> **予は三時頃までに「小さき墓」「白き窓」「何故に」「泣くよりも」「白き顔」「嫂」「弁疏」「殺意」の八篇の詩を書いた。書いて居て我ながら胸を抉られる様な心地がした。「小さき墓」を除いて、他の七篇を「泣くよりも」と題して千駄ヶ谷の与謝野氏に送った。**
>
> （「日記」5月24日）

二十五日、郁雨より長女の病状が好転した旨の葉書が届く。気持ちが軽くなり、「病院の窓」執筆を再開する。**「今夜中に脱稿の意気込で筆をとつたが、二時半になると油が尽きて洋燈が消えた。油が尽きるまで書いたと思ふと異様な満足の情が起つて、暗の中で床を布いて寝た」**。集中が高まっている。

二十六日、午後から「病院の窓」を書きはじめ、あと少しのところで節子夫人から手紙が届く。長女の経過がよいこと、病気は軽度のジフテリアであると記してあった。**「ああ、ヂフテリヤ！　妻の心は！と思ふと涙が落ちた」**。

あとは一気で、午後三時半過ぎに脱稿した。**「満足の心が軽くて疲労の方が重」**かった。完成した原稿は、金田一が『中央公論』の著名な編集者滝田樗陰に届けてくれた。編集部は駒込西片町（文京区西片）にあり、下宿赤心館からはごく近い。金田一が出かけた後、節子夫人に手紙を認め、金田一から借りた二円を同封して投函した。

金田一がもどってからは、二人で**「西洋苺と夏蜜柑で、脱稿の祝賀会だといつてビールを飲んだ」**。祝杯用のビールと果物は、金田一が青木堂あたりで買ってきたのだろう。

啄木は『中央公論』に掲載されることを期待したが、返事はなかった。三十一日の午前・午後と金田一に編集部に出向いてくれたが、肝腎の滝田は**「二度共留守だつたとの事、「病院の窓」の結果がわからず了ひ」**であった。待っているあいだに書いた小説「母」の原稿は、受理してもらえなかった。

それでも、創作意欲は旺盛で、同日夜からは**「田舎から逃げて東京に出て、三日女中をして帰る女の事をかくのだ。予の閲歴とは無関係だが、其田舎をば渋民にした」**という新作「天鵞絨」を書きはじめている。ほかにも小説の構想が湧くなど、意気軒昂であった。

啄木を錯乱寸前にさせた長女の病気も、節子夫人や宮崎郁雨から順調な回復を知らせる手紙や電報が届き、安堵が深まった。それとともに、無力な父親であることに煩悶している。

こうして激動の五月は終わるが、最後に植木貞子との関係について触れておきたい。彼女とは二十四日に別れた後、二十五・二十六日は会っていないが、「病院の窓」脱稿翌日の二十七日朝、啄木が目を覚ますと、貞子がふたたび枕辺に座っていた。この日の記述は、事実経過を追うには謎めいている。貞子がいつ帰ったのかもわからない。

> **六時四十分頃であつたらうか。目を覚ますと枕辺に座れる白衣の人、散歩の序といつて貞子さんが来てゐたのだ。降りそめた細い雨に誘はるる怨言は、雨によく調和してる。**
>
> **一日雨。そこともなく疲れてゐる。二三日前に書いた詩を第二集に写して日を暮す。数限りなき思出が、断間もなく湧いた。**
>
> （「日記」5月27日）

日記には具体的な記述がないので、この日を含め日付は特定できないが、実のところ二人は肉体関係にまでおよんでいた。このことは啄木自身が、金田一に「その婦人と、実は当時、行く所まで行ってしまっていた」(『新訂版石川啄木』)と明かしている。

後日、宮崎郁雨にも書簡のなかで、「此方へ来てから、頻りに僕をたづねてくる江戸生れの女があつた。それが、初め僕の身の上をすつかり知つてゐながら頗るロマンチックなラヴをしたので、僕は妙な気持がしてゐた」(6月17日付宮崎郁雨宛、函図)と、貞子との深い関係を匂わせている。

貞子との「自然」な関係は、翌月へとつづく。

六　月

❑弥　彦

学年末の試験

東京帝国大学の学年末の試験は、六月におこなわれる。前年九月に入学した弥彦にとっては初めての試験である。「試験規程」によれば、各科目五十点以上、諸科目の平均六十点以上を得て及第となる。

六月に入ると、弥彦の試験準備もいよいよ緊迫してくる。一日は**「終日家にをる。十二時寝につく。民法をさらう」**。翌二日は**「終日家にをる。十二時寝につく。民法を見る」**。

ところが三日には**「終日家にをる。昼の中は刑法見しも要量〔領〕得ず、為めに九月に延期する事に決して、夜憲法を見る」**とある。刑法を「九月に延期」とは、今回の受験はやめて、九月に追試験を受けることを意味する。

六日には**「今日より刑法試験あるはずなりしも、延ばす」**とあるので、無事追試の手続きを済ませたことがわかる。追試験であるが、正規試験とのあいだにハンデはなかったことから、好成績をねらう学生たちのあいだでは、積極的に利用されていた。

そのカラクリは、弥彦の同級生で、のちに内務官僚、貴族院議員として活躍した松本学が以下のように明かす。「点を取るのには追試験をするのが一番よい。最も要領のよいやり方は自分で選んだ数科目を七月の本試験で受ける。あとに残した科目を暑中休暇中勉強して九月に追試験をうけるという手段をとる」（『現代史を語る④松本学』）。つまりは、積極的に追試を利用することで、効率よく試験を二期に分散させるわけである。

弥彦の場合は、必ずしも好成績をねらったわけではないが、刑法を追試験に先送りしたことで、四日は**「終日家にをり、昼の中には憲法見、夜よりEを見る」**と、憲法を中心とした勉強に取り組んでいる。

試験前日の七日は日曜日だが、**「終日家にをりて、憲法を見る。一時に寝につく」**。夜遅くまで勉強をつづけ、床に就いたのは日付も変わった八日午前一時である。

八日は、いよいよ試験当日、憲法の試験は午後一時からである。弥彦は午前四時に起床し、睡眠わずか三時間で勉強を再開している。

> **四時起床。憲法を見る。午後より試験場にゆきしも、途中にて眼まひなし堪ふる能わずして出ず。実に残念なりしも、やむを得ざりき。三時頃帰る。四時頃より実に稀れ見る雹を降らす。大なるものは卵大にして、屋根をうつ音すまじ〔凄〕。ガラスをわり、小枝を折り、雷声は之れにまじえて実にすごき有様なりき。此は雹にて ice cream を作る。一時間程にしてやむ。脳痛甚しく、為めに床に入り、マサアジをなしもらう。夜に入りてもよくねむられざりき。**
>
> （「日記」6月8日）

東京帝国大学　左は法文科大学校舎、右は附属図書館

憲法試験に臨んだところが眩暈を起こし、やむなく途中退席し、帰宅している。
眩暈の原因は、睡眠不足が考えられるが、さらに、この年の試験問題がとてつもなく難しかったことが影響していそうである。超難問は多くの受験生を恐慌に陥れたらしく、そのひとり石坂泰三は日記に「午後一時ヨリ三時憲法試験施行。答案穢ク読ムニ耐ヘズ、恐クハ高等学校以来ノ大失錯ナリ、悲観コノ上ナシ、明後ノ Rom 法ヲ復スルノ元気ナシ、悲観々々。恐クハ60点ニ充タザルベシ」(『石坂泰三日記』)と記している。あまりの不出来に明後日の羅馬法の試験準備に取り組む気力すら萎えてしまっている。一高卒の秀才石坂をもってしても、まったく歯が立たないとなれば、弥彦が眩暈を起こすのも無理はないということか。

弥彦が帰宅した後、東京では大粒の雹が降った。突然の異常気象は、人びとを驚かせたが、弥彦は気晴らしのためか「雹にて ice cream を作」っている。

この日の雹を明治四十一年六月十日付『官報』の「観象」欄で確認すると、「先ツ午後三時二十二分西方ニ遠雷ヲ聞キタリシカ、同三時三十五分ニハ近ク北西ニ電雷起リ、同三時四十七分ヨリ雨及雹ヲ降シ、同三時五十五分頃ヨリ頗ル盛ニシテ、(中略)同四時八分全ク雨ト為リ、同四時五十一分後ハ雷声ヲ聞カス、同四時五十八分ニ至リテ雨歇ミ」であった。

中央気象台観測場に降った雹のうち、最大のものは縦五・五センチ、横四・二センチ、厚さは一・八センチ、重さ約三十二グラムだったという。右記事でも「前記ノ如キ大雹ヲ東京ニ於テ観測セシハ今回ヲ以テ始トス」としており、まさに珍事であった。

アイスクリームを作って降雹を楽しんだ弥彦だったが、心身回復とはいかなかった。帰宅後も「脳痛甚しく」、マッサージを受けたりしたものの、最後まで不調に苦しんでいる。

翌九日には**「豊沢さんに行き、試験の事につきて話しにゆく。十一時頃帰る」**。午前中、豊沢家に養子に入った実兄の弥二のところに出かけ、試験のことを相談している。弥二夫人は、幕臣永井玄蕃頭尚志の養子岩之丞の娘愛である。愛の姉夏は三島由紀夫の祖父平岡定太郎に嫁しており、弥彦と三島由紀夫は遠縁に当たる。

翌十日、兄弥二の助言を受けてだろう、大学事務局に出向き、追試験を認めてもらうべくかけあっている。

> **六時起床。登校し事務所に至り、一昨日の憲法の試験病気の為めに中途より出し、故に追試験になしてもらう様に相談なしたるに、特別を以て可許を受く。喜びて帰る。帰り柳谷氏の処により、夫れ四谷にて電話を家にかけ、届書を持ち来る可く命じ、夫れより直に又大学に行き届書を出す。**
>
> （「日記」6月10日）

相談の結果、特別に追試が受けられることになった。帰途、四谷の柳谷邸に立ち寄り、そこから自宅に命じて追試の届出書を取り寄せると、大学にもどって手続きを済ませている。ところが安堵もつかの間、十二日、自宅で民法の勉強をしていたところ、**「午後三時頃大学より電話にて、試験の事むずかしき由を伝ふ。大にがつかりす」**。

はじめから追試験を選択せず、当日試験中に途中退席したことが仇となったわけで、ふたたび**「夕食後豊沢の兄の処に寄て相談」**している。

なんとか追試を認めてもらいたい弥彦は、十四日は日曜日にもかかわらず、大学事務局トップの清水彦五郎書記官をたずね、**「試験の事につきて話」**をしている。清水は「大学の生き字引、あるいは名物男として知られ」（『大正過去帳』）、無類の面倒見のよさを誇ったことから、最後の頼みの綱と相談したのだろう。清水訪問も弥二の助言によるものだろう。日記には清水の発言はなにも記されていない。前例のない事態の対応に困惑したものと思われる。

十五日の弥彦日記には、**「朝大学に行き試験の事をかけを（以下空白）。終日高木さんが来るはずにて待ちしも来らず」**とあり、不安が記述にもあらわれている。結局この日、大学からの回答はなかったが、清水が何とか処分保留にまで引き戻してくれた可能性もなくはない。弥彦は、清水に感謝を伝えるため、午後**「六時頃より清水さんの処に礼に行く。留守なりしかば、其れより山王の祭にゆき、十時頃帰る」**。

清水の自宅は小石川区表町（文京区小石川三丁目）にあった。四月に路面電車が本郷三丁目から小石川表町まで延伸されたので、弥彦もこれを利用したと思われるが、麹町区（千代田区）永田町の日枝神社は、千駄ヶ谷の自宅から清水宅への交通経路からはずれている。おそらく祭見物で気分を慰めようと、寄り道したのであろう。

六月十五日は日枝神社の山王祭当日であった。同社は近世には山王権現と称され、山王祭は神田明神（神田神社）・根津権現（根津神社）の祭礼と並んで江戸三大祭といわれた。なかでも山王祭はその随一とされた。

清水彦五郎

親族との憩い

試験に失敗し、失意の弥彦であったが、気持ちを立て直すためか、月の後半は外出がつづく。

十六日は午前、原宿駅より汽車に乗り、大磯の別荘に出かけている。大磯の別荘には、甥の通陽が滞在していた。重い肋膜炎のため転地療養していたことは、すでに述べた。弥彦は到着後「二時頃より通ちゃん、姉上〔加根子〕など丶海にゆき、四時頃帰る」。

翌十七日は「午前中は家にをる。午後より通ちゃんと片岡さんにて海にゆき、浜口屋の舟に乗り遊ぶ。二時頃家に帰り、夕食後裏の山に登る」。通陽に海の澄んだ空気を吸わせようと、連れ出したのだろう。

十八日は「六時少し前起床。直に鎌倉にゆく支度をなし、六時十九分の汽車に乗るつもりなりしも、乗りをくれ、七時七分の発て藤沢にて下り、其れより電車にて片瀬、七里ヶ浜を廻りて鎌倉にゆき、海浜院の前にて下車し、其れより材木座の弥十二の処にゆく。昼食なし、後直に帰る」。大磯駅から汽車に乗り、途中の藤沢駅で江之島電気鉄道（江ノ島電鉄）に乗り換え、海浜院通駅（由比ヶ浜駅）で下車、病気療養中の弟の弥十二を見舞っている。

それより、帰京の途につき、「三時半渋谷に着し、其れより大山さんの五十日祭にゆき六時ころ帰る」。亡き友大山高の五十日祭に参列してから帰宅している。

十九日には、午前に兄の弥吉とともに義兄の中村進午をたずね、「それより中村兄姉と同道して日本橋に支那料理のごちそ〔御馳走〕を食べにゆく」。その後は日比谷大神宮、ついで学習院に行き、さらに友人と連れ立って青山霊園に出かけ、「父の墓及び瓜生、浜下、大山、福羽氏の墓に詣」でている。それから「四谷の三河屋の行きて夕食をなして、七時頃より新声館に活動写真を見にゆき、十時頃帰る」。三河屋は四谷見附にある牛鍋屋で、古川ロッパが、「誰が何と言つても、三河屋くらゐ美味い店は無かつた」と絶賛する名店であった（『ロッパ食談』）。新声館は、神田区神保町にあった活動写真館である。

六月も下旬になると、大学は卒業試験を控えた最上級生を除き、多くの学生は開放感でいっぱいである。

雨。午前中一寸学習院にゆく。午後より瓜生氏の処にゆく。柳生氏も来れり。此処に種々の話の後旅行の話になり、直に大磯行きを思ひたち、五時十分にて行く事に決す。時既に四時を過ぐる事五分、大急ぎにて家に帰り、直に支度なし、原宿より汽車にて行く。車中面白過ぎて七時半頃大磯に着す。丁度停車場にて母上、弥吉兄の会ふ。鎌倉にゆかれし由。其れ家にゆき、十時頃床に入る。

（「日記」6月22日）

試験に失敗した弥彦であったが、二十二日に学習院出身の大学同級生の瓜生剛（松島爆沈事故で殉職した瓜生武雄の弟）と柳生基夫とのあいだで話がまとまり、突如、大磯旅行をはじめる。学生ならやりそうな話だが、この時代は、裕福でなければこうはいかない。三人はこの日、大磯の三島別荘に泊まっている。

翌日は強雨に見舞われ閉口したが、二十四日には天候も回復する。朝食後、瓜生とともに別荘裏の高麗山に登り、**「富士、箱根、或るは江の島の影をめで、山を下りて海辺に行き初游ぎをなす。十時頃帰り、化粧団子を食べに行く」**。

弥彦たちが海水浴をおこなった海岸は特定できないが、大磯は日本の海水浴の草分けの地として知られる。大浜六郎『避暑案内』では「此地の海水浴場は沿岸いづれも可なりと雖も、照ヶ崎を以て最とす、海岸に巨岩床をなし、東西共に二町程を隔て、天然の岩石連立し波浪を防ぎ、危険の患ひ等毫もなく、婦女老幼皆安んじて海中に入り嘻々として浴することを得」などと記される。

化粧団子は、旧東海道の化粧（けわい）坂にある団子屋で売っていた名物である。竹串に球体の団子を刺したもので、餡と醤油の二種類の味があった。

化粧坂の団子屋で酒井晴雄らの到着を待ち、昼前に合流した。柳生は午後一時の汽車で帰京したが、残りのメンバーと**「午後より海岸にゆき游ぎ、帰り大学をなし、夕食後、酒井氏の処に至り、十一時頃帰る」**。この日、他のメンバーも加えたかたちでの**「箱根行き」**（6月25日）の話がまとまる。

二十五日は、新たに東京から合流した仲間と一緒に、総勢十名で箱根に出かける。**「昨日相談にて箱根行きはまとまりて、十一時の汽車にて余の同級の者、竹本、田尻、本田、大迫など皆来れり。一同家に至り、昼食後、一時七分にて同勢十人にて箱根に向ふ。旧道を通りて芦湖に至る」**。大磯に集合して汽車で移動し、それより旧東海道を徒歩で進み、箱根山を登り、芦ノ湖畔にある松坂ホテル（嶽影楼松坂屋旅館）に宿泊した。箱根の美しい風景を目にして**「四隣粛として声なく、遠く聞ゆる鶯の声、杜鵑の声、実に仙境に入る心趣す」**と、詩的な気分に浸っている。『避暑案内』では、松坂ホテルはこの地のもう一軒の旅館紀伊国屋とともに、「眺望佳なり」と紹介されている。

せっかくの箱根旅行だったが、夕方から雨が降りはじめ、翌二十六日朝には凄烈となった。普通なら足止めとなるところだが、一同意を決して箱根山を下山する。無謀だが、若い弥彦たちにとっては痛快だったようである。

> **起れば強雨、強風。帰る見こみなし。されど皆勇を鼓舞して支度をなす。旅館松坂ホテルの一重（単衣）を着し、油紙をまといて出ず。傘あれども用をなさず、強雨は強風にまじえて来る。油紙を破れ、忽にして全身ズブヌレとなる。天下の嶮の呼ばれし「里の道」を僅二時間ならずして下る。塔沢に至り玉の湯に入り、直に湯に飛こみて労をいやす。川に面したる室に至りて昼食す。思ひ出すの夏、川のほとりに至り独り、嘩ぜし、昨年の憂誰れ知る。今日又来らんとは。**
>
> （「日記」6月26日）

油紙とは桐油また荏油を塗った美濃紙で、耐水性があり、雨合羽に用いられた。一行が到着した塔ノ沢は、箱根七湯のひとつに数えられる集落である。『避暑案内』では「山勢四方より迫れるを以て眺望等は湯本の如く開豁には至らざれども四方突兀たる巉巌屹立して風光頗る佳なり」と紹介される。玉の湯旅館では、昨年夏の出来事を思い出し感傷的になっているが、憂いの理由はわからない。

昼食後、湯本から小田原電気鉄道の電車に乗り、国府津で東海道線に乗り換え、大磯にもどっている。翌二十七日に帰京する。

学習院のボート遠漕に参加

旅行から帰った弥彦は、休む間もなく学習院の運動行事に参加する。同院のボートチームB組・C組が、六月二十八日から三泊四日の日程で遠漕をおこなうことから、これを応援している。

遠漕コースは、向島の学習院のボート庫を発し、まず隅田川を下り、両国を過ぎて左折、運河を東進する。それから中川、ついで江戸川を遡上し、利根運河を経て、最後は利根川を下り、河口の千葉県銚子をめざすというものである。

二十八日、弥彦は**「五時半起床。C組及びB組遠漕出発を送り、向島にゆき、両国より帰り、途中銀座によりて海水鏡を求め、十二時頃帰る」**。漕艇B・C両チームの出発を見送り、その後、七月におこなわれる学習院の游泳演習にそなえ、銀座で「海水鏡」（水中めがね）を購入している。

ボート競漕

二十九日は、早朝に家を出て、汽車と人力車を乗り継ぎ、柴又（葛飾区）まで行き、そこからCチームに参加し、一緒にボートを漕いでいる。

雨。五時半起床。直に支度をなして、六時四十分の上野の発にて金町に下車し、人車に乗りて柴又の川堪にゆく。之れよりC組遠漕隊に加はりて、江戸川を遡る。強雨なりしも、風又強く、殆帆にて行く。二時頃運河に入り、引舟をなす時、余あやまり、石垣はずれて水中に陥る。三時頃利根川に出ず。七時頃布佐につく。十時頃寝につく。

（「日記」6月29日）

「柴又の川堪」とは、柴又帝釈天の近く、江戸川畔にある料理屋「川甚」である。川甚は近年まで営業しており、夏目漱石『彼岸過迄』にも、「二人は柴又の帝釈天の傍迄来て、川甚といふ家へ這入つて飯を食つた」などと登場する。

弥彦が乗るC組ボートは強雨に見舞われたが、強風のおかげで、ほとんど帆走で進むことができた。ところが、利根運河で引き舟をしていたとき、弥彦の足下のの石垣がくずれて水中に落ちるアクシデントが発生した。

転落の話は、B組の参加メンバーの手記「B組第十五回遠漕記事」（以下日記以外の引用は同手記）にも出てくる。「聞けば三島大露西亜が石崖に登たら石と共に水中に陥りて鬚首一つとなつたそーだ。驚たのは三島の大露西亜より川中のダボだろー」。「大露西亜」は弥彦のあだ名、驚いた「川中のダボ」とはエドハゼのことである。弥彦の転落でC組が混乱しているあいだに、B組が抜き去っている。

利根川沿いの千葉県布佐町（我孫子市）に到着したところでこの日の遠漕は終わった。宿泊先の伊勢屋でも弥彦は『トーセ濡れたのだ』と云て着物も外套も着たまゝで入浴すると頑張」たり、「御客様の前も何もない、六尺男の大高駢」と豪傑ぶりを発揮している。

翌三十日、弥彦はC組と別れ、布佐より帰京している。ところが七月二日に至り、**「九時頃、**（銚子）**柳生より電報来り、人足らざる由。直に所に電話などかけて問ひ合はせしも、来るものなし」**。ゴールに到着した遠漕チームを慰労し、帰途を支援するものが足りないとして柳生から救援を乞う電報が届いた。このため在校生等に呼びかけたが、急な話のせいか、応じるものはなかった。それならと弥彦は単身銚子に向かう。**「やむなく四時四十分発にて独りにて銚子に行き、大新に行きしも皆犬吠岬の暁鶏に行きし由。直車にて行く。十時頃着す。皆々とさわぎ、十一時頃床に入る」**。

銚子での学習院の定宿である、利根川畔の旅館大新に到着してみると、一行は犬吠埼の旅館暁鶏に移動していた。そのため、さらに人力車を駆っている。

暁鶏は田山花袋『写真』にも登場する旅館で、近年まで営業していた。作中では「海水浴の客の為めに建てられた室は一列に海に向つて並んで、何の間からも犬吠の燈台の聳えて居るさまや、岩に怒濤の打寄せるさまや、客が藁草履を引懸けてそこゝと歩いて行くさまが手に取るやうに見える」と描かれる。

弥彦が暁鶏に到着したのは午後十時頃である。漕艇に参加した学生たちにとっては突然の襲来だったようで、とにかく弥彦を「何とも云はず無理に寝」かせようとつとめている。翌日、弥彦は**「七時起床。九時頃暁鶏館を出で、十時四十分発にて帰京す」**。後輩たちが、この日は清遊する予定のため同行を誘ったが、弥彦は「明四日には学習院対横浜甘茶〔アマチュア〕倶楽部との野球試合があるから其の方にも行かんければならないと叫んで」、とんぼ返りしていったという。

弥彦の運動にかける情熱と東奔西走ぶりに感嘆したB組メンバーは「実に忠実で、熱心なものだ、C組と野球〔部〕は能い先輩を持た」と称賛している。

黎明期の日本スポーツ界において、弥彦がさまざまな競技に出場し、好成績を残したことは知られるが、裏方をつとめたり、応援に奮闘するなどスポーツ全体の発展に尽くしたことも高く評価されるべきであろう。

六月の弥彦は、前半は試験に悩まされ、憲法の試験を途中退席してしまうなど散々であったが、後半は気を取り直して大磯の別荘を中心に旅行に出かけたり、学習院の遠漕行事に参加したりと、いつもの快活さを取りもどしている。

❏ 啄木

小説家としての不安と期待

六月はじめ、啄木はひきつづき下宿で小説を執筆している。

一日は**「昨夜、一時頃に枕についたが、怎しても寝つかれなくつて、到頭、夜が明けて女中が窓の戸を明けるに来た時まで、うつらうつらと物思ひにくらした。夜が明けてから三四時間眠る」**。

不眠に悩まされ、精神状態はかなり悪い。けれども**「『天鵞絨』を書きついで、午前一時までに三十一枚目まで。金田一君、けふも滝田〔樗陰〕氏へ行つてくれた。夜貞子さんが十五分間許り来て行つた」**。

三日には、中央公論に持ち込んでいた「病院の窓」「母」の原稿が返却されてきた。それでも**「夜二時半まで書いて油がつきた。『天鵞絨』二十五枚。今日から巻煙草が尽きる。此夜も四時の黎明まで眠らず』**。巻煙草も買えなくなり、いよいよ窮迫してきた。

それでも翌四日には何とか「天鵞絨」を書き上げ、「病院の窓」の原稿と併せ持って、千駄木の森鷗外邸をたずねる。金田一を通じての持ち込みでは効き目に乏しいと考えたらしい。

八時過、「病院の窓」と「天鵞絨」持つてつて鷗外先生の留守宅に置いて来た。時に路をあるいてゐて悲しくなつた。久振で歩いたのでフラフラする。目が引込む様だ。俺は此位真面目に書いてゐて、それで煙草代もない、原稿紙も尽きた、下宿料は無論払はぬ、と思ふと、傾きかけた片割月の悪らしさ。明日からは、何か書かうにも紙がない、インキも少くなつた。

（「日記」6月4日）

鷗外は不在だったため、原稿を托して帰途に就いた。この夜の月は月齢五・〇、三日月と上弦の月の中間である。ふさぎ込むばかりの心況だが、それでも帰宅後には鷗外への用件を手紙に認めている。切々と窮状を訴える一方で、「先生、もし（お暇のない所失礼ですけれど）御覧になつて雑誌位には出せるやうでしたら、誠に恐れ入りますけれども、新小説なり何なりの人へ御紹介でも下さるわけにはまゐりませんでせうか」（6月4日付森鷗外宛『全集』七）と、文壇の大御所を出版社への口利きに使おうとしている。結構図太い。

六日は、不眠もあって午前「十一時に起床、間もなく貞子さんが来た。いろいろな衣服の地や色の事を聞いた。二時半に帰つてゆく」。深い関係となった貞子だが、「其女が少し熱情が多すぎて来たからうるさくなつてゐた」と持て余し気味で、この頃、貞子と交わした些細な会話をきっかけに「たまらなくイヤ」になってしまう（6月17日付宮崎郁雨宛、函図）。

貞子が帰った後、「与謝野氏が来いと云つて来てた事を思出して、音楽通解といふ本を売つて電車賃を拵へた。千駄ヶ谷にゆくと芊々と生ひ繁つた夏草に風が泳いで、二週間も殆んど外出しな〈か〉つた目には異様になつかしい」と感慨にふけっている。おなじ時刻、弥彦は、千駄ヶ谷の自宅で憲法の勉強に勤しんでいる。

啄木は、千駄ヶ谷で与謝野夫妻に面会し、また生田長江・馬場孤蝶と議論を楽しんでいるが、一番の成果は、『明星』詩友を対象とする短歌添削アルバイトである金星会の仕事をもらって来たことである。通信費として二十人分の切手代三十銭が支給される。**「その三十銭の為替二枚を持つて行つて、文友堂から原稿紙とインキを買つて来た」**。

七日は、駒込動坂に平野萬里をたずね、鷗外の消息を聞いている。鷗外は**「予の小説についても話されたさうで、春陽堂に電話かけたと云つてゐられたとか」**と有望な情報を得ている。希望に胸をふくらませ、昼すぎに**「森先生に寄つたが、まだ寝てをられるとの事」**だった。一喜一憂がつづく。

太平洋画会展覧会

気持ちが軽くなったせいか、七日午後には金田一京助とともに大学構内を経由して、上野公園内の竹之台陳列館で開催中の第六回太平洋画会展覧会を観覧している。


二時から、金田一君と二人、大学構内の池を見て、上野の太平洋画会を見た。吉田博氏の作に好いのがある。月夜のスフィンクス、それから、荒廃した堂の中に月光が盗入つて一人の女が香を炷いて祈禱をしてる図など。

（「日記」６月７日）


「大学構内の池」は、正しくは心字池という。大学がかつて加賀藩上屋敷であったときの庭園の名残りで、『三四郎』では、三四郎が美禰子を最初に目撃する場所として有名である。池が「三四郎池」と通称されるのは、このことにちなむ。

太平洋画会は、明治二十二年（一八八九）に創立された日本最初の洋画団体、明治美術会の後身で、明治三十五年（一九〇二）に創立された。満谷国四郎・吉田博・石川寅治・石井柏亭らが中心で、白馬会と並んで、明治後期の洋画界の中心勢力をなした。

展覧会場で啄木は吉田博の写生画につよく惹かれたが、東京朝日新聞は「入場第一に眼に附くのは吉田フジヲ女史と同博氏の写生旅行成績だ、〔中略〕博氏の筆は前者に比べると遙に勁健で水彩にも油画にも欧米仏、気圏によつて異なる空気の特色が現はれて嬉しい、〔中略〕スフインクスは壮大で混沌たる太古の俤が偲ばれる、佳品だ」（篆隷子「展覧会瞥見」5月25日）と評している。吉田博・ふじをは義兄妹で、前年に結婚していた。

ちなみに太平洋画会と吉田博の絵も『三四郎』に登場する。作中では太平洋画会は「丹青会」、吉田博の名前は出てこないが、ある兄妹がそれぞれ出品した絵画を話題に、三四郎と美禰子が会話している。

大学中庭の心字池（三四郎池）

三四郎は芸術に疎い武骨者として描かれるが、啄木は、これまでも上京するたびに美術館に足を運ぶなど、美術への関心はつよい。太平洋画会の情報にどこで接したのかはわからないが、鷗外日記の五月二十四日条に「夕に太平洋画会の宴に精養軒に赴く」とあるので、歌会などの際、話題になっていたのを耳にしたのかもしれない。
鷗外が吉田博の絵を高く評価し、つよく執着したことは、後日、金欠に苦しんだ際、金があれば**「此間太平洋画会でみた吉田氏の〈魔法〉、〈スフインクスの夜〉、〈赤帆〉などを買ひたい」**（6月15日）と題名まで挙げてほしがっていることからもうかがえる。

美術鑑賞を終わって、救世軍の演説で賑わう街頭で吉井勇と遭遇している。一緒に下宿に行き、午後十時半まで語り合った。「僕は全く此人を好きだ」「原稿料がうまく出来たら、吉井君と京都へ行く約束」を交わすなど吉井に完全に魅了されている。

小説が「売れる」

八日は弥彦が学年末の試験に臨み、途中退席してしまった日だが、啄木はというと、町内の掃除のため朝から起こされている。

掃除が終わるまで散歩し、下宿にもどってみたが「頭が常の如くでなくて、ペンを執つてもまるで興が湧かぬ。二時頃、枕を出して横になつた」。そこへ妻子を托してある函館の宮崎郁雨から手紙が届き、愛娘京子の快復を知った。気を良くして、返事を書き出したところ、やがて大粒の雹が降り出す。

起きて返事を書き出すと、遠雷の音。三時頃に窓前の公孫樹の葉が騒立つて沛然たる雨、やがて雷鳴が刻一刻に強くなつて来て、雹が降り出した。直径五分位なのもある。向ふの家の瓦家屋に礑つて反かへる様の面白さ。障子を明放して云ふ許りなく心地よく眺めた。夕かげになつて止む。手紙書き了へた。

（「日記」６月８日）

雹は試験に失敗し、落胆する弥彦の心を一時的にやわらげたが、啄木のほうは「降雹の真最中に森先生から手紙。予の小説二つ春陽堂にやつてある事、次回の歌会の兼題など知らして来た」。降雹は「壮快この事に候ひし」（６月８日付宮崎郁雨宛、函図）と、瑞兆あるいは膨らむ期待の盛り上げ役になっている。

翌九日、さらによい知らせが鷗外から届く。**「朝八時頃起床。「病院の窓」春陽堂で買取る事に決つたが、報酬は登載の上といふ鷗外先生からの葉書」**。すぐさま「昨日降雹の真最中、障子を明け放ちていふ許りなき心地よさに雷の音きゝ居候所に御高書を拝し、恐惶仕候、今朝また〳〵御葉書、御高慮を煩はし奉り候段何と御礼の辞も無御座候」(6月9日付森鷗外宛『森鷗外宛書簡集』2)と鷗外への返信を認めた。

だが好調は長つづきせず、十一日夕方には下宿の女中より**「先月分の下宿料の催促」**をうけたことで事態は急変、あわただしく鷗外邸をたずねる。肝腎の鷗外は不在で、満五歳の愛娘茉莉がピアノを弾いていた。茉莉はのちにエッセイストとして活躍する。やむなく啄木は「天鵞絨」の原稿を持ちかえったが、中をみると**「先生の一々誤や訛を正して下すつた一葉の紙が入つてゐた。!」**。文壇の大御所は、実に面倒見がよい。

原稿料の目途はつかなかったが、金田一が自分の衣服を質入れして十二円を貸してくれた。啄木の近い将来の成功を信じて貸してくれたのだろう。宮崎郁雨に宛てた書簡では『「病院の窓」を春陽堂で買取つてくれた。(森先生の手から)八月の新小説に出る事と思ふ、報酬は其時でなくてはとれぬが、然し一枚五十銭位はくれさう故、五六七の三ヶ月分の下宿料はそれで間に合ふ事になる」(6月14日付宮崎大四郎宛『全集』七)と見通しを述べている。金田一より借りた十二円のうち、十円を下宿料として支払っている。

金策と錬金術

早く原稿料がほしい、少なくとも確証を得たい啄木は、十二日には春陽堂に出向き、不在の編集主任後藤宙外(同人は平素は鎌倉に在住)に代わって**「編輯の人某氏に逢つて原稿料の件相談。アトで返事して貰ふことにして帰る」**。さらに夜には**「駿河台に長谷川天渓氏を訪ひ、「二筋の血」「天鵞絨」二篇置いて来**

た」。

長谷川天渓は日本最大の出版社博文館が発行する総合雑誌『太陽』の編集者である。同人は自然主義を「現実暴露の悲哀」と論じ、擁護していたので、見通しは明るいと思ったのだろう。下宿にもどる途中、**「帰に東明館で、一円六十五銭で単衣一枚買つた」**。東明館は、裏神保町、現在の駿河台下の交差点付近、靖国通りとすずらん通りに挟まれた場所にあり、煉瓦造り、三六〇坪、館内の商品陳列店八〇という規模の勧工場であった（『千代田区史』中巻）。

勧工場とは、多数の商店が規約を作り、組合制度を設けてひとつの建物内に商品を陳列し、即売したもので、百貨店の先駆的形態としての側面をもつとされる。

帰宅後に啄木は、金田一より追加で五円を借りている。このほか金星会から会費として三円が届いた。金回りがよくなると途端に浪費がはじまる。十三日には**「午前、為替を受取り、湯に入り、髪をかり、原稿紙と百合の花と足袋と櫛と香油と郵便切手と買」**い、また**「先月分の下宿料皆払ひ、金田一君に一円かへし」**ている。

この日は、郷里の旧友伊東圭一郎、後輩の小野清一郎の訪問を受けている。伊東は、高等小学校、中学校時代の友人である。のちに東京朝日新聞社通信部長となり、戦後は岩手県立図書館長に就任した。啄木との交遊を綴った著作『人間啄木』がある。

小野は盛岡中学校を卒業し、第一高等学校の入試を控えていた。小野はその後、一高から東京帝国大学法科大学に進み、法学者となる。東京帝国大学教授・愛知学院大学教授を歴任し、文化勲章を受章している。亡くなったのは昭和六十一年（一九八六）、九十五歳のときである。生前の啄木を知る人物としては、最も遅くまで生きた一人である。

つづく十四日の日曜は、金欠のため近くの質屋に出かけ、**「袷と亀甲絣の羽織を典じて、先月入れた紋**

付の羽織を出して来た。銀台の洋燈を一円で需めた。夜、青磁の花瓶を夜店で買つて来て金田一君へ」。節子夫人から送られた袷と亀甲絣の羽織を質入れし、代わりに先月質入れした紋付きの羽織を引き取り、残った金で銀台のランプを購入し、夜店で買った青磁の花瓶を金田一にプレゼントしている。

衣替えごとに、質屋に不要な衣類を預け、必要な分を引き出し、さらに金銭まで受け取るという手法を啄木は「いったい夏の間、冬服を行李の底へ寝かしておくなんて不経済な事ですよ。これを預けて、倉庫の内へちゃんと保管さして、その上に金が融通してもらえるんだから、そんないいことはないじゃありませんか」(『新訂版石川啄木』)と蘊蓄を垂れ、金田一を感心させている。

質屋を利用した衣類保管と「錬金術」は、啄木の独創ではない。同様の手法は、労働者や貧乏書生のあいだでは、しばしば実践されていた。江戸川乱歩『二銭銅貨』では、「これは貧乏人だけにしか分らない一つの秘密であるが、冬の終から夏の始にかけて、貧乏人は、大分儲けるのである。いや、儲けたと感じるのである」として、啄木とおなじ方法を紹介している。

こうして得た、わずかばかりの金銭で「暫く遠慮しておった銭湯へも行けば、床屋へも行く、飯屋ではいつもの味噌汁と香の物の代りに、さしみで一合かなんかを奮発するといった塩梅」と、ささやかな贅沢を満喫するのだという。

啄木の場合、少しでも金銭が入ると、すぐさま蕩尽してしまう。本人もそうした性分を自覚している。**「金が少しでもあると、気が落付かなくていけない。今日は三度も四度も外出した。金のある時は何も書けぬ。自分は矢張貧乏な方がよい様だ」**。

所持金を使い果たしたところに悪い知らせが届く。十五日、**「春陽堂の高崎春月君から、稿料一件後藤主筆不在のため駄目との手紙」**。たまらず鎌倉の後藤宙外に手紙を送り、「初めて原稿御採用下され候ふ御恩さへあるのに、あまりと云へばあまり厚かましき儀には候へど、特別の御憐愍を以て幾何なりと稿料御恵み被下候様御取計を仰ぎたく、伏して奉願上候」（6月15日付後藤宙外宛『全集』七）と、原稿料の支払いをもとめ、恥も外聞もなく縋りついている。
これまでは期待感でなんとか不安を押しのけていたが、精神は一気に降下する。

金を欲しい日であつた。此間太平洋画会でみた吉田氏の（魔法）（スフインクスの夜）、（赤帆）などを買ひたい。本も買ひたい。電話附の家にも住んでみたい。そして、吉野君・岩崎君を初め、小樽の高田や藤田、渋民の小供らを呼んで勉強さしたい。…………夜は三時打つまで眠れなかつた。

（「日記」6月15日）

金銭と成功を渇望し、さらには函館・小樽時代の友人知人や郷里渋民にある教え子たちに思いを馳せるなど、妄想に悩まされ、悶々とする。

自殺願望に取り憑かれる

偶然にも、失意のなかで月の前半を終えた弥彦と啄木であったが、後半はどうか。弥彦は友人との旅行やスポーツ行事への参加によって、気持ちを向上させていったが、啄木はというと、下降を避けるべく恋愛に耽る。
そうしたなか啄木にはげしい衝撃をあたえたのが、六月十五日に起きた作家川上眉山の自殺であった。眉山は四十歳、かつて尾崎紅葉らの硯友社同人の美文家として名を馳せ、その後は社会性をつよめた作品を著していたが、近年はあまり目立たなかった。

昨日の新聞にあつた、一昨暁剃刀で自殺した川上眉山氏の事について考へた。近来の最も深酷な悲劇である。知らず知らず時代に取残されてゆく創作家の末路、それを自覚した幻滅の悲痛！　ああ、その悲痛と生活の迫害と、その二つが此詩人的であつた小説家眉山を殺したのだ。自ら剃刀をとつて喉をきる。何といふいたましい事であらう。創作の事にたづさはつてゐる人には、よそ事とは思へない。

（「日記」６月17日）

啄木がどの新聞をみたのかはわからないが、東京朝日新聞は「原因は酒乱ならん」と推測し、国民新聞では、一般には酒癖が問題としながらも、真相は不明と報じている。

東京朝日新聞、六月十七日付記事「眉山自殺の真因」には、自殺の理由について、性質や作家としての行き悩みといった内面の問題以外に、「生活難」があったとして、眉山の収入や支出について詳しく分析している。

それによると「眉山氏の原稿料は書肆によりて差あれど、一枚約一円にして近来一円廿銭となしたるあり、又新聞小説は一回重に四円以下」であるとし、明治三十五年（一九〇二）以降の原稿料や版権等の収入を総額一八五三円二八銭と割り出した。月額に換算すると二十三円四五銭にすぎず、これに二六新報社時代の給料や新聞小説の稿料を加えたとしても月額五十円に届かない。一方で支出は、ここ四、五カ月間だと、月額八十五円と試算している。平均して毎月三十五円もの不足にもかかわらず、眉山はこれまで甚だしい不払いをしたことがなかったという。このことを記者は大いに不思議がり、眉山自殺の真因はこの謎のうちにあるのではないかと推測している。

眉山の自殺の真因はともかく、職業作家の場合、よほどでなければ生活できないことがわかる。啄木の場合、原稿用紙一枚あたり五十銭を見込んでいたが、のちに東京毎日新聞で連載された「鳥影」では、一日分あたり一円で、全五十九回なので総額五十九円であった。これを原稿用紙に換算すると、一枚につき二十二銭にしかならない（山本芳明『カネと文学』）。

眉山の自殺は他人ごとではないどころか、おのれの将来の暗示にほかならず、この頃より啄木は、死の誘惑に取り憑かれる。

好色漢吉井勇

失意の啄木は、もっぱら女性関係のことで気を紛らす。ここで大きな役割を果たしたのが耽美派の歌人として知られる吉井勇である。

すでに何度も登場している吉井は、明治十九年（一八八六）十月生まれ、薩摩藩士で西郷隆盛の親友として幕末維新期に活躍した吉井友実を祖父にもつ。伯爵家の御曹司である。

「村の貴族」の啄木に対し、吉井は正真正銘の貴族＝華族である。華族の嫡子に生まれながら学習院には通わず中学校を転々とし、当時は早稲田大学高等予科に在籍していた。めぐまれた環境に育ちながら、学業に不熱心で、女性にかまけてばかりという「デカダン」ぶり、にもかかわらず豊かな詩才の持ち主である吉井に、啄木はすっかり魅了される。

この頃、啄木は吉井について、「『新詩社に誰も畏るべきものはないが、畏るべきものは彼だ。どうも僕は彼に圧迫を感じてしかたがない』と口惜しがった」という（『新訂版石川啄木』）。自信家の啄木らしく、吉井への羨望は次第に悔しさや、ひそかな対抗心となっていった。吉井の克服は、啄木の心の中で、ひとつの目標となっていく。

六月後半、啄木は吉井と再三会って、歌の話に興じたが、話題の大半は女性絡みであった。なかでも吉井の豊富な女性遍歴は、啄木を圧倒した。この月、啄木は深い仲となっていた植木貞子との関係を解消しようとするが、筆者はこの行動の背後に吉井の影響を感じる。どういうことかというと、奔放な吉井の女性遍歴にくらべ、植木貞子との恋愛はいかにも矮小に思え、嫌になってしまったのではないか。啄木日記は赤裸々な一方で、プライドが傷つくこと、都合の悪い内容は巧妙に筆を避けているので、貞子との関係もよくわからないことが多い。右はあくまで筆者の推測である。

貞子との「自然」な関係であるが、日記中で別れ話が確認できるのは、二十日条である。**「九時頃貞子さんが来た。かへりに送つてゆかぬかと云つたが、予は行かなかつた。窓の下を泣いてゆく声をきいた。我を欺くには冷酷が必要だ！　貞子さんに最後の手紙をかいて寝る」**。

後日、苜蓿社の吉野白村に宛てた書簡のなかで「そら、いつか話した筈の新詩社の芝居の時の女、植木といふ女、そいつが非常な熱度で僕を恋したけれど、僕は、初め二三日、イヤ一週間位はイヤな気もしなかつたけれど、矢張イヤだつた、些とも面白くもなければ（？）うれしくもなかつた。その女は何も知らないからだ、僕といふ「男」に恋したので、僕自身を恋したのではない！」「そいつはもう来なくなつたよ、イヤ来ない様にしたよ、可愛相だけれど、イヤなのはイヤだ」と一方的に切り捨てている（6月27日付吉野章三宛『全集』七）。

とはいえ、都合よく貞子が別れ話に応じるはずもなく、拗れた関係がしばらくつづく。

恋逍遥

啄木は、吉井らと女性絡みの話題に耽るだけでなく、理想の恋愛をもとめ、行動にも出ている。それが

「すき歩き」である。具体的には、街頭で好みの女性を目で追い、ときにつけ回すというもので、『日本国語大辞典』によれば「すきありき（好歩）」は名詞で、その意味は、色好みをしてあちこち動きまわることである。

最初の「すき歩き」は、六月十九日に吉井と一緒に本郷三丁目でおこなっている。

> 八時頃、二人で出かけて大学の前の夜店を見てあるく。手踊人形といふものを二人で買つた。その時、僕ら二人と外に二人の女が立つてゐた。一人は美しい人であつた。僕らは、これをしもすき歩きと云ふのだと云ひながら、其あとをつけてあるいた。人込の中に隠れつ現れつする白地の単衣の人！とある絵葉書店の前で金田一君に逢ひ、三人であとをつけた。菊坂町へ曲つて、坂の下まで来たが、女共は足を早めて、真直に行つて了つた。吉井君と別れて、女を暗の中に見送つた。それから金田一君とまた通りへ出て歩いたが、もう格好なのは見あたらなかつた。帰つたのは十時。
>
> （「日記」6月19日）

現代ならストーカーを連想させる行動だが、古語に「すきありき」があるように、必ずしも啄木の独創ではない。この時代の青年にとっては、異性に対する行動の一つとして類型化できるもののようである。正宗白鳥は「私が小石川の素人下宿にゐた頃、同じ下宿にゐた二三の右翼的学生は、夕餐後散歩に出てくると、よく往来で喧嘩をして来た。それから、「おい、女狩りに行つて来ようか。」と、互ひに呼合つて出掛けることもあつた。必ずしも女に悪戯をするとか、からかふとか云ふのではなく、たゞ、あちらこちらと、顔形のいゝ後姿のいゝ若い女を見つけては、あとを随けて行く程度のものであつたらしい」（「東京の五十年」）と回想する。名称こそ「女狩り」と凄まじいが、行動自体は「すき歩き」そのものである。

啄木は、六月十九日以降、この月は二十日・二十二日・二十五日・二十六日・二十八日となかりの頻度で、単独あるいは複数で「すき歩き」を実行している。ほかにも三十日には吉井勇・並木翡翠とともに、吉井が住居としていた芝公園五号地三の吉井事務所（住友不動産御成門タワー）に出かけたが、帰りの電車で「すき歩き」ならぬ「すき乗り」をしようと車内で好みの女性を物色している。**「中門前町から電車。すきあるきではなくて、すき乗りだと笑つた。不幸にして若い女は一人も乗合せなかつたが、銀座で五十位の酒臭い福相の男が乗つた」**。「すき乗り」はどうやら失敗らしい。

田山花袋『少女病』では、主人公杉田古城が通勤電車内で、好みの少女たちを対象に「すき乗り」らしいこともしている。「無言の自然を見るよりも活きた人間を眺めるのは困難なもので、余りしげ〳〵見て、悟られてはといふ気があるので、傍を見て居るやうな顔をして、そして電光(いなづま)のやうに早く鋭くながし眼を遣ふ」。杉田古城は相当な練達の士である。

啄木流恋愛論

二十六日、啄木は、吉井と平野萬里の三人で**「動坂の平野君の宅へ行つた。途中駒込の一寺で玉野花子さんの墓に詣でた」**。平野宅で三人は**「すきずきしい話」**に興じている。平野は**「処女の恋は皆同じだからイヤだ、三十位の人――わかつた人を欲しい」**、吉井は**「何でもいいから恋してくれる人を沢山ほしい」**と、互いに好き勝手なことをいっている。

吉井はともかく、平野はこの年一月一四日に夫人で新詩社の女流歌人玉野花子を肺病で亡くしていた。彼女の墓参りをした直後の発言なので驚かされる。

花子は平野より三歳上で再婚であった。平野は妻を亡くした後も愛情は薄らぐことなく、その思いを

『明星』で披露していた。そのことを踏まえると、一見生々しい平野の発言も、根底には花子に対するつよい執着が感じられ、却って痛ましい。

啄木はというと、吉井への逆張り的対抗心と、情熱的な貞子からの逃避のあらわれか、**「浅い恋、仄かな恋をほしい」**、さらに**「結婚するときまつてる人に一寸思はれて見たい様な気がする」**と、函館弥生尋常小学校時代の同僚、橘智恵子のことを思い出したような妄想を語っている。

当時の複雑かつ屈折した恋愛観を啄木は、苜蓿社同人の吉野白村に宛てた書簡のなかで明かしている（6月27日付吉野章三宛『全集』七）。それによると恋には「実恋」と「浮気」の二種類があり、今問題にしているのは後者だという。「恋には歓楽と苦痛と二つが一緒になつてゐる。然し浮気はたゞ面白いばかりだ、徹頭徹尾面白いばかりで、些とも苦しみなんかない。だから浮気ほどよいものはない」という。「だから、どんな女でも、女であつてそして美しければ可いのだ」と。

「すき歩き」とは「浮気」の実践形態である。その極意は「途中で美人に逢ふ、話もしなければ握手もしない、それでもうれしがつて友人に惚ける、何と無邪気でいいじやないか、そしてゐるうちに恋しくなつてくる奴もあるよ、益々面白くなるぢやないか」。

貞子とは「実恋」になるが、「恋は面倒だし、且つ僕はもうホントウの恋は出来ないらしい、だから浮気に限る」という。

そもそもの問題として妻帯の事実が抜けており、今日の観点からみれば理解しにくい思考と行動の恋愛論だが、恋愛に関する概念や感覚が渾沌としていたこの時代、恋愛をめぐって啄木は、さまざまな実践を繰り返していた。小説をテクストとした研究とちがって、カオスな状況の提示ばかりだが、啄木にかぎらず、この時代の青年たちの多くは、さまざまに矛盾した思考と行動のなかに日常をすごしていたのだろう。

絶望の中の奇跡

「すき歩き」に興じていても、啄木の心中は不安が充満している。

そうしたなか、川上眉山の自殺につづいて六月二十三日には国木田独歩が結核により死去した。啄木は二十四日、東大赤門前を歩いていたときに、知人より訃報を教えられた。相次ぐ文士の死に動揺を抑えられない。**「明治の創作家中の真の作家――あらゆる意味に於て真の作家であつた独歩氏は遂に死んだのか！」**

二十五日には、『新小説』編集主任後藤宙外から**「春陽堂から十年来の不景気のため稿料掲載日まで待つてくれといふ葉書」**が届く。最後の頼みは博文館の長谷川天渓だが、こちらも二十七日に**「今月はどうしても原稿料出せぬといふ手紙」**が届く。万事休す。

噫、死なうか、田舎にかくれようか、はたまたモツト苦闘をつづけようか、？　この夜の思ひはこれであつた。何日になつたら自分は、心安く其日一日を送ることが出来るであらう。安き一日!? 死んだ独歩氏は幸福である。自ら殺した眉山氏も、死せむとして死しえざる者よりは幸福である。
作物と飢餓、その二つの一つ！
誰か知らぬまに殺してくれぬであらうか！　寝てる間に！

（「日記」6月27日）

啄木の文筆力は、風景や心象の一瞬を活写することには傑出していたが、小説のような長く継続的な文章になると精彩を欠いた。それでも当時、新聞や雑誌等に掲載された他の作品にくらべ、特段遜色があったわけではない。

啄木の場合、文壇での足場となる新詩社の衰退、作品発表の場や人脈が築けなかったという意味での学歴の不足など、環境的に不利な点が多かった。

小説家啄木の挫折は、かれ自身の計画性のなさや、小説のまずさなど個人的な資質に原因をもとめられがちだが、かれを取り巻く経済状況、社会環境がきびしかったことも無視できない。

明治四十年（一九〇七）一月、日露戦後恐慌の端緒となる東京株式取引所で株価が暴落し、さらに世界恐慌の波が押し寄せ、日本経済が深刻な不況に陥っていたことはさきに述べた。この状況に照らしたとき、啄木が文学的運命を試験すべく上京した時期は、タイミング的に最悪だった。しかも不況は一時的なものではなかった。日本経済が長期不況を脱するのは、第一次世界大戦勃発後の大正四年（一九一五）である。

釧路新聞時代に、不景気と増税の関係を扱った論説「予算案通過と国民の覚悟」で健筆を振るった割りには、我が身のことにはあまりに無頓着であった。

やがてなにを書いても原稿料を得られない一因に不況があると気づき、「僕は運の悪い時に上京したるものの如し」と愚痴をこぼすことになるが、それでも「但しこの秋からは少しづつ景気引立つならむとの事」（9月9日藤田武治・高田治作宛『全集』七）と、楽観主義を抜け切れていない。

作家をめぐる経済環境が劇的に改善されるのは大正八年（一九一九）頃である。出版界は活況を呈し、新雑誌が次々に発刊され、出版社は競って作家に原稿をもとめた。その結果、多くの作家が原稿料と印税で生活できるようになった。文士と生活をめぐる問題に関しては、山本芳明『カネと文学』に詳しい。

死後、不朽の人気と名声を獲得した啄木だが、生活者としては早く生まれすぎた。それ以上に早く逝きすぎた。

絶望の底に呻吟する啄木であったが、気づかぬ間に奇跡を起こしていた。

昨夜枕についてから歌を作り初めたが、興が刻一刻に熾んになつて来て、遂々徹夜。夜があけて、本妙寺の墓地を散歩して来た。たとへるものもなく心地がすがすがしい。興はまだつづいて、午前十一時頃まで作つたもの、昨夜百二十首の余。

そのうち百許り与謝野氏に送つた。（「日記」6月24日）

頭がすつかり歌になつてゐる。何を見ても何を聞いても皆歌だ。この日夜の二時までに百四十一首作つた。父母のことを歌ふ歌約四十首、泣きながら。（「日記」6月25日）

全力で取り組んだ小説が、まったく売れない一方、金にはならないと抑え込んでいた歌が、二十三日深夜から二十五日にかけて、滾々と溢れ出てきたのである。「ふと歌を作ってみたい様な気がしたので、布団の上に寝ころんでゐて気紛れに百四十首許り書いた」（7月21日付菅原芳子宛、啄木記念館）という。

これらは歌稿ノート「暇ナ時」（『全集』二）に書き留められた。このなかには、生涯の代表作として、あまりにも有名な「東海の小島の磯の白砂に我泣きぬれて蟹と戯る」「たはむれに母を背負ひてその余り軽きに泣きて三歩あるかず」も含まれる。

啄木が次々と心に浮かぶ歌をノートに書き付けた六月二十三日から二十五日は、日本文学史にとって歴史的な瞬間であった。皮肉なことだが、啄木本人は、おのれが偉業を成し遂げたことにまったく無自覚であった。

こうして期待と不安、歓喜と絶望が目まぐるしく交錯するうちに、啄木の六月は暮れていった。

七月

❏弥彦

政変勃発

学年末試験を終えた大学生にとって、七月は夏休み期間である。

弥彦は、月の上旬は主として東京で、中旬以降は神奈川県片瀬（藤沢市）でおこなわれる学習院の水泳合宿を手伝いながら愉快にすごしている。

一日、千葉県布佐から帰京した弥彦は、**「夕食後牧野さんの人たちと錦輝館に行く。学習院の人も大勢来れり」**という。「牧野さんの人たち」とは、義兄の牧野伸顕文部大臣と実姉峰子夫妻の家族である。

錦輝館とは神田区錦町（神田税務署付近）にあった多目的集会場で、わが国最古の映画会社のひとつである横田商会により活動写真が定期上映されていた。当日は「凱旋将軍」「いもりの黒焼」など滑稽物を中心に全十三編が上映された。

六月二十六日付『読売新聞』「錦輝館を観る」では、「第八が凱旋将軍の題目にて羅馬時代の劇で趣味深く、第九が酔漢の軽業これまた臍の皮を捻（よら）せ、第十がいもりの黒焼は大阪俄を写した訳なく笑止（おかし）いもの」などと各作品を紹介している。なお、右記事を書いた記者は、今回の上演作品を引き合いに、現今の活動写真は、欧米の作品ばかりでなじみが薄く、説明がないとわかりにくいとか、レディファーストなどの慣習が日本人の感覚にそぐわないなどと批判を繰り広げており、当時の活動写真をめぐる世相や世論をうかがううえで興味深い。

しかしながら、この時期の錦輝館で歴史的に注目されるのは、六月二十二日に起きた「赤旗事件」の舞台となったことであろう。当日、錦輝館では社会主義者でジャーナリストの山口孤剣の出獄歓迎会が開かれた。その際、荒畑寒村・大杉栄ら一部参加者が「無政府共産」などと記した旗を翻しながら館外に飛び出し、居合わせた警官ともみあいとなった。この騒動により、多数の参加者が検挙された。

事件は大々的に報じられ、反響を生んだ。元老山県有朋は、かねてより西園寺公望内閣の社会主義取り締まり方針が手ぬるいと批判していたが、事件の余韻も冷めやらぬ七月四日に突如、内閣が総辞職したため、元老による圧力や政権打倒の陰謀が取り沙汰された。

弥彦の場合、義兄が入閣しており、気になってもおかしくないはずだが、日記には政治的な情報はまったくあらわれない。典型的なノンポリといってよい。

むしろ啄木の方が、時局に敏感に反応している。三日、内閣総辞職の新聞号外が巷に流れたが、啄木は**「此夕、時事新報は号外を出して、西園寺首相病気のため、内閣総辞職を報じた」**と記し、**「元老の圧迫の結果であらう」**と推測している。

数カ月前までは新聞記者であり、個人的にも社会主義に関心を示すなど、政治的鋭敏さを感じさせる啄木だが、前月の赤旗事件にはなにも反応していない。

弥彦にもどる。四日の土曜日には横浜に出かけている。目的は米国の独立記念日を記念して横浜公園にておこなわれた、在住外国人の野球チーム「横浜アマチュア倶楽部」（横浜外人団）と学習院の野球試合を観戦するためである。六月の章でみたとおり、前日に千葉県銚子からとんぼ返りしたばかりである。

功力靖雄『日本野球史』によれば、明治前期「横浜公園では外人が優秀な用具、立派なユニフォームで鮮やかなプレーを見せ」ていたという。はじめは日本人のチームは歯が立たなかったが、明治四十年代になると、実力差はほとんど拮抗していた。

学習院チームは選手が九人そろわず、ひきつづいて試合をおこなう横浜商業学校（横浜市立大学の前身）より二名を借りて試合に臨んでいる。「**一同七人。二時より横浜商業の人二人をかりて、アマチューと五回 match をなす。一対六にて敗撲す**」。学習院チームはアマチュア倶楽部に完敗であった。弥彦は、ひきつづきアマチュア倶楽部対横浜商業学校の試合を観戦してから帰宅している。試合は延長戦の末、アマチュア倶楽部が勝利している。

翌五日は「**二時より母上、兄上などゝ東京座に夏木立を見に行**」っている。東京座は、神田区三崎町にあった坪数三三五坪の劇場で（『千代田区史』中巻）、水難救助会の寄付興行が催されていた。演目は佐藤紅緑作「夏木立」と、小島孤舟作「浪がしら」である（『東京朝日新聞』6月25日）。

羽田の鴨場でゴイサギ猟

六日は、甥で牧野伸顕の長男伸太郎（伸通）とともに、旧福岡藩主黒田侯爵家が所有する「羽田鴨場」に出かけている。

曇り。十時頃より伸太郎と二人にて羽田の黒田氏の鴨場に行く。弥吉上、黒田氏、二條氏、裏松氏なども来れり。ゴヨ鷺の群り居る事幾千なるを知らず。忽ちにして打ち取る事十数羽。余りに多くして、且つ子を持てるを見て、遂に打つに忍びずしてやむ。子三羽取り来りて養ふ。三時半頃羽田を出でゝ帰路につく。六時頃帰る。夕食後牧野さんに行き、十時頃ねる。

（「日記」7月6日）

羽田には鴨場に隣接して京浜電気鉄道（京浜急行電鉄）が所有する広大な土地があり、翌年三月には運動場が開設される。明治四十四年（一九一一）十一月には、この地で日本初のオリンピック代表選手の予選会が開かれ、弥彦は陸上短距離の代表選手に選ばれることになるのだが、この時点では想像もおよばない。因縁深い羽田の地だが、鴨場・運動場とも、現在は羽田空港の敷地の一部となっている。

『羽田鴨場の記』によれば、鴨場は方形で、面積は約一七万四〇〇〇坪あった。中央には四二〇〇坪の大きな池があり、池中には二つの小島があった。この池からは「引堀」といって「長さ大凡八間、巾一間弱の小溝十七条」が「十間位の間隔を以て四方に分出」されていた。猟は主にこの引堀でおこなわれた。夏の獲物はカモではなく、ゴイサギである。

ゴイサギ猟には牧野伸太郎のほか、兄弥吉も参加している。弥彦の交友関係からみて、黒田とは長敬とみてよい。同人は旧福岡藩主黒田侯爵家の出身で、分家の旧秋月藩主黒田子爵家の養子に入っていた。運動が得意で、陸上部・野球部で弥彦の先輩であった。おなじく交友関係から、二條は邦基、裏松は友光とみてよい。両家とも旧公家である。

ゴイサギ猟は『羽田鴨場の記』によると「先づ水門より溜の水を海中に流出せしめて、引堀内の水を浅くし、其内へ竹を渡して止まり木となし、ゴヰサギの来るを待つ、かくてゴヰサギは自然水浅き引堀内へ進入して、前に渡したる竹に止まり、魚の来るを待ち居るを以て、此時鴨猟の方法と同様にたまを以て夾みとる」のだという。

「たま」とは伝統的な鴨猟で用いる大きな網である。この日、弥彦らは引堀に群集するゴイサギをたちまち十数羽を獲っている。あまりに多いのと、そのなかにヒナ鳥もいるのをみて忍びなくなって、途中で止めている。結局三羽のヒナを連れ帰って飼うことにしている。

翌日、弥彦は**「七時起床。ゴイ鷺にえ〔餌〕をやり」**、それから大学に行き、憲法試験の追試験について尋ねたが可否未詳であった。九日になって**「朝大学にゆき試験の事聞きしに、受けられざる由、やむなく直に帰る」**。万事休す。だがそのわりには、あまり落ち込んだ様子はみられない。なかば諦めていたのだろう。弥彦の気持ちはすでに、まもなく神奈川県片瀬ではじまる学習院の游泳演習に向いていた。かれは助手として演習を手伝うことになる。

海水浴の普及

学習院では毎年夏に、合宿による游泳演習をおこなっていた。『学習院史』『学習院百年史』によると、はじまりは明治十三年（一八八〇）で、隅田川下流の両国の中州でおこなわれた。二十四年からは場所を神奈川県片瀬に移している。

日程は七月中旬より三週間ないし四週間で、前期・後期にわかれていた。前期は高等学科・中等学科、初等学科六年級の学生および五年級の志願者にて、後期は高等学科学生および中等学科六年級の志願者でおこなわれた。参加者は小堀流踏水術第七代師範小堀平七の指導のもと、古式泳法や遠泳を学んだ。

現在では一般化している海水浴だが、これが日本で普及するのは近代以降である。近世以前、漁撈を除けば人びとが海に入ることは稀であった。一部の地域では病気療養や健康増進のために海水に浸かることはあり、「潮湯治」などと呼ばれた。

学習院游泳演習

西洋文化としての海水浴は、日本に滞在する外国人によって持ち込まれ、明治十七年（一八八四）には長与専斎が鎌倉由比ヶ浜に、翌年には松本順が大磯照ヶ崎海岸に海水浴場を開設した。当初の海水浴は、スポーツというより健康療法的な意味合いがつよかったが、時代とともにレクリエーションやスポーツ的な要素が増していく。

明治二十四年に作られた学習院「江ノ島近海游泳施行ノ趣意」には、「游泳ハ各人習得スヘキ必要ノ術ナルノミナラス、身体ヲシテ更ニ益々健康ナラシムルモノナリ。就中浄澄ナル潮水ニ於テ之ヲ行フトキハ、其応験著シキハ殊更言ヲ要セス」とあり（『学習院百年史』第一編）、過渡期らしい思想がよくあらわれている。

明治期における海水浴の普及には、学校が大きな役割を果たした。学習院以外にも、慶応義塾は神奈川県葉山、東京帝国大学は静岡県戸田、東京高等師範学校・東京高等商業学校（一橋大学）・早稲田大学は千葉県房総海岸に、それぞれ水練場を開設している（畔柳昭雄『海水浴と日本人』）。

日記にもどると、十日、弥彦は現地に先乗りすべく、高等学科在学中の仲間である**「山沢（鉄五郎）、伊達（九郎）、榊（邦彦）外十五名と片瀬に向ふ」**。

翌十一日は、江の島の西浦に海軍の水雷艇「白鷹」が着いたことから、伊達らとともに見物に行っている。そうしたところ、**「横須賀迄乗らぬかと故直に乗る。二時西浦出発。一時四十分間にして田浦港に着す」**。水雷艇といっても軍艦であり、現在からみれば考えられないほどに大らかな話である。誘われるまま水雷艇で三浦半島を一周し、上陸後は田浦駅から鉄道（横須賀線）に乗り、鎌倉にて静養中の弟弥十二を見舞い、午後八時頃に片瀬にもどっている。

学習院游泳演習と天幕生活

学習院が游泳演習をおこなう片瀬は、当時は鎌倉郡川口村といった。片瀬は近代以降、海水浴場をそなえた海浜別荘地として発展し、毎年夏になると、東京をはじめとする海水浴客や諸学校の游泳合宿参加者などで集まった。

片瀬の賑わいは、大浜六郎『江のしま物語』が、次のように伝える。「近年片瀬には別荘が増して来た、然し鎌倉に比較すると知れた者である、片瀬へ避暑する者は、多く学生である。学習院などは規模も此の辺では目立つ程大きい寄宿舎を常設してあつて、暑中のみ使用して居る。尚ほ他の東京の諸学校に游泳場を設置するので、夏季の片瀬近傍は恰度、東京の神田本郷の観がする。商家も農家も寺院も、夏季は学生を迎へる為に、幾室かの空間を備へて居る」。

いよいよ十二日から游泳演習がはじまる。

晴。十時着の学習院学生を迎ひに藤沢にゆき、十一時頃帰る。午後二時より游泳にゆく。帰りて相撲をなす。山口氏の宿る処なりしも、幕舎の方に助手の名義を以て宿る事をゆるさる。十時頃床に入る。

（「日記」7月12日）

弥彦の立場は游泳演習の助手である。助手の役割については里見弴（山内英夫）の小説『潮風』の一節が参考になる。里見は弥彦より二歳下、作中で游泳演習助手をつとめる主人公直衛は、里見本人がモデルである。弥彦の役割も、ほぼこれとおなじとみてよい。

江ノ島葉山間の遠泳を、学習院の游泳部で試みた最初に年に先頭を勤めたほどで、直衛は得業生のなかでも、――殊に飛び込みや浮身や潜りなどの業事にかけては、先輩たちをも圧するほどの技倆をもつてゐたので、学校をすませて了つた今年からは、ほんの包み金ではあるが、兎に角報酬をとる游泳部助手として、本来なら毎日片瀬へ出勤しなければならない身の上だつた。

「幕舎」とはテント（天幕）のことで、この年は片瀬の浜に二十五張が設置された。演習参加者は、以前は一〇〇〜一三〇名程度であったが、近年は一五〇〜一七〇名と増加が著しく、テントの設置は、演習参加者の増加により游泳寄宿舎だけでは収容できなくなったことによる。

テントの採用は、乃木希典院長の意向が大きく与っていた。乃木にとって游泳は、「精神の修養を主眼」におくもので、合宿の目的は「数月に亘る休暇中、身心の休養を名として、動もすれば放縦に陥り易い青年学生をして、紀律あり節制ある起居に慣れしめ、簡易生活、共同生活の趣味を会得せしめ、知らず識らずの中に自営、自治、克己の精神を振作涵養せしむる」ことにあった。游泳にかぎらず、乃木は運動の目的を精神修養に置いていた。教育者として乃木は学生にもとめるだけでなく、自身もテントで起臥し、「簡易生活の模範を示」した（『乃木院長記念録』）。弥彦も、助手の名義でテントに宿泊している。

片瀬での天幕

片瀬での日々

十三日より演習が本格的にはじまる。游泳は午前と午後にそれぞれおこなわれるが、この日の午前には「桜朶丸（おうだ）」の進水式が挙行されている。

晴。午前は桜朶丸進水式。後直に其舟に乗り、鵜島にゆく。昼食は海岸にてなす。午後一時より游泳なり。三時頃より中年舎にゆきて相撲をなす。夕食後江之島方面を散歩す。九時床に入る。

（「日記」7月13日）

桜朶丸は、和船を漕ぐ練習用に乃木院長が寄贈した舟で、その名は学習院の徽章の桜と、乃木の名前にちなむ。弥彦は早速乗船し、鵜島に出かけている。

鵜島は江の島の南側にある岩礁である。昭和三十九年（一九六四）に江の島ヨットハーバーが設けられ、そのために島の東側一帯の岩礁が埋め立てられたことで、現在はほとんど陸続きになっている。弥彦が遊んだ頃の様子は『江のしま物語』に、「聖天島の南側で眺めやる二町程の南の沖に、平坦な岩の岩礁が見える、干潮の時は能く見えるが、満潮になると全く隠れて了ふ、沖から寄せる浪が此の暗礁に当つて砕ける、そして白沫が奔馬のやふに岩上に駈け登る、而して一度に流れ去る時は真の玉簾のやうである。夕陽に照らされる此の浪の景は云ふべからざる壮観である」と描かれる。

十四日は「**晴。午前中鵜島行く。海岸にて中食す。午後一時より一時間程予習。三時頃より中年舎に行き角力す。夕食後鵠沼にて中学対高等科の野球 match あり。中学の勝となる**」、十五日は「**曇後晴。午前中初等科の生徒と共鵜島に行く。海岸にて中食す。午後より一時間程游泳あり。夕食後乃木閣下の旅順行きの話あり。一時間程かゝる**」といった具合に、連日、游泳を中心に、江の島に出かけるなど、レクリエーション関係の記事がつづく。

夕食後の談話をはじめ、乃木院長が積極的に参加するのも游泳演習の特色であった。さきの『潮風』にもそうした乃木の風貌の一端が描かれる。泳ぎは不得意とされる乃木だが、学生たちと等しく褌姿で游泳演習に参加している。

　みんなもう褌一つになつて、水にはいる合図の喇叭の鳴るのを待つてゐた。直衛も、葦簀張のなかで、裸になつて出て来ると、隣の、教官の脱衣所に、前の日までは来てゐなかつた乃木大将がゐた。恰度褌をしめかけてゐたところだつたが、端を顎の下に抑へながら、上目づかひにヒヨイとこつちを見た目に行き会つて了つたので、直衛は、直立不動の姿勢をとり、注目、上体十五度前傾の礼をした。将軍は、毎日御苦労だ、とかなんとか言つたらしかつかたが、下顎が動かせないので、聞きとれなかつた。

明治41年游泳演習参加者集合写真

強風雨の襲来

十六日から十七日にかけて、湘南地方は強風雨に見舞われた。七月二十日付『官報』の「観象」欄の七月十七日「天気概況」によれば、「昨朝本邦西部ニ在リタル稍々深キ低気圧ハ東進シテ本邦中部ヲ横キリ、今朝本邦東海岸附近ニ在リ」「昨日本邦沿岸地ニ於テハ風力強ク、強風ニ達シタル処尠カラス、殊ニ南東海岸ニ於テハ風力烈風ニ達シタル処アリ」であった。

　弥彦は、中等学科在学中の甥秋月種人が病気になったため、十六日夜、同人を寄宿舎に見舞い、その後、宿舎のテントにもどろうとしたところ、**「強雨、強風。夜暗くして尺勺を解せず。帰りて見れば天幕は倒れんとし、或るはもる物あり。皆大めんくらい」**であった。強風雨に見舞われ、テントには大きな被害が出ていた。

この惨状には天幕生活を奨励した乃木もお手上げだったようで、「雨降らばふれ風吹かばふけとも云へぬ天幕かな」と嘆きの歌を詠んでいる（『乃木希典日記』）。乃木というと精神主義で堅苦しい印象だが、実際にはかなり茶目なところがあった。茶目といったが、当人は大真面目である。それがかえって得も言われぬ人格的魅力となっていた。

明けて十七日は**「昨日雨に未だやまずして、風時に雨を混ず」**ることから、**「午前游泳なく、鵠沼の浜にて運動会あり」**。午後になってから游泳が再開された。その後、弥彦は**「桜朶丸にて江之島を廻り、稚児淵にて上りサヾイを食ふ。五時頃帰る」**。夕食後には**「中学対高等科の match あり。中年舎の勝ち」**と、愉快にすごしている。

弥彦がサザエを食べた稚児ヶ淵は、江の島の西南端にある海食台地である。『江のしま物語』では「此の巖頭に立つて見渡すと、富士が雲表に聳えて、豆相の諸山を睨下して居る、茅ヶ崎、鵠沼は殆ど活画である、烏帽子岩の如きは成程面白い、大島は無論の事、三浦半島迄展望出来る」と絶景を讃える。美しい眺望は、現在もほとんど変わらない。

十八日、弥彦は合宿をいったんはなれ、病気の甥種人を連れて帰京する。片瀬にもどったのは二十四日で、この日は**「午前游泳の時、タコを取る。午後游泳後山沢と桜朶丸にて鵜島に行く。夕食後乃木さんのソン氏〔孫子〕の兵法の話のあり」**。翌日には**「晴。午前游泳後鵜島にゆく。午後ヂフテリア予防血清注射をなす。夕食後豊島海戦の紀念祭をなす。衣笠のウタイ〔謡い〕、三好琵琶、竹宮などの芝居など、種々の余興あり」**。乃木の講話にジフテリアの予防接種、日清戦争の豊島沖海戦の記念祭での学生による各種余興など興味深い内容が相次ぐが、さきへ進む。

七月末には演習も総仕上げに入り、二十八日に泳いで江の島を一周する**「江ノ島週游」**がおこなわれた。二十九日には**「午後、游泳後一同にて浜辺にて写真を写す」**。この時撮影されたのが、乃木院長時代の游泳演習を伝える写真として、最も有名な一枚である（二〇〇頁参照）。乃木は桜栄丸に腰掛け、その周囲を小堀師範をはじめ教員や学生たちが取り囲んでいる。乃木の四列うしろ、やや右側に弥彦も写っている。その後も葉山・鎌倉までの遠泳が実施される予定だったが、波が高く、風も強かったため中止された。こうしてこの年の游泳演習は終わり、学生たちは八月一日に帰京した。弥彦はかれらを見送った後も、しばらく湘南にとどまる。

❏ 啄 木

好転への期待

啄木の六月は期待した小説の売り込みが不調で、悶々のうちに終わった。七月は心機一転、新しい月のはじまりを期待とともに迎えようとしている。

与謝野氏から振替貯金で五円届いた。六月に少し沢山明星に書いたからであらう。起きたのは十時頃、火鉢の火を吹いてゐると、何処かしら火な臭い。四辺を見ても火が見えない。懐から煙が出てゐた。火花が飛んで入つたのであらう。
懐中の火！　懐中が燃えあがるといふ前兆だと可いと思つた。

（「日記」7月1日）

アクシデントも幸運の前兆ととらえようとするなど、至って前向きである。啄木が気持ちを高揚させた背景としては、懐具合がよくなったことが挙げられる。前月二十八日に金田一に二十銭借りて千駄ヶ谷に与謝野夫妻をたずねたところが、その後「与謝野氏から「本日振替貯金で少し送り候、二三日中にお手許に届くべく候」といふ葉書」が届いた。そしてこの日には、寛より振替貯金が届いた。

与謝野夫妻とて『明星』の売上不振から生活は楽でなかったはずだが、啄木に会って苦衷を見聞きすると放っておけなくなったのだろう。啄木には人に援助させてしまう不思議な能力が備わっているようである。寛にしても、さすがは文壇の雄、明星派を率いただけあって、面倒見がよい。啄木も文壇での処世から寛や新詩社から距離をおこうとしながら、甘えつづけている。

それにしても、二日前に「死にたくなつた」（6月29日）と呻吟していた人物と同一とは思えない高揚感だが、精神の起伏が大きいこと自体、危険である。

実際、気分を盛り上げても現実は変わらず、「此日も終日の雨、頭がよくない。イヤな日だ。寝てみたり、起きてみたり。嘗て三枚許り書きかけておいた「朝」を書直してみたが、イヤになつた。夜になつてから、「刑余の叔父」を書き初めて六枚許りかいた」と陰鬱である。

翌二日も「今日も雨、イヤな日」だったが、大家とのあいだで下宿代の支払いを猶予してもらう話がまとまるなど、よいこともあった。余裕ができた途端、「三時頃出かけて、昨日来た五円を郵便局で受取つて、「趣味」の七月号、辞林、英和辞書、"Favourite poems"を借〔買〕つて来た」。さらに質入れしてあった「紋付の羽織を質屋から受けて来た」。

執筆の不調から逃避するように、あちこち出かけている。三日には麹町区隼町に蒲原有明、四日には千駄木森鷗外邸での観潮楼歌会、五日には森川町の正宗白鳥をたずねている。

有明との対面場面を「取留のない気焰、詩を読むことをイヤになつたと言つた」、白鳥は「随分ブッキラ棒であるとは人からも聞いてゐた。入つて行つても、ロクに辞儀もせぬ。茶を汲んでも黙つて出したきり、……それが頗る我が意を得た。何処までもブッキラ棒な話と話。二時半帰る時は、然し、額を畳に推しつける様にして、宛然バッタの如く叩頭をした。玄関まで送つて来た」と記すなど、観察眼は依然冴えている。

また三日には「夜、また電車の旅。京橋へ行つた。不快、いふ許りなき不快を抱いて帰つた」とある。京橋区大鋸町の植木貞子をたずねたと思われる。

桂内閣へ入閣の幻

与謝野寛からもらった五円も尽き、六日からは筍生活がはじまる。「此間古本屋から買つて来たFavourite poems を六十銭で売つて、煙草を買つて来た」。

精神面は乱高下気味で、節子夫人からの手紙をみて「恋妻といふ我が一語に喜ぶ妻！「時」の破壊力の怖ろしさ！ ああ、予は此朝、我がせつ子を縊り殺す程強く抱いてみたかつた」と、妻と恋愛の関係性をめぐり葛藤している。そして、この日から「すき歩き」を再開している。

七時頃に出て二時間許り赤門の前を徘徊した。何ものかを求めて歩く若い男と女の中に交つて、自分も若い心地になつてると、何となく常にない軽い空気を吸つてる様だ。はかない楽しみではある。一人、女の児の手をひいた、二十才位の女があつた。同じ道のゆきかへり、三度逢つた。恋を猟る女！ と見た。弁舌の面白い小間物屋の前に立つてると、その女も来て予の手に手を触れた。惜いかな、美しくない女であつた。かへりに、とある煙草やの店で、その家の人――幼児を抱いた人と、戯れてゐるのを見た。外聞もはばからずに小児に頬摺をしたり、キッスをしてるのは、矢張一種の性慾の圧迫作用だと思ふと、ツマラナクなつて来た。
所詮人は動物だ。何といつた所で動物だ。
（「日記」7月6日）

この頃の啄木は、いわゆる躁状態である。同時期、政界では西園寺内閣が総辞職し、桂太郎が後継首班として取り沙汰されていた。啄木が政界の動きに関心をもっていたことは前にみたが、なぜか新内閣に入閣する妄想にまでおよんでいたという。

この件は、さすがに恥ずかしかったからか、日記には出てこない。代わりに金田一の証言がある。それによると啄木は「なぜか自分にも今に桂首相から使いが来るような気がしてならず、その間にとうとう使いが来て、その次にはもう衆議院の大臣席に眉をあげて自分が内務の施政方針を演説していた」（『新訂版石川啄木』）。そこへ金田一が突然障子を開けて入ってきて、ハッと我に返ったという。

啄木の社会主義への傾倒や、のちに大逆事件に衝撃を受け、多大な関心を寄せたことからすれば、長州閥出身で官僚派の頭目であった桂太郎に対する親近感は意外に感じられる。だが、当時の啄木は、紀元節の日に皇室への不敬な文言を日記に書き連ねる一方、森鷗外のブルジョアな生活に反感を抱かないなど、社会主義に対して一貫した信念や思想があるわけではない。

それどころか、桂が賠償金なしで日露戦争の幕引きをはかったことに対し、政治家として高く評価していた。逆に自身を含む国民の多くを「噪狂患者のやうな盲目的狂熱を以て、唯々戦争其物の中止に反対した」「現在の国力といふ一大事を閑却した、幼稚な、空想的な、反省の足らないことは中学生位の程度な愛国者であつた」と批判し、「あの当時の児玉大将なり内閣の人達のえらい事を思はずにゐられない」（「文学と政治」『全集』四）と称賛している。こうした現実主義は、同人が後日プラグマティズムに傾斜していく素地をかいまみせる（田口道昭『石川啄木論攷　青年・国家・自然主義』）。

すき歩きから妄想文通へ

「すき歩き」のピークは、八日夜である。七月に入ってから東京はずっと雨天・曇天がつづいたが、この日は午前から晴天であった。それもあってか夜の本郷三丁目は、繰り出した人びとで賑わっていた。

今夜ほど沢山の人の出た事は今迄になかつた。何といふ事もなく気が浮いて、急がしく目をくばつて歩いてると、数しれぬ美しい女、或者は女同志の二人連三人連、或者は夫と、或者は情人と手をとり合つて、夏の姿の軽々と、夜風におくれ毛を吹かせて燈明き街をあるく。

（「日記」7月8日）

一昨日の「恋を猟る女」にもふたたび逢っている。往来の華やかな光景とは対照的に、啄木の心は沈んでいく。**「我ながら唯一人ウロツいてゐる自分が見すぼらしい。淋しい。生甲斐がない様な気持だ。絶望と憤怒とか一緒になつて、鋭どく自分を嘲る。怺へきれなくなつて帰つて来た。本を読むもつまらぬ。書く元気など微塵もない。枕についた」**。

最後の「すき歩き」は十日である。この日は吉井勇と卑猥な女性談義をつづけた後、夕方に**「二人で赤門前を三四十分歩いたが、あまり人出がなかつた」**。やがてキリスト教の伝道隊が太鼓をたたいてやって来て、禁酒・禁煙に関する演説をはじめた。

救世軍の演説は、五日に面会した正宗白鳥の初期の代表作『何処へ』にも登場する。同作が書かれたのはこの年で、白鳥の下宿は森川町なので、啄木・吉井と白鳥は類似した光景を目にしたものと思われる。『何処へ』では、熱っぽく神の道を説く伝道者に虚無的な主人公が好意を寄せる場面が印象的に描かれるが、啄木・吉井は、説教が博愛に及んだ際、**「オイ吉井君、博く女を愛する事に於ちや僕だつて神様に負けないよ」「敢て劣らずか。僕らも半分位神様だね」**とくだらない会話に終始している。

七日にもどる。下宿には妻節子から長女京子の病状を知らせる葉書のほか、苜蓿社同人の岩崎白鯨から近況を伝える手紙、金星会で啄木より短歌指導を受けていた大分県臼杵在住の二十一歳の菅原芳子から手紙が届いていた。芳子の手紙は自己紹介的なもので、**「兄弟もなき商家の一人娘、詩歌は幼き時から好きであつたと。若し兄弟のあらば早速東京に出て門弟になりたいと。そして、潮風黒かみを吹く朝夕、おばしまに腰うちかけて沖の白帆をかぞへてると」**などと記されていた。

芳子の手紙を読んだ啄木は、想像力を大いに刺激された。**「どうしたのか芳子の事のみ胸に往来する。小説の稿もつぎたくない、本を読んでも五六行で妄想にな」**り、芳子に長文の返信を認めている。この頃から啄木の恋愛は、「すき歩き」から、まだ見ぬ芳子への妄想を最大限に膨らませた文通へと移る。芳子への恋愛は、手紙のやりとりが基本なだけに間歇的だが、その都度はげしく情熱的な長文の手紙を書き送ることになる。

ああ、奇妙な事もあるものだ。今夜の自分は殆んど恋をする人の様な落付かぬ心地であつた。無論これは今夜だけの事で、この心地は永くつづかぬであらうけれども、我ながら妙な夜ではあつた。……………散文の自由の国土にゐると、時として詩歌の故さとが恋しくなる、都にゐると鄙を思ひ、夏は冬を思ふ。これが、人生にロマンチツクの流の絶えぬ所以だ。あまりに現実の圧迫をうけてゐる自分が、今、夢にだも逢つた事のない人を思つたのは、矢張自分のロマンチツクだ。歌を作るのと同じ事だ。

（「日記」７月７日）

まだ見ぬ女流歌人の卵、菅原芳子の登場と、彼女への新たな「恋愛」によって啄木は、小説執筆の行き詰まりによる苦悶から逃避をはかった。それとともに、彼女に歌論を説くなかで、これまで遠ざけてきた歌への関心を高め、自らの認識を深めるという副産物を生んだ。

東京残留

七月に入ると、世間は夏休みである。素寒貧な啄木をよそに、この時期、かれの周囲では帰省や旅行するものが少なくない。

具体的にみると、金田一京助が妹の墓参りと弟の結婚問題のため、十一日に盛岡に帰省している。おりよく歌を持ってやって来た苜蓿社の並木翡翠と一緒に上野駅で見送った。**「二三日で帰つて来るのではあるけれども、別れといふものは妙なものである。休暇になつて帰省する沢山の学生が、悲しみを抱いた友と共に同じ汽車に乗つた。笑ひにすべてをまぎらして帽子をふつた」**。

並木翡翠は、通学する東京外国語学校が夏季休暇中であった。はじめは当分函館には帰らないとしていたが、十五日には二、三日のうちに帰省することになった。啄木は翡翠を羨むとともに、かれを通じて自分の近況が母と妻に伝わることを恐れた。十八日、いよいよ明日帰省すると告げられると、節子夫人と苜蓿社同人の吉野白村に向けて手紙を書いた。噂話のように伝わるよりは、自身でふがいなさを詫び、言い訳しようとしたのであろう。

並木君が来た。明日立つて函館に帰るといふ。何か用がないかといふ問!
吉野君にかなしい手紙を書いた。そしてせつ子にも書いた。並木が帰るのに、何も京子に買つてや

れぬから許してくれと。
並木君が帰つて、若し自分の現下の境遇をその儘話したら、母と妻の心は怎うだらう。若し又、何気なく表面だけの嘘を云つてくれて、そして母と妻がそれを信じて安心するとしたら怎うだらう。予は今、自分一個の処置にさへ窮してゐるぢやないか！

（「日記」7月18日）

下宿への来訪者も多い。十一日午後には小樽日報時代の同僚在原清次郎が、十三日午後には盛岡中学校の後輩小野清一郎が難関、第一高等学校の入試を終え、報告に来ている。

抜群の秀才小野だけに、難関受験も好感触だったようで、啄木も快活な雰囲気につられて楽しく時をすごしている。だが、この頃になると気持ちの沈下がはっきりしてくる。「誰か訪ねようと思つても、出かけるのも億劫だ。本を手にとる気もない。ましてペンを執る様な気持ぢやない。神経衰弱にかかつてるなと気がついた」。小説の執筆は、六日を最後に止まったままであった。十四日には「どうも何もかけない」状況となる。

それでも学習院游泳演習が強風雨に襲われた十六日から十七日にかけて、啄木は千駄ヶ谷の歌会に参加している。「十二時綿入を着て出かけた。宿の傘は破れてゐる。雨が盛んに降る」。歌会は活況を呈し、与謝野夫妻・平野萬里など一部参加者とは徹夜会となった。「予の発議で徹夜会を開いた。題三十五。一時少しすぎて晶子さんと予と相ついでよみ上げた。アトの人は四時迄かかつた。精書して夜が明けた。（十七日）選んで飯を食つて公表、予の歌は一番よかつた」と、芳子効果もあってか、歌のほうは冴えをみせている。

十九日の午後には、三、四日ほど箱根に出かけてきたという吉井がやって来た。吉井は日本橋区浜町にある淫売屋の話や、性経験に絡めて北原白秋・木下杢太郎らの文学傾向を批判した末、今夏は千葉県布良

（館山市）の水難救済所に一カ月ばかり行くといって帰っていった。

吉井が去った後には、釧路新聞の同僚佐藤衣川、ついで盛岡時代の旧友阿部月城（和喜衛）と会っている。衣川のことは、梅川操をめぐる諸々の不満もあって、小説「病院の窓」の主人公野村良吉のモデルにして、さんざん貶めたが、久々に会った同人は**「初めは頗る殊勝にしてゐたが、予が煙草もきらして窮迫してゐるのを見ると、東洋通信社記者と肩書した名刺を出して、盛んに通信事業の文明的で機敏なことを吹聴し、且つ自分の功名談」**をした。愚弄した相手から見下ろされる屈辱的な展開に、啄木の胸中は複雑だったはずだが、あえて深くは考えず、**「此男は今屹度梅川操と一緒にゐるだらうと想像した」**と、操のことを思っている。

もう一人の来訪者の阿部は、啄木がかつて盛岡で雑誌『小天地』を発行したときの友人で、先月にも下宿をたずねて来たことがあった。今は仕事に就いているという。啄木は対話を通じて渋民の懐古にふけり、また**「阿部から日本に来てゐる支那の革命家の話をきいて、いつそ支那へ行つて破天荒な事をしながら、一人胸で泣いてゐたいなどと」**妄想に浸っている。

小説は売れず、稼ぎは歌の添削代だけ。その歌も食えないと見切りをつけている。かれを世に送り出した『明星』も、秋に出る第百号で終刊が決まっている。格下扱いしていた衣川から見下ろされても、啄木に反発できる余力はなかった。この日の啄木は、ほとんど無気力で、あらゆることから消極的に逃避するばかりであった。

> **死場所を見つけねばならぬといふ考が、親孝行をしたいといふ哀しい希望と共に、今の自分の頭を石の如く重く圧してゐる。静かに考へうる境遇、そして親を養ふことの出来る境遇、今望む所はただそれだ。**

何事も自分の満心の興をひくものがない！　ああ、生命に倦むといふのがこれかしら。何事も深い興がなく、極端な破壊――自殺――の考がチラチラと心を唆のかす。重い重い、冷たい圧迫が頭から去らぬ。

（「日記」7月19日）

至高の友情

七月下旬、将来の見通しがまったく立たない啄木を救ったのは、金田一京助のあつい友情であった。啄木と金田一は互いの部屋で頻繁に語り合った。たとえば、二十日には「**日が暮れると金田一君が来て、十二時過まで語つた**」。金田一の気遣いに啄木も「**自分を慰めて呉れようとする友の心を思ふと、強ひて話に身を入れた。いつかしら心が軽くなる様になつた**」。

金田一の啄木に対する破格の友情は、あまりに有名である。金田一のすごさは、啄木の成功がまったく約束されていないなかで、それどころか個人的には、経済的に迷惑ばかり蒙る、被害者といってよい状況にもかかわらず、かれの才能を確信し、惜しみなく友情を発揮したことにあった。史上まれにみる美しい友情といってよい。

盛岡てがみ館には、金田一が啄木との美しい友情の一端を綴った明治四十一年八月二日付瀬川藻外（深）宛書簡が残されている。瀬川は、盛岡中学校では啄木の一級下である。

瀬川さん！

もう忘れたらうなんて！

毎日御うはさして居ますよ、石川啄木さんと二人して。

この御手紙ハ啄木さんと二人で拝見しました。丁度二人相対してねころんで、あつさをかこちながら、肌をぬいで故郷の夢ものがたりに時のたつのも知らないで居たところへとゞいたもんだから。二人ハ朝おきの時間がちがふもんだから、朝飯だけハ別にたべました。けれど昼も晩も同じ室でたべて居るんですよ。

啄木さんハね、北海道からこの私の下宿へ来てとまつて居ます。小説をかき、新体詩をかき、和歌を作り、散文詩を作り、それは〳〵さかんですよ。私はこつ〳〵下らない語学なんどをやつて居ます。

〔中略〕

明星の七月分の巻頭を是非いつか御一覧下さい。それハ啄木君の近業です。「啄木調」といふ語が、これがために日本語の中へ生れると同時に、御覧なさい、見る〳〵こんどハ「啄木調」が明星の歌壇へあらはれて風靡し行くでしよう。晶子さん自身でさへやるのですよ。おもしろいではありませんか。白羊会の再興も面白いんですが、啄木先生ひとり嶄然としてもぬけたので、にくい位ですよ。私なぞまるでいけませんが、それでも会へ丈ハはいれるでしやうかしら。〔中略〕

貧乏ハして居りますが、まづ〳〵食ふにハこまらず、暫時海城中学といふのへ足かけに毎日行つてをしへて来るんですよ。滑稽でしやう。その中に何かしたいと思つて居ます。啄木君は併し煩悶中で、どうもなか〳〵苦労が多いので、私も蔭ながら泣いて居ますが、まあ〳〵毎日顔見合せては、たあいもない事云つたり考へたりして笑つて居ます。それでも時々は憫つぽい事が口に出て、アハハと笑ひながら涙がとめどもなく出る事があります。いろ〳〵な事があるんですよ。いつ〔か〕ほんとにいらつしやい。大いに十年の愁を笑つて掃はうではありませんか。草々

八月二日　　　京助

瀬川詩兄　梧下

毎月末は啄木にとって危機である。下宿料の支払いをもとめられ、現実が目の前に立ち塞がる。

二十七日の正午過ぎ、**「女中の愛ちゃんが来て、先月分からの下宿料の催促。いふべからざる暗怒をかくして、自分は随分冷やかに応答した。女中は五六回つづけて来た。とうとう、先月分の十五円若干を、明夕までに払はなければお断りするといふ事になつた」**。

金田一によると、下宿では家賃の催促などには主婦（おかみ）は出てこず、女中の愛ちゃんが「主婦の強気な切口上をそのまま石川君の所へたたみかけた」という。都合が悪いなどと言い返しても、今度は愛ちゃんが主婦に叱られ、もどってきた愛ちゃんは一層手ごわく啄木にあたった。このため啄木は、彼女をすっかり苦手としていたという（『新訂版石川啄木』）。

結局、先月分の下宿料に先々月分の未払い分を加えた十五円を明日の夕方までに払えなければ、下宿を立ち退くことになった。

過去に支払った下宿料は、いずれも金田一が立て替えてくれたものである。新人教師の俸給は決して多くはない。支払猶予の交渉も含めて、これ以上迷惑をかけたくないと考えたらしい。こういうときは函館の宮崎郁雨の出番だが、留守家族を預けてあり、相談すれば母と妻に事態が露顕してしまう。

「無論金田一君に頼めば、調停してくれるとは思ふが、否、否、自分一身の死活問題だ。今が今は何とか弥縫がついても、やがてまた繰返さるべき問題だ。何とか自分で解決せねばならぬといふ考」に立って、啄木は**「英和辞書――自分の最後の財産を売つて、電車賃と煙草代を拵へ」**、炎天下のなか下宿を出た。

この日の東京の最高気温は三十二・二度である。

めざすは豊多摩郡戸塚村にある作家小栗風葉の邸宅。弟子入りして、そのまま住み込もうという魂胆であった。

小栗風葉は、明治八年（一八七五）、愛知県半田の出身、尾崎紅葉に師事し、紅葉門下の四天王とされ、泉鏡花と双璧をなすといわれた流行作家であった。その文体は、主人公の精緻な心理分析などを展開するよりも、艶麗な情景・雰囲気をいきいきと再現する、いわば絵画的な描写力の卓越にあったとされる（岡保生『評伝小栗風葉』）。文章傾向の似た啄木が、風葉に関心をもったのは自然といえよう。

錦城学校（錦城学園高等学校）中退と十分な学歴を有さず、流行作家として筆一本で生計を立てていることにも、つよい憧れを抱いたと思われる。北海道滞在中、啄木は風葉に小説家志望の長文の手紙を送ったことがあり（『評伝小栗風葉』）、年賀状も交わしていたので、面識も皆無ではない。

風葉の邸宅は「戸塚御殿」と称され、真山青果・中村武羅夫など門人の作家が出入りし、複数の書生もいた。それだけに、境遇の似た自分に同情し、居候させてくれるのではないか、と啄木は期待したのだろう。とはいえ、事前に一切相談せず、突然押しかけて談判しようというのだから、無謀というほかない。

窮余の一策も、談判以前に肝腎の戸塚御殿がみつけられず、徒労に終わった。風葉邸は、字戸塚五番地（新宿区高田馬場二丁目）にあったが、啄木が探し回ったのは戸塚村でも現在の早稲田方面のようである。

もっとも、仮に弟子入りできたとしても、これが小説家啄木の大成に寄与したかどうかはわからない。たしかに風葉は、自然主義が台頭すると、これを意識した作品の執筆に取り組み、当初は一定の称賛を得ていた。だが、かれの経歴と技巧に富んだ文体、作風は、代作問題を引き起こした放埓な性格とあいまって、最終的に「旧派」という文壇での評価、レッテルにたどりつく（大東和重『文学の誕生』）。

話を啄木にもどす。むなしく下宿にもどる途中、牛込区（新宿区）北山伏町に住んでいた北原白秋をたずねた。白秋からは今回の押しかけ弟子入り志願について、**「それは考へ物でせう」**と非現実性を窘められている。

啄木には、わが身を反省するよりも、**「十一円の家賃の家に住つて、老婆を一人雇つてゐる」**白秋の裕福な暮らしぶりが羨ましく、妬ましく写った。

生活の逼迫は啄木の詩歌感にも影響をおよぼした。かれは白秋の詩を高く評価したが、一方で過剰で誇大な表現や美辞麗句の羅列に、空々しさを覚えるようになっていた。後日、白秋について**「朝から晩まで詩に耽つてる人だ。故郷から来る金で、家を借りて婆やを雇つて、勝手気儘に専心詩に耽つてゐる男だ。詩以外の何事をも、見も聞もしない人だ。乃ち詩が彼の生活だ」**と評し、そのうえで**「今の我らは、詩の全能といふことを認めぬ。過去を考へると、感慨に堪へぬ話だが、何時しかにさうなつて来たのだから仕方がない」**（9月10日）と、後期啄木の歌と特徴となる「食ふべき詩」への萌芽をみせる。

友情に救われる

白秋と別れた啄木は、下宿にもどるべく春日町より東富坂（真砂坂）を登った。**「広い坂をテクテク上ると、また汗が出た。電車が一台、勢ひよく坂を下つて来た。ハツト自分は其前に跳込みたくなつた。然し考へた。自分は自分の歌をかいた扇を持つてゐる。死ぬと、屹度これで自分だといふ事が知れるだらう。——かくて予は死なかつた。そして、新聞記者をした事があるだけに、自分の轢死の記事の新聞に載つた体裁などを目に浮べた」**。

自殺衝動に駆られたというが、「然し考へた」以下の内容をみれば、十分に生への執着が勝っている。実際、下宿にもどって一服した後には、ふたたび外出し、預けてある原稿のことで駿河台に長谷川天渓をたずねている。打ちのめされながらも、衰えない突進力は大したものである。天渓には会えなかったが、代わりの新聞記者から**「やつておいた原稿については、いづれ文芸倶楽部の主任石橋思案にきいてくれる**

との事」を聞かされ、「愉快に話して十時に辞した」。『文芸倶楽部』は、『太陽』とおなじ博文館より発行している雑誌で、石橋はその編集主任であった。

夜遅く下宿にもどり、金田一と話をした。日記では「金田一君へ行つて半時間許り話した」と簡潔に記すだけだが、路面電車に飛び込もうとしたなどと聞かされた金田一は衝撃を受ける。「こりゃいけない、どうにかしなければ」（『新訂版石川啄木』）、そう考えたかれは、親友を救おうとひそかに動き出す。

二十八日、立ち退き期限のこの日も啄木は問題解決のため奔走している。まず日本橋区本町の博文館に長谷川天渓をたずねたが、今月の原稿料支払いは駄目であった。ついで芝公園に吉井をたずねたが、具体的な話はなにも出なかった。

芝公園には郷里の大先輩原敬の邸がある。原は盛岡中学校の先輩原抱琴の叔父であり、かつて大阪毎日新聞社長をつとめるなど新聞界にも顔がきく。啄木も以前は年賀状を送っており、いきなり風葉邸に押しかけようとするのなら、原敬を頼ってもよさそうである。なぜ原敬を頼ろうとしなかったのか判然としないが、仮にたずねても、原はこの頃、盛岡に帰省中であり、対面は叶わなかった。

打開策を見出せないまま、下宿にもどって悶々としていたところ、金田一が来て、下宿の主婦と談判して、今後は下宿料を催促しないことを約束させたと告げた。さらに下宿料として十六円を渡してくれた（『新訂版石川啄木』）。この金は金田一が本を売って拵えたらしい。

金田一が苦境を救ってくれた場面を啄木は日記に以下のように記す。

矢張小栗氏の居候にならう、それで不可かつたら死なう！　これだけの考へしか出なかつた。燻んだ顔をして室に入つて、岩崎君からの手紙を読んでると金田一君。莞爾として入つて来て、「主婦が乱暴な事申上げたと言つて頻りにあやまつてました。」!!!

宿では金田一君から話してくれたので、今後予に対して決して催促せぬと云つたといふ。友の好意！　そして十六円出してこれを宿に払ひなさいと！
予はあまりの事に開いた口がふさがらなかつた。何と言つてよいやら急に言もない。

（「日記」７月28日）

七月、人びとは帰省や旅行をしたり、あるいは街に繰り出すなど移動の多い月である。弥彦は湘南の地で多くをすごし、啄木の友人、知人も各所に出かけている。一方、啄木はひたすら東京にあって小説の不振に悩み、恋愛面での迷走をつづけた。この間、精神は乱高下をつづけた。

そうしたなかで見舞われたのが、月末の下宿退去の危機であった。悶々鬱々とする余裕もないまま、わずかな可能性にかけ、猛暑の東京を歩き回った。努力はすべて水泡に帰したが、時間切れ寸前、金田一のあつい友情によって救われた。

啄木自身は嵐の一カ月を振り返り、「此一ヶ月間に僕の経験した——ひそかに経験したメンタルテンペストは、今朝になつて考へると頗る興味のある、且つ意義のある事であつたと思へる。いづれこれは他日作物に描く機会がある事と思ふ。且つ面白い事でもないから今日は書くまい。然し僕は実際こんな暴風、——殆んど一点のゆるみも隙もない煩悶苦痛を感じたのは初めてだ」（７月29日付宮崎郁雨宛、函図）と総括している。テンペストとは嵐のことである。弥彦は片瀬で夏の嵐に襲われ、大わらわであったが、啄木が見舞われた嵐は、心理的なそれであった。

金田一の友情に救われた啄木の今後に向けた決意は、**「考へるな、盲動せよ。噫盲動するより外に此生を成すの路がない」**である。すぐさまかれは千駄ヶ谷の新詩社をたずね、与謝野晶子と語り合い、**「新詩社解散の事、その後継雑誌の事について、少し乱暴と思ふ程自分の思ふ通りの異見も言つた」**。盲動の第一歩は、最終的に『明星』終刊と、啄木の新たな活躍の場となる文芸誌『スバル』の発刊へとつながっていく。

八　月

❏ 弥　彦

波乗り

八月は、大学生の弥彦にとっては、七月にひきつづき夏休み期間である。

七月の章でみたとおり、一日、弥彦は、片瀬で游泳演習を終えた学習院生徒たちの帰京を見送った。三日にいったん帰京したが、翌日にはすぐに片瀬にもどっている。五日は「**晴。九時頃より桜朶丸にて鎌倉にゆく。途中稲村崎にもぐりしも獲物なし。船中にて中食す。由井〔比〕浜にて二條、本田などにあひ、yacht に乗り遊ぶ。三時頃帰途につく。水泳場にてタコ三疋を取る**」。

この時期の日記で目を引くのが「波乗り」である。初出は六日で「**午前頃波乗りす。一時頃木村氏来り、九州行きの途中片瀬による。共に至りて、波乗をなす。波時に大なり。時に雨を交ゆ**」とある。

この日は、台風が接近していたこともあり、海上は波が高かった。夜遅くにはかなり荒れている。日記にも「**雨風盛なり。為め波高く、舟の流るもの多く、江之島桟橋落ちし由**」と見聞した情報を記している。

このときの台風は、勢力的にはさほどではなかったものの、種子島付近から北東に進み、七日午後「十時名古屋附近ニ来リ、遂ニ本州中部ヲ横断シ、今朝〔八日〕津軽海峡ノ西方ニ在リ」（『官報』明治41年8月11日）という進路をたどった。東京・横浜の風雨のピークは七日から八日の深夜にかけてである。

弥彦は、七日は海には入らず、島津公爵家の鎌倉別荘をたずねている。翌八日は「**暴風雨の残りあり。午前中は宿舎に在**」るなどしたが、風雨のおさまった「**午後より海にゆき、波乗をなす**」と、片瀬で波乗りを再開している。九日・十日には大磯に出かけ、波乗りをおこなっている。

サーフィンと波乗り

弥彦がおこなった「波乗り」について、当初、筆者はこれをサーフィンの先駆けと考えていた。サーフィンは、ハワイやタヒチに住んでいた古代ポリネシアの人びとが、西暦四百年頃にはじめたとされる。一八九八年にハワイが米国に併合された後、米国本土に伝わり、カリフォルニアを中心として人気を博したという。

「近代サーフィンの父」といわれるのが、ハワイ出身のデューク・カハナモクである。同人は弥彦も出場した一九一二年のストックホルム五輪に水泳種目の米国代表として出場し、金メダルを獲得している。知名度の高まったカハナモクは各地でサーファーとしての技量を披露し、サーフィンの流行と普及につとめた（「サーフィンの歴史」）。

日本でサーフィンが本格的に普及するのは第二次世界大戦後だが、それ以前より板を用いて波に乗る遊びはあった。

文政四年（一八二一）に出羽国酒田（山形県酒田市）の俳人独楽庵寛理が湯治のため同国湯野浜（鶴岡市）をおとずれたときの記録「湯野浜湯治紀行」によると、地元の十二、三歳ぐらいの子どもたちが、船の板を持って荒波のなか沖へ出て、そこから矢のような速さで岸にもどってくる遊びに興じていたという（『湯野浜の歴史―開湯伝説から九〇〇年―』）。

昭和五、六年頃、大磯では慶応義塾などに通う一部の別荘族の子女たちが集まり、漁船の仕切り板のような板を用いて「波乗り」をしていた（『大磯町史』7通史編近現代）。また茅ヶ崎市の老舗旅館茅ヶ崎館には、日本最古とされるサーフボードが残されている。昭和十年頃の撮影とされる、当時の茅ヶ崎館の主人が、ボードとおさまった写真もある（「茅ヶ崎サーフ物語　最古の「板」発見」）。

こうしたなかで弥彦日記の「波乗り」記事は、一次史料であり、時期的に古いことから、『三島弥彦—伝記と史料—』では、日本におけるサーフィンの歴史に関わる発見として紹介した。

ところが、あとで里見弴の小説『潮風』のなかに波乗りの記述があることに気がついた。同作品は、片瀬や隣の鵠沼海岸を舞台に、里見が学習院高等学科を卒業した明治四十二年の夏につけた日記が下敷きになっている。弥彦日記と時期、内容的にほぼ重なる。

作中では「波乗り」の方法が詳しく描かれている。それによると、まずは「噛みつくやうな勢で寄せて来る大波の根本を狙つて、砂を蹶つて、出来るだけ深く潜」って越える。次々と寄せる波を潜っては越えていき、適度な沖まで出たら、「立泳で、畝波(うねり)のまゝにぷか〳〵浮いてゐて、手ごろの波の来るのを待」つ。

　やがて、自分が浮いてゐるあたりで折れかゝりさうな畝波(うねり)が来て、波乗の姿勢をとると、自然に体が、少し沖へ引つ張られる加減に、一丈もあらうといふ波の頂辺(てつぺん)へ吊りあげられる。それを待つて、両手なり片手なりで、ぴた〳〵と無上に水面をひツ叩(ぱた)いて、前へ乗り出すやうにする。サヽヽヽヽツと波頭がくだけかゝると、そのまゝ、九段の中坂で腹匐(はらばい)にころびでもしたほどの角度に頭がさがって、腹だけで波の頂辺にとまつた態(かたち)に、胸も手も出て了つて、二間ほどさきへ、逆おとしに飛んで出る。この瞬間の気持が忘れられないために、苦労して、またしても沖へ出て行く気になるので、つまり、波乗の快は、そこが身上なのだ。波がくだけたあとは、首だけ先へ出して、渦まく水勢に心地よく按腹させながら、のう〳〵と手足を延したまゝで、渚近くまで、十丁あまりも、可なりの速さでつれて行つて貰ふ。逗子や鎌倉の内海で、丈のたつところで、板子など持つてやつてゐるのは、これに比べると、なんのことはない、お嬢様のお慰みだ。

その代り、乗り損つたら最後、沖へ出る折に潜り損つた時の苦みの、十倍ほどの目にあはされる。どつちへころげたところで、相手が水だからいゝやうなものの、これが陸だつたら、一度で頭の皿が飛んで了ひさうな力で、滅茶口茶にこづき廻される。

里見の描く「波乗り」は、板(ボード)を用いず、腹這いで波に乗っており、あきらかにサーフィンとは異なる。自分の身体をボードのようにして直接波に乗るのだから、おっかない話である。作中では、逗子や鎌倉で「板子」を使った波乗りが存在したことにも言及している。この「板子」を使った波乗りが、どの程度サーフィンと似ているかは判然としない。

里見と弥彦が、ほぼ同時期に学習院の游泳演習に参加しており、弥彦日記には「板子」が出てこないことからみて、弥彦が取り組んだ「波乗り」は、里見とおなじ方式と考えるのが自然であろう。

なお板子を使わない「波乗り」は、大正期の鎌倉でもおこなわれていた。中村菊三『大正鎌倉余話』によると、八月下旬から九月初めの一週間足らずのあいだ、由比ガ浜に押し寄せる二〜四メートルの大波に乗って「波乗り」遊びがおこなわれたという。「波乗り」をしたのは十人ほどの若者で、学習院出身で白樺派同人の犬養健、のちに小説家・編集者となる菅忠雄、俳優として活躍する江川宇礼雄らが名手であった。学習院や白樺派の関係からみて、犬養あたりが広めたのかもしれない。

中村は「波に乗る準備まで、一時間近くを費して、約一二〇米の距離を僅か十二・三秒で、魚のように、水面を滑って渚まで来る悦びは、矢張り、若さがあればこそである」と語る。この感想は、弥彦たちの「波乗り」にもそっくり当てはまりそうである。

三島通庸と那須野が原の開拓

夏休みの旅行先といえば、海か山（高原）が定番だが、弥彦はこの年の夏、どちらにも出かけている。海はこれまでみた神奈川県片瀬と大磯で、山は、栃木県塩原と西那須野である。いずれも三島家の別荘がある。弥彦は、十二日から十五日にかけ、家族とともに、同地に出かけている。

三島家と那須・塩原地方の関係について少し触れておく。

近代以降、那須野が原では、明治政府の殖産興業政策のもと大規模な開拓が展開されたが、その先駆けとなったのが、三島通庸が主導し、明治十三年（一八八〇）に発足した西那須野の肇耕社である。だが初期の開拓は困難も多く、松方デフレによる不況も重なり、明治十九年、同社は解散となった。経営の大部分は通庸が引き継ぎ、三島農場となった。農場事務所と別荘があった場所は、現在、那須野が原博物館となっている。

通庸は三島農場の付近を那須野が原の中心地にしようと構想しており、西那須野から塩原を経て会津へ抜ける道路（塩原新道）を開削した。土木県令の面目躍如である。

新道について、徳冨蘆花『青蘆集』の「両毛の秋（四）塩原」では、蘆花を乗せて西那須野駅から塩原をめざす人力車夫の発言を借りて、「此道は三島通庸氏が栃木県令たりし時、百難を排して出来したる会津新街道にて、塩原より若松まで廿三里とか申し候。工事の節は非常に怨嗟を招きたるも、今は其恵によること多き由申候」とその性格を紹介している。

完成当時の塩原新道

新道の開通によって塩原の地は急速に開けた。塩原温泉には多くの湯治客が押し寄せ、貴紳の別荘が建ち、明治三十七年（一九〇四）には塩原御用邸が設けられた。御用邸は、もとは三島家の別荘で、皇太子（大正天皇）の避暑先として提供したのを機に、皇室に献上（正式には買上げ）したものである。地元では通庸を塩原発展の恩人とみなし、明治三十三年（一九〇〇）には「三島通庸紀恩碑」という顕彰碑も立てられている。

那須・塩原

弥彦の那須・塩原行であるが、十二日は**「雨なりしも、支度をとゝのへ、七時二十五分発にて塩原に向ふ。弥吉兄、通隆、梅子同道」**。兄弥吉と一緒に兄弥太郎の子の通隆・梅子を引き連れ、この日は西那須野の別荘に一泊し、翌日朝、塩原福渡にある別荘に向かっている。

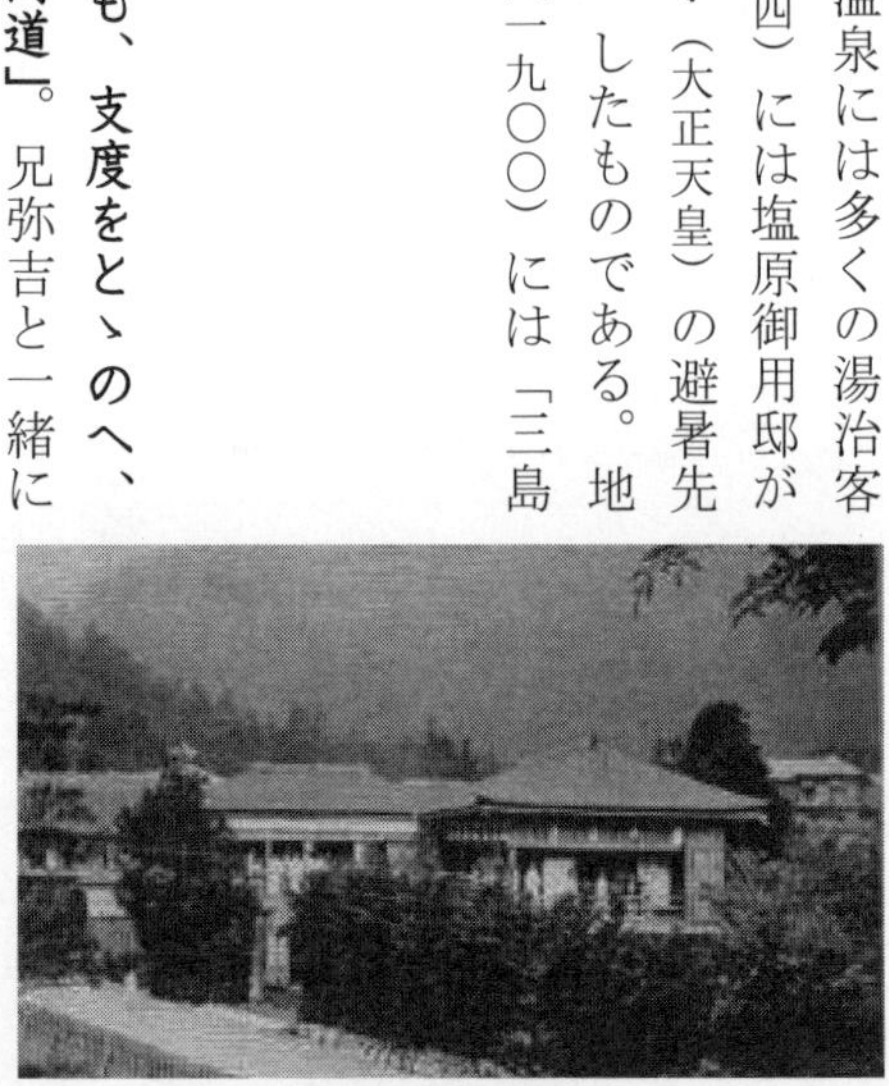
塩原の三島家別荘

六時頃より馬車にて塩原に向ふ。馬やみて一度も走る事なし。十一時頃関谷につく。之れより坂道にかゝる。馬よはりて〔弱〕動かず。やむなく馬を取りかへて行く。坂を登れば景は一変して絶佳なり。寂四橋に至る頃より降雨甚し。一時頃塩原着。伸太郎、近衛母上、鶴姉上及子供来れり。十時寝につく。
（日記8月13日）

塩原新道は、はじめは割合平坦だが、関谷宿を越した先は山道となる。道は箒川に沿ってつづき、途中には数々の景勝地が存在する。三月に平塚明子と森田草平が人力車で通ったのもこの道で、『煤煙』では「山路は九十九折に紆つて、深い谷底には箒川の浅瀬も見え出した。湯の宿へ近づくに伴れて、山の気が冷やかに、山蔭に雪が積つて、木の葉の落ちた枝が黒い網のやうに連なつた。車夫はくどくどと塩原の名勝を説く」などと描かれる。

弥彦、さらに三島家にとって新道は、父通庸の偉業の跡をたどり、その功績を噛みしめる道筋であった。新道は、現在は大部分が国道四〇〇号線となっている。道路は舗装、拡幅されるなど、当時とは比較にならないほど整備されているが、弥彦の感懐をそれなりに追体験できる。

十四日、塩原で弥彦は**「八時頃より一同にて源三位及び八幡の逆杉を見に」**行っている。「源三位」は鍾乳洞で、源三位穴と呼ばれた。現在は源三窟と称する。源義経の腹心源有綱が洞窟内に隠れ住んだという伝承があり、名称は有綱の祖父源三位頼政にちなむ。「八幡の逆杉」は塩原八幡宮境内にある古木で、根本がつながった二株からなり、太い枝が垂れた姿から逆杉と呼ばれる。昭和十二年（一九三七）に国の天然記念物に指定された。

今回の塩原行きの目的は、甥・姪の引率だったようで、無事役目を果たしたからか、**「夕食後直に那須に向ふ。柴山さんに一寸とより、其れより従志の処を訪ひ、余りおそくなりしかば泊る」**。柴山家は母和歌子の実家で、従志は元勲西郷従道の六男、弥彦より三歳上で、学習院陸上部の先輩である。のちに薩摩藩家老小松帯刀の勲功により創立された小松伯爵家の養子となる。遅くなったので泊った「従志の処」とは、西郷侯爵家が経営する農場で、西那須野村（那須塩原市）加治屋にあった。

翌十五日、西郷農場にて**「鶏、番犬など見、後朝食をなす。八時頃従志の馬に乗りて事務所に至りて暇ごいをなし、九時五十分発にて帰京す。途中暑くて閉口す」**。この日東京の最高気温は、六日ぶりに三十度に達している。

弥彦が慌ただしく帰京したのは、まもなく鎌倉でおこなわれる陸軍中央幼年学校生徒の游泳教練で指導を引き受けていたからであった。このため、**「中央幼年学校の水泳に頼まれ、翌日鎌倉に出発する故、支度をなして直に床に入」**っている。

幼年学校生徒の水泳指導

十六日、弥彦は午前五時半に起床している。

七時十分発にて鎌倉に行く筈なりしも乗り遅れ、八時半の発にて行く。一寸弥十二の処により、其れより中央幼年学校の水泳教師の宿舎にゆく。小堀先生、園、正木、山沢氏既に来れり。昼食は弥十二の処にてなす。一時半より游泳あり、至る。第一に中隊長より生徒に対する紹介あり。後生徒は体操をなし、其れより等級試験を行ふ。一等游手凡そ二十名、二等三十名、三等は十名程なりき。三時頃終り入浴に行き、夕食後片瀬に荷物をとりゆき帰り、島津邸により十時頃帰る。（「日記」8月16日）

列車の乗り遅れはご愛嬌として、鎌倉到着後は静養中の弟弥十二をたずねてから、陸軍中央幼年学校の水泳教師の宿舎に赴いている。小堀先生とは学習院の水泳師範の小堀平七、山沢は学習院高等学科の山沢鉄五郎であろう。園・正木・山沢はいずれも同僚の助手である。

陸軍幼年学校は、士官学校よりも前の幼年生徒を対象に、将来の陸軍幹部候補を養成するために設けられた学校で、明治二十九年（一八九六）の組織改正により陸軍中央幼年学校となった。翌年には下級学校として陸軍地方幼年学校が、東京・仙台・名古屋・大阪・広島・熊本におかれている。

十六日の教練では、生徒たちの水泳能力を見定めるため、等級試験がおこなわれている。**「中央幼年学校生徒は約四百名。本科三中隊に分れ、予科は二中隊に分る。余は第一中隊、第二中隊は正木氏、第三は園氏、小堀先生、山沢は予科」**（8月18日）と分担が決まった。

翌十七日より本格的な教練がはじまる。**「午前中少しく雨降りしも、九時頃より行ふ。入水前廿分程体操をなし、後喇叭（ラッパ）にて進み、十五分遊泳、又喇叭にて上る。手繰游方を教授す。午後よりも同じく、手繰泳ぎの練習をなさしむ」**。

学習院の游泳演習に陸軍式を合わせたやり方に珍しさをおぼえたのか、それとも幼年学校生徒の技能にやりがいを感じたのか、合宿中の日記は毎日ぎっしり書き込まれている。充実した日々だったのであろう。十八日は**「午前游泳には、一等游手は潜泳を行ふ。他は練習。午後は遠游予習」**、十九日は**「午前中より早抜手、午後よりは予習」**、二十日は**「午前中は二等游手に片手游を教ゆ。一等游手は予習。午後は脚立飛びをなす」**。

この日はついで**「日課後小坪の沖にもぐりにゆき、鮑の二百目程のとエビを獲る。山沢は大なる章魚をつく。五時頃帰り、夕食の御馳走となす。美味云ふ可らず」**。小坪とは鎌倉の東側にある海辺の集落で、章魚とはタコのことである。小坪での素潜りによるエビ漁は二十六日・二十七日にもおこなっている。

ちなみに小坪とタコ漁は、夏目漱石『彼岸過迄』にも登場する。小坪のくだりは、漱石自身の経験に基づいており、漱石日記の明治四十四年七月二十二日条には、「八時頃から小坪へ漁に行く。昔し来た事のある村を今見れば矢つ張り魚臭き所、道幅一軒（間）許の処右が段落に磯になつてゐる所、左が段上りに登つてゐる所が記憶と一致する」と記され、タコ漁は「磯へ出て舟にのる。たこを突く。鏡、の構造。藻がゆつくり動揺する」とある。弥彦のみた小坪の景観も大体おなじであろう。

二十一日の金曜日には、教練第一週の仕上げとして、材木座海岸から長谷海岸までの小遠泳をおこなっている。

晴。九時頃より材木座より長谷迄の小遠游あり。参加するもの一中六十名、二、三中、予科百名程。用せし時間は一時二十七分。午後は慰労休みなりしかば、葉山に行く。途中逗子の久木なる浜岡氏の処により、四時頃吉田の処にゆき、前の海に入る。夕食後は細川の処にゆき、其れより一色の方にゆきしも、伊東、団の処にゆしきも留守なりしかば、帰り細川の処に一寸より、夫れより帰路につく。九時三十二分に帰る。十時帰る。

（「日記」8月21日）

小遠泳も終わり、午後は慰労休みということで、弥彦は逗子・葉山を回っている。細川とは学習院で一級上で、白樺同人の護立である。護立は美術の造詣が深く、のちに細川家歴代のコレクションを保存する「永青文庫」を設立したことで知られるが、当時は旧熊本藩主細川侯爵の分家の当主で、男爵であった。細川家の葉山別荘は森戸にあった。

細川護立の二女寺島雅子は、葉山の細川別荘について「父の先代がイタリア人から買ったものだと聞いた。そのイタリア人が、森戸海岸に沿って歩き、一番景色の良い所と見定めて、家を建てたということだ」（『梅鉢草』）と記す。別荘は五百坪の敷地に寺院の建物を移築したもので、海がよく見えるよう西向きに建っていた。

教練以外の余暇時間には、ほかにも、十七日には**「夕食後志賀の処に至りしも、留守なりしかば」**と、志賀直哉の叔父直方をたずねている。叔父といっても直方は明治十二年（一八七九）生まれで、明治十五年生まれの直哉との年齢差は三年しかない。直方も学習院に学んでいる。志賀はこの日は不在だったが、翌十八日に再訪したときには会っている。細川別邸には二十三日にも遊びに行っている。

夏の総決算

二十八日、游泳教練の総仕上げとして材木座海岸から江の島までの遠泳がおこなわれた。この日の日記は長文で、内容も熱が入っている。

晴。午後より雨。江之島材木座間遠泳ある為め、七時材木座海浜に集合。七時半出発。遠泳をなさゞる二等游手、三等游手を送りに来れり。左翼より予科十二、第三中隊四十余、第二中〔隊〕四十六余の隊、即ち第一中隊は四十九名縦隊にて行く。嚮導第二中隊、余は先頭の舟にありて先方の目標を取る。稲村ケ先きにて波大にして、為め少しく列乱れしも、直に回復。昨年以前に比し、非常なる快速。僅かに三時間五分にて片瀬海水場の処に上る。おくるゝもの僅か五、六名。然しも一中隊には一名もなし。余の中隊は大に得意なりき。途中上りしものは、一中一名の他に二、三名づゝなりしのみ。稲村ケ崎迄一時間十五分。船は一中三艘つゝなりき。途中バテカイなどを食す。

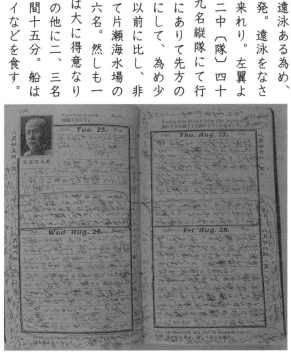

三島弥彦日記　8月28日条は余白まで利用して、びっしり書き込まれている

上陸後たき火をなし、バラデーなど与ふ。昼食後鵜島に行き、エビの大なるものを取る。ニセテをる事甚し。一時半片瀬の浜に帰るや否や、大なる降雨大に閉口し、暫く休み電車にて帰鎌。夕食には小堀先生の馳走あり。大に食ひ大にのむ。十時床に入る。

（「日記」8月28日）

生徒たちが懸命に泳ぐ様子が目に浮かぶ。成績も優秀で、昨年までにくらべ非常な快速であったという。弥彦が指導した第一中隊は、落伍者を出すことなく、全員が泳ぎ切ることができた。面目躍如である。船中で食べたバテガイとは馬刀貝で、マテガイのことである。鵜島で獲った「エビの大なるもの」とはイセエビのことであろうか。

午後には大雨に見舞われたりもしたが、無事に鎌倉にもどっている。游泳教練の終了をうけて、夕食は小堀師範よりご馳走が振る舞われ、弥彦も「大に食ひ大にのむ」でいる。責任を果たし、一同満足であったと思われる。

二十九日は、帰り支度があるため、游泳は午前の二時間ほどであった。午後、弥彦は士官たちと一緒に稲村ヶ崎で潜り、エビを獲っている。**「夕食には中央幼年学校よりの馳走あり。ビール一打（ダース）。大にのみ食ひ愉快。八時頃より幼年学校生徒の宿舎光明寺にゆき、紀念の為め絵葉書に署名してもらう」**。打ち上げが賑やかにおこなわれた。ここでも弥彦は「大にのみ食ひ」している。

こうして八月後半の約二週間、鎌倉を中心におこなわれた陸軍中央幼年学校の游泳教練は、無事に終了した。弥彦も非常な満足感とともに三十日に帰京した。こうして弥彦の夏は終わった。

❏ 啄木

函館大森浜の海水浴

夏休み期間の大半を東京以外ですごした弥彦とは対照的に、啄木は終始東京にとどまり、暑さに喘いでいる。

運動の苦手な啄木だけに海水浴とは無縁な印象だが、生涯で一度だけ海水浴を試みたことがある。それは前年八月、場所は啄木が愛して止まない函館大森浜である。

大正二年（一九一三）に発行された『函館案内』によると、「大森浜海水浴場は外浜に面せる砂浜にして、汀より百間を出てすして水深丈余に及ふ。汀より約二十五間に沖に陸地と並行し百間を隔てゝ二個の浮標と、此中央汀より五十間の沖に一個の浮標を設置し、以て浴場を劃す。岸に仮小屋を作り脱衣場に充て、其一隅に淡水風呂を設けて浴後鹹水洗濯の便に供す。又救助用として一隻の小舟を備ふ」とある。

大森浜は津軽海峡に面しているため波が荒く、現在は遊泳禁止となっている。

明治四十年八月の啄木日記には、**「只此夏予は生れて初めて水泳を習ひたり、大森浜の海水浴は誠に愉快なりき」**とある。日付が明確でないが、書簡で確認すると、八月十一日に沢田天峰・岩崎白鯨と一緒に試みたことがわかる。

私は沢田・岩崎両兄と共に大森浜へまゐり、生れて初めて首まで海の水に這入ツて見候ふに、躰の具合急に軽く相成、未だ嘗て知らぬ「健康の心地」を感じ、帰りて来て冷水にて顔や手足を拭き、燈火つけ候ふに、狭き乍らも唯一人は何となく淋しく、復又しめやかなる心持と相成申候。

（明治40年8月11日付宮崎郁雨宛、函図）

未体験の感覚に戸惑い、怯えながらも、爽快さを感じている様子がうかがえる。泳ぐよりも、海水に浴した感じである。興奮の時間がすぎたあとで、寂しさや、もの悲しさをおぼえるところは、やはり詩人である。

大森浜の海水浴体験は忘れがたい思い出として記憶され、菊坂町の下宿で猛暑に喘ぐなか、しばしば甦っている。

暑さに苦しむ

話を明治四十一年八月にもどす。前月末「大盲動」を決意した啄木であったが、その割りに、活動はさえない。原因のひとつは暑さにあった。東北出身の啄木にとって、東京の暑さはかなり堪えたはずである。

遂に八月になつた。

暑い日だ！　試みに床柱に持つて来て掛けて置くと、午后三時、寒暖計が九十二度に上つた。十一時頃から五時頃まで、何方も諸肌を脱いで、金田一君と語つた。〔中略〕

三時頃であつたらうか、予へは、渋民の栄次郎のハガキと、並木君の函館第二信。金田一君には青森に帰つてゐる瀬川藻外君の手紙が来た。それを二人で読んだ、瀬川君は切りに予をなつかしいと書いてある。

（「日記」8月1日）

華氏九十二度は、摂氏だと三十三・三度に相当する。東京では七月二十六日以来、最高気温が三十一、二度の日がつづいたが、一日には、この夏一番の三十三・三度を記録している。啄木が呻吟するもの無理はない。このときの金田一との語らいは、七月章でみた瀬川藻外（深）宛金田一書簡にいきいきと描かれている。

涼しくなった夜になってから、啄木は下宿を出た。たばこ代を借用（無心？）しようと、弓町に阿部月城をたずねたが、あいにく不在であった。すぐに下宿にはもどらず、神田川沿いを散歩して回った。**「茗渓も濁れる緩き流れ、向側の電車の影のそれに移るのが面白かつた。電車の中に扇つかふ人も見えた」**。「茗渓」とは御茶ノ水から湯島にかけての神田川の雅称で、夜の川面に写る電車の影に興をおぼえている。結局たばこの欠乏はがまんできず、**「残れる銅銭を集めて、あやめの五匁を一つ買つて来た」**。「あやめ」五匁は一番安い刻みたばこで、価格は六銭である。そして**「今夜は両国の川びらき、杳かに花火の音がする」**と日記を締めくくっている。

遠くから響く音を聞いた両国川開きの花火は、現在も隅田川花火大会として受け継がれている。この日も盛況で、午後七時から打ち上げ花火がはじまると、歓声が各所で上がったという。「斯くて余りぞつとせぬ打揚煙火が緩々と間を置いてポツ〳〵と揚がる、八時になると橋の上流下流で仕掛煙花が揚がると喝采が起る、広告煙花が揚がると又喝采する、其囂ましさ涼味を掬する所の沙汰にあらず」であった。打ち上げが終わったのは十時半頃である（「川開の盛況　水陸に満つ歓呼」『東京朝日新聞』8月3日）。

翌二日も最高気温は三十二・三度と暑い。この日啄木は、昨年の日記と北海道時代の原稿を読み返し、札幌時代に会った人々を題材にした小説「その人々」を書きはじめたが、わずか二枚しか進まなかった。

日暮、金田一君と洗湯にゆく。半月目也。浴後体量を計るに僅かに十二

両国烟火

貫三百目。帰り、氷屋に入ること二度。まくは瓜を求め来りて共に味ふ。その味に故園を忍ぶこと深し。

（「日記」８月２日）

あまりの暑さに耐えかね、半月ぶりに銭湯に出かけている。料金は金田一が出してくれたのだろう。体重をキログラムに換算すると、約四十五キロである。身長は約百五十八センチ。身長百七十五センチ、体重七十一キロ、筋骨隆々とした弥彦とは、対照的な体格である。それでも帰りに氷屋に二度も入り、金田一とともにマクワウリをほおばる健啖ぶりを発揮している。この代金も金田一が払ったのだろう。

大盲動の日々

三日は暑気とともに蚊の襲来にも苦しんでいる。**「昨夜蚊に攻められて遂に一睡もせず。朝、最も涼しき時、寒暖計八十五度」**。華氏八十五度は摂氏二十九・四度である。現在でいう熱帯夜で、これでは下宿に籠もっての原稿執筆もままならない。

追い打ちをかけるように、夜には博文館の長谷川天渓から、托してあった小説「二筋の血」「天鵞絨」が返却されてきた。添え状には**「遂に文芸倶楽部に載するあたはず、太陽も年内に余地を作ること難き故、お気の毒乍ら他に交渉してくれと」**とあった。さすがに**「イヤになつて了つて早々枕につく。煙草はなし、蚊やりはなし。仰向のまま蚊を十何疋殺して二時頃漸く眠る」**。

つらい気持ちをやわらげてくれるのが金田一の友情であり、与謝野夫妻の「親心」であった。四日は半日、金田一と話しているところへ与謝野寛から書留が届く。**「為替五円。外に、明夕あたり御出下され浴衣お着代へ被下度しと晶子申候、と書いて」**あった。夫妻のあたたかい思いやりに、**「暫く語なく与謝野**

の好情を懐ふ」ている。

夕方、為替を受け取ると、早速**「原稿紙と蚊やり香と煙草と絵ハガキ数枚」**を購入している。そこまではよいが、**「蕪村の句集、唐詩選、義太夫本、端唄本二冊」**も買い込んでおり、浪費癖は相変わらずである。それでも与謝野にすぐに礼状を出し、夜は「蚊やり香」、現在にいう蚊取り線香のおかげで安眠できている。

五日は、起床後より義太夫本を読み進めたところ、**「傾城阿波鳴門巡礼歌の段、涙落ちて雨の如し。物の本をよみて泣けること数年振なり」**と、かなりの興奮状態になっている。

午後には二度の驟雨があった。涼しさも手伝って菅原芳子に手紙を認めている。この時の書簡の存否は未詳だが、五日後の日付の芳子宛書簡は、熱烈な言辞にあふれている。ロマンにあふれた文言の一部を紹介すると、次のとおりである。

苦思縦横なる運命の桎梏の中、脱せむとして脱する能はざる宿命の牢獄の中にありて、海紫なる浜辺にありて沖の白帆を数へ給ふ黒髪の人を想像し、そにあくがれ、そを思ひ候事、私にとりては如何許りの慰めに候ふべき。これをしも恋といふべくば、かばかり美しく清き恋はまたと世にあらざるべきか。

（8月10日付『全集』七）

熱心な歌の指導はよいとして、情熱的な愛の告白はあきらかに芳子を戸惑わせていた。芳子は返信で啄木に兄と呼ぶ旨を伝えきた。釧路の小奴のときとは逆である。

芳子への妄想を極限まで膨らませた、手紙による「自然」な恋愛に走る啄木にとって、野暮な現実は無用である。そのためかれは、芳子に向けて、自分から妻子持ちの事実を明かし、「私の言葉のために聊かにても波風の立たむことは、私の決して願はざる所に候」と、男女関係上の安全宣言を出している。

そのうえで「私、年齢に於て御身より三歳の兄なり、何とでも御身の思ふ儘に御呼び下され度候。但し私は妹とは申すまじ。一生の間、最も清く美しき恋を許せし未見の人として、常に楽しく思出可申候」（同前『全集』七）と、芳子への妄想本位の「浮気」の維持につとめている。さらに、妄想を過熱させるアイテムとしてか、あるいは別の目的か、芳子にたびたび顔写真を送るようもとめてもいる。

女義太夫に熱中する

五日をつづけると、義太夫熱の高まりをうけて、夕方からは金田一と小石川区初音町（文京区小石川二丁目）の初音亭まで女義太夫見物に出かけている。**「六時頃相携へて初音亭に娘義太夫をきく。初見えの竹本友昇、寺子屋をかたりて熱心愛すべし。十時頃帰る」**。同亭は場末の寄席だが、それでも馬場孤蝶『明治の東京』に「小石川の初音町に鶯橋というのが大溝にかかっていて、その袂に初音亭というのがあった。場末の寄席らしい絵看板などを時々見かけたのだが」などと紹介されている。

女義太夫は娘義太夫ともいい、女性演者による義太夫節である。明治二十年代から大正初期にかけて学生層を中心に人気を博した。

水野悠子の言葉をかりると、「明治の中頃、寄席に出る娘義太夫は青年の心をトロトロに蕩かしたといわれている。ろうそくの明かりに照らし出された娘義太夫と目が合ったといえば狂喜し、熱演する娘義太夫の日本髪が乱れ、ほつれ毛が頬にかかったといっては興奮した学生たちは、髪にさした簪が落ちると先を争って拾ったという。娘義太夫を追いかけたから「追っかけ連」、「ドースルドースル」と叫んだから「どうする連」と呼ばれた熱烈なファンたちは、下駄を鳴らして東京中を走り回った」（『知られざる芸能史　娘義太夫』）という。

『三四郎』にも、三四郎が熊本出身の同級生をつかまえ「昇之助とは何だと聞いたら、寄席へ出る娘義太夫だと教へて呉れた。夫から寄席の看板はこんなもので、本郷のどこにあると云ふ事迄云つて聞かせた上、今度の土曜に一所に行かうと誘つて呉れた。よく知つてると思つたら、此男は昨夜始めて、寄席へ這入つたのださうだ。三四郎は何だか寄席へ行つて昇之助が見度なつた」という場面が登場する。当時の青年たちにとって、女義太夫はまさにアイドル的な存在であった。

青年時代、女義太夫に熱を上げた作家というと志賀直哉が有名だが、啄木の盛岡中学校の先輩、野村胡堂も女義太夫の圧倒的な人気を次のように語る。

若いファンのあこがれは、何といっても娘義太夫である。戦後のジャズやロカビリー。大正中期の浅草オペラも、若人を熱狂させたけれど、夢中になった程度では、娘義太夫は、段違いであった。京子。綾之助。小土佐から、朝重。昇之助などの名前は、まるで女王様であった。黄色い声を張って伸び上がると、花かんざしがバサリと落ちる。

「ドウスル、ドウスル……」

ファンは、ここぞとばかり親不孝声を振りしぼって、下足の札で伴奏を入れる。

一席終って、次ぎの席亭へと人力車を飛ばすのを、何十人のファンが真っ黒にかたまって、ワッショ、ワッショと、おみこしのように……。

（『胡堂百話』）

啄木と女義太夫の最初の接点は、前年十月二十三日に小樽寿亭での**「娘義太夫越寿一座をきく」**である。翌二十四日にも、ふたたび寿亭をおとずれたが、その後は盛り上がることはなかった。このときの女義太夫見物を啄木は小樽日報で記事にしており、取材目的以上には関心を引かなかったようである（福地順一『石川啄木と北海道』）。

これに対し今回は、以降約二カ月にわたり女義太夫の寄席に通いつづけることになる。かなりの熱中ぶりだが、「追っかけ連」「どうする連」のような過激な言動はなく、どちらかといえば静かに味わうタイプであった。

一例をあげると、十月五日には平野萬里を誘って上野広小路の鈴本亭（鈴本演芸場）に出かけ、竹本朝重・豊竹昇菊を観ている。昇菊は大人気を博しており、その美貌は世間にとどろいていた。啄木の友人太田正雄（木下杢太郎）が夢中になったことでも知られる。

「美人の顔を黙つて見てると、実に気持が可い。這麼時予の心は三様に働く。一つの心は、義太夫を聴いて味つてゐる。一つの心は、美しい顔を眺めて喜んでゐる。そして一つの心は、取留もない空想に耽つてゐる」。文学趣味に適い、美人の顔を気にすることなく凝視でき、妄想に浸れる、啄木にとって女義太夫の寄席は、至福の空間であった。

八月五日にもどる。初音亭を出た金田一と啄木は、寄席のすぐ近くの「こんにゃく閻魔」として知られる源覚寺か、あるいは別の寺院の**「寺門にて辻占をもと」**め、これに興じている。五個入一銭のおみくじ袋をそれぞれ買って、交互に披いていったところ、啄木の袋には、おみくじが一個余分に入っていた。**「こは面白しと残る一つを披きしに「日の出だよ」！　吉兆と呼びて笑ふ」**。せっかくの幸運を「おみくじ」で使ってしまうあたり、いかにも啄木である。

六日は、台風の接近にともない徐々に風がつよまり、雨も降りはじめている。**「恰も秋風に似たる風窓前の竹に騒げり。終日やまず。金田一君と語りて日を暮す。夜驟雨沛然として至る」**。つづく七日は昌平橋で与謝野寛と会い、明治書院を経て千駄ヶ谷に赴き、『明星』八月号の校正を手伝っている。約束どおり、晶子から**「手縫ひの白地の単衣を贈ら」**れている。千駄ヶ谷を辞したのは夕方である。**「髪を苅り湯に入る。明星の歌をなほして十二時頃枕につく。大暴風雨」**。

植木貞子の逆襲

この年の啄木は良いことがあると、その後により大きな不幸に見舞われるらしい。おみくじで運を使ってしまったのか、八日から九日にかけておこなわれた千駄ヶ谷の新詩社の歌会に出席し、九日午後に下宿にもどったところ、不在中にたずねて来た植木貞子によって日記と「天鵞絨」の原稿、歌稿一冊が持ち去られていた。

「蓋し彼女、予の机の抽斗の中を改めて数通の手紙を見、またこの日誌の中に彼女に関して罵倒せるあるを見、怒りてこれを持ち去れるものなり！」「机上に置手紙あり、曰く、ほしくは取りに来れと」。

日記は、七月二十九日から三十一日までの分が貞子によって破り取られてしまっており、「罵倒」の内容はわからない。啄木は下宿立ち退きの危機を金田一の友情によって救われ、「大盲動」を決意した時期である。

恋愛方面では、菅原芳子への妄想を膨らませての「浮気」に熱中する一方、肉体関係まで結んだ貞子との「実恋」には嫌気がさしていた。啄木は以前から彼女を疎ましく思っていたから、日記内で罵倒しても不思議はない。日記を持ち去られてから奪回するまでの貞子とのやりとりは、「痴情のもつれ」そのものである。

如何にして盗まれたるものを取返すべきかにつきて、金田一君と毎日の如く凝議したり。一度、予怒りを忍んで彼女を訪ねしもあらざりき。翌日オドシの葉書をやる。無礼なる返事来る。行かず。十九日の夕に至り、彼女自ら持ち来りて予を呼出し、潸然として泣いて此等の品を渡して帰れり。

（「十二日間の記」）

さんざん悩まされたが、十九日には日記は無事もどり、啄木は**「金田一君と共に万歳を唱ふ」**。啄木の毎月の下宿料を肩代わりしてくれ、貞子との面倒な問題にも親身につき合い、一緒に万歳までしてくれる金田一の友情に、啄木はどれほど救われたかわからない。

日記持ち去り事件は、啄木と貞子の関係を決定的に悪化させた。その後、両者の行き来は途絶え、九月に入り貞子より葉書が届く。**「悲しい転居の知らせのハガキ、赤心館から廻送して来た。嘘か実か知らねども、遠からず女中に出るといふ！」**（9月21日）。啄木は半信半疑だが、実家の没落は本当だった。

こうして一気に燃え上がり、その後、燻りつづけた貞子との関係もピリオドを打ったかにみえた。だが話はまだ終わらない。翌年二月八日、啄木はようやくに手に入った春陽堂からの原稿料を持って、北原白秋と一緒に浅草の私娼窟に遊びに行くのだが、そこで遊女となった貞子と再会する。詳細は日記にゆずる。

赤心館の昼と夜

無事に日記と原稿がもどり、二十日は、金田一と終日、楽しくすごしている。

十時起床。金田一君と将棋を戦はして勝つ。残暑八十七度に上る。煙草全く尽く。金田一君も同様なり。二人共何事をもなさず。四時頃都新聞の橋本君来り、初めて煙草にありつく。夕、金田一君の国史大辞典を典じて、共に洗湯にゆき、帰路ビールを呷り、氷をのむ。本妙寺境内の暗がりにて盆踊を踊る。秋天廓寥、銀河高し。

（「日記」8月20日）

女義太夫熱は継続中だが、この頃は将棋にも夢中になっていた。最高気温は三十度を超すなど残暑はつづいていたが、空をみて、季節が秋に移りつつあることを実感している。暗がりで突然盆踊りというのは妙だが、昨年、函館大火の最中に興奮のあまり踊ったこともあるので、決して意外ではない。

二人してたばこ代にも事欠くほどの貧乏生活は、金田一の回想にも出てくる。

明治四十一年の春から夏へかけての二人の生活費は、学校出のホヤホヤの私一人の収入でささえるにはもちろん足りなかった。だからずいぶん無理があったはずである。こんなことは思い出す〔も〕羞かしいことであるが、二人が煙草を切らすことがあって、しょうことなしに、火鉢の中をぐるぐる火箸で掻き廻し、二、三日前に飲みすてた吸殻を見つけて、火鉢の縁へ二、三度トントンと叩いて、火をつけて一口ずつ吸ってみたりしたものだった。石川君、叩き方が存在(ぞんざい)なものだから、時々ゾクッと灰が口の中へはいって来て「ワア！」と言って、ペッペッ唾をして苦笑する、などいうほどの窮し方だった。

（『新訂版石川啄木』）

大好物のたばこも切れて辛いはずだが、金田一と一緒だと、心が軽くなるらしい。初体験の東京の夏は、終盤という安堵感も手伝ってか気が大きくなっていたようで、岩崎白鯨に宛てた書簡では「東京の夏は過して見ると案外過し易かつた様に思ふ、この下宿に籠城したのは僕と金田一君だけだ、僕は頑健だ」（8月22日付、函図）と、自身の壮健を誇っている。四年後には啄木がこの世に存在していないことを後世の我われは知っているだけに、何ともせつない。

啄木の気分を高揚させたもうひとつの理由は、郷里の友人小笠原迷宮（謙吉）より大阪新報で新聞小説を執筆する話がもたらされたことにあった。同紙は、原敬が西園寺内閣で内務大臣に就任するまで社長をつとめており、政友会の機関紙的な存在であった。明星派が没落傾向で、学閥に頼れない啄木にとって、郷党コネクションは貴重な頼みの綱である。

さきの岩崎白鯨宛書簡では、「原敬の所有なる大坂新報の連載小説を依頼されて、五十回許りの「静子の悲」目下執筆中、よろこんでくれ玉へ、但し一回一円位らしいが、これであたれば、この次から有望だよ、とにかく少しづつよい事になつてくる様だ」（前掲岩崎宛書簡）と、期待たっぷりに見通しを語っている。

一日一円は安いが、順調にいけば五十円が入る。この話に啄木は勇躍し、十七日夜から新たな小説を書きはじめていた。二十日に金田一が蔵書の国史大辞典を質入れしてまでして金を拵え、ビールを奢ってくれたのは、前祝いのためであろう。

浅草の深部をのぞく

二十一日。この日弥彦は、幼年学校生徒による材木座海岸から長谷までの小遠泳で助手をつとめた後、慰労休みとして葉山に細川護立をたずねるなど楽しくすごしたが、啄木はというと、夕方より生涯における重要な場所に初めて出かけている。それは浅草六区にある凌雲閣（浅草十二階）の北側にある私娼窟であった。

夜、金田一君と共に浅草に遊ぶ。蓋し同君嘗て凌雲閣に登り、閣下の伏魔殿の在る所を知りしを以てなり。

キネオラマなるものを見る。ナイヤガラの大瀑布、水勢轄豁として涼気起る。既にして雷雨あり、晴れて夕となり、殷紅の雲瀑上に懸る。月出でて河上の層楼窓毎に燈火を点ず。児戯に似て然も猶快を覚ゆ。

凌雲閣の北、細路紛糾、広大なる迷宮あり、此処に住むものは皆女なり、若き女なり、家々御神燈を掲げ、行人を見て、頻に挑む。或は簾の中より鼠泣するあり、声をかくるあり、最も甚だしきに至つては、路上に客を擁して無理無体に屋内に拉し去る。歩一歩、「チヨイト」「様子の好い方」「チヨイト、チヨイト、学生さん」「寄つてらつしやいな」

塔下苑と名づく。蓋しくはこれ地上の仙境なり。

十時過ぐるまで艶声の間に杖をひきて帰り来る。

（「日記」8月21日）

浅草私娼窟行の伏線は七月五日に、金田一から「浅草の十二階から望遠鏡で下を見おろすと、蜘蛛の網の如くなつた細い小路で、男が淫売婦に捉まるところが見える」と聞かされたことにあった。すぐに出かけなかったのは、まもなく精神的に下降したこと、加えて経済的にもまったく余裕を欠いていたからだろう。

一方、浅草行きのきっかけを作った金田一にとっては「塔下苑」徘徊は生涯の汚点、消してしまいたい過去となった。かれがこのことをずっと気にしていたことは、後年、啄木全集刊行会で日記の翻刻が企画されたとき、事実が露顕することを恐れ、強硬に反対したことからもうかがえる。

金田一は刊行会メンバーの桑原武夫に「あの日記には、啄木が誘って浅草の私娼窟へ出掛けるところがある。私は潔白で（と力を込めて言った）一線を越えずに帰ってきたのだが、私には今嫁入り前の娘がある。もし、婿になる人があそこを読んであらぬこと

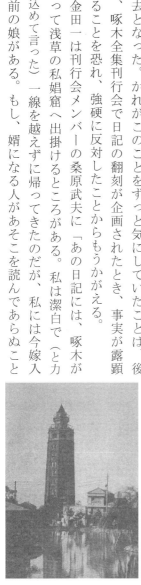

遼雲閣（浅草十二階）

を空想し、破談にでもなったら娘が可哀想だから、どうか日記の公開は見合わせてくれ」と懇願し、桑原を仰天させている。(『父京助を語る』)

話をもどすと、浅草十二階は東京名所のひとつで、六区の北側、浅草区千束町二丁目(台東区浅草二丁目)にあった。高さは約六十七メートル、当時、日本一の高層建築であった。十階までは総レンガ造り、その上二層は木造、最上層には三十倍の望遠鏡が設置されていた。

最上層からの眺望については、江戸川乱歩『押絵と旅する男』の描写が、よく雰囲気を伝えている。

雲が手の届きそうな低い所にあって、見渡すと、東京中の屋根がごみみたいに、ゴチャゴチャしていて、品川の御台場が、盆石のように見えております。眼まいがしそうなのを我慢して、下を覗きますと、観音様の御堂だってずっと低い所にありますし、小屋掛けの見世物が、おもちゃのようで、歩いている人間が、頭と足ばかりに見えるのです。

啄木は「浅草の凌雲閣にかけのぼり息がきれしに飛び下りかねき」という歌を詠んではいるが、実際に登ったかどうかは定かでない。少なくとも日記・書簡には登閣した記事は出てこない。

この日、二人はまずキネオラマという見世物をみている。キネオラマとは、大仕掛けの舞台装置と照明によってみせるジオラマのようなもので、ナイアガラ大瀑布を再現していた(『浅草十二階』)。

日も暮れてからは私娼窟に向かっている。女性たちの呼び込みの台詞以外は書かれておらず、うろつき回ったこと以外はよくわからないが、ともかくかれらは、夜十時すぎまで浅草にいて、その後、下宿にもどっている。

初めての「塔下苑」体験は鮮烈だったらしく、翌日は完全に余韻に浸っている。**「人は時として、否、常に、その生活の平凡単調に倦んで、何かしら刺戟——可成強烈な刺戟を欲する。今日の一日はその刺戟を欲する心に終始した」「昨夜歩いた境地——生れて初めて見た境地——の事が、終始胸に往来した」**。

恋愛・結婚・「男女の仲」等々、これらの概念や相互の関係性が渾沌としていたこの時代、男女関係をめぐる「自然」な問題に遭遇すると、啄木は自らが結婚によって束縛されていることに悩む。**「結婚といふ事は、女にとつて生活の方法たる意味がある。一人の女が一人の男に身をまかして、そして生活することを結婚といふのだ。世の中ではこれを何とも思はぬ。あたり前な事としてゐる。否、必ずあらねばならぬこととしてゐる。然るに「彼等」に対しては非常な侮蔑と汚辱の念を有つてゐる。少し変だ、彼等も亦畢竟同じ事をしてゐるのだ。唯違ふのは、普通の女は一人の男を択んでその身をまかせ、彼らは誰と限らず男全躰を合手に身をまかせて生活してるだけだ。今の社会道徳といふものは、総じて皆這麼不合理な事を信条としてゐる」**。

婚姻関係を結んだ女性と私娼窟の女性を対置し、性的関係を結んで生活している点ではおなじなのに、前者は当然視され、後者は侮蔑されると指摘する。社会の矛盾や道徳の不合理をつこうとしているが、相当乱暴な議論である。疑問の提示はするが、議論は女性の自立論には向かうものではないし、自由恋愛論にも性の解放論にも向かわない。

かれは釧路時代、将来の女性の自立を不可避と訴えるなど、豊かな知識と、鋭敏な時代感覚をみせたが、不満の核心は、自身の性欲とその発散が結婚によって制約されることへの反発にあった。それだけに徹底して唯我的でり、独善的であるが、正直に本心を吐露しているからこそ、啄木の苦悩は歴史的な意味をもつ。

啄木が悩むのは、かれが人一倍妻を愛しており、自身の行為が妻への裏切りであることを十分自覚していたからであった。むしろ、この時代の少なからぬ男性が、性行為と結婚を割り切っているなか、妻への背徳を意識するがゆえ、一夫一婦制の問題にすりかえて、道徳自体を無意味化し、痛みから逃避をはかろうとしたともいえる。

啄木の独善性や限界を指摘し、今日的価値観でもって断ずるのはたやすいが、そのことよりも、啄木がそうした自分をおかしいとは思わず、社会の矛盾を突くような議論とないまぜにして、結論を得ていないことを、時代の空気感とともに正面から見据えておきたい。

夏の終わりと将来の模索

八月下旬、啄木は一喜一憂の日がつづく。二十三日は吉井勇の歌会があったが、電車賃がなくて行けなかった。その分「静子の悲」を書き継いでいる。

二十五日には麹町に住み、東京タイムスに勤務する宮永という人物から**「久濶を叙して逢ひたいと言ふ」**手紙が届いた。心当たりといえば、盛岡中学校の入学試験に一番で合格し、その後、一級上の板垣征四郎（陸軍大将）と一緒に仙台陸軍地方幼年学校に入ったが**「退校させられ、東京でゴロツキの小さい親分になつてゐた」**宮永佐吉であった。

宮永とは六年前の十一月八日、東京で会ったことがある。**「眼は悪しき光を放ち風容自ら野卑也、その昔の機敏の面かげのみ狡猾の相にのこれるが如し。あゝこの人この年の三月幼年校を放校せられて以来京に入り種々なる転化の末遂にかゝる浅ましくなれるせ。我は常にくり返す、曰く京は学ふにも遊ふにも都合のよき処せと」**。同人を通じて有為な青少年をたやすく堕落させてしまう都会の恐ろしさを知った。

夕方、住所をたずねたところ本人は不在だったが、果たして宮永佐吉であった。宮永はその後、三十日にも赤心館にやって来たが、啄木は折から千駄ヶ谷の歌会に出席していて、この時も不在であった。さらに九月九日には宮永より来信があったが、結局、対面には至らなかった。

この小さな出来事を弥彦の幼年学校の游泳教練と関連づけるのは無理があるが、八月下旬、幼年学校をめぐり二人に小さな共通項が生じていることに不思議さを感じる。二人ともこの年、ほかに幼年学校関係の記事は出てこない。

啄木日記では堕落漢としてさんざんな評価の宮永佐吉であるが、時々啄木の面倒をみていたようで、明治四十年代に存在した新聞『岩手時事』に関わったり、後年には厨川村（現在は盛岡市の一部）の村長になっている（『石川啄木と東京散歩』）。

八月の「大盲動」は啄木を七月の鬱々たる気分から一転して活発にさせた。「死にたい」などと口走ることはなく、新聞小説の執筆にいそしんだ。同時に女義太夫や浅草塔下苑にもはまり込んだ。

それでもさすがに月末になると不安が高まってきた。「万一こゝ二三ヶ月のうちに東京の生活見込相立たず候はゞ当分また田舎の新聞にまゐる積りにて、その方も近頃心あたり詮索いたし居候」（8月22日付宮崎竹四郎宛、函図）と、都落ちの検討もはじめている。

そうしたなか、二十七日には平野萬里が下宿にやって来た。平野と**「いろいろ僕自身の事を語り合つた。そして、十一月十五日〆切の、二六新聞の懸賞小説を脱稿するまでは、現状のまゝで居ようといふ事にきめた。平野君は非常に励まして行つた。それが午后一時」**。

二十九日には、読売新聞に「三面記者五名募集」の広告が出たので、応募している。「希望者は自作文章と共に履歴書に所望俸給額を書添へ社内「木公」宛御附あれ▲自作文章及履歴書携帯直接来談あるも可也」云々とあり、「〆切は八月二十九日午後九時」であった。**「心ならずも履歴書をかいて、釧路新聞へ書いたものと共に送つた。希望俸給額四十五円か五十円と書いた。俺にこんな巨額な金をくれる奴はない。それは確だ。不本意で応ずるのだから、態とこんな詰らぬ事に不平を洩したのさ」**。駄目もとで応募したせいか、かなり不貞腐れ気味の様子である。結論は翌月に持ち越される。

九月

❏弥彦

カメラに凝る

啄木は八月、女義太夫に始まった私的流行の変遷について「八月になつてから僕の趣味は数回変つた。先づ浄瑠璃の妙味を知つた。その次は将棋、〔略〕この頃――昨夜からは塔下苑趣味万才だ」（8月22日付岩崎白鯨宛、函図）云々と総括している。一方、弥彦はというと、九月に入るとにわかにカメラ熱が高まっている。

曇、午後より雨。十時発にて誠氏渡米途につかる故送りに行く、何か餞別品を求め為め銀座に行きも見あたらず、直に新橋にゆく。山沢、鈴木四郎など送り来れり。十一時横浜着。西村旅館にゆき中食す。大河内、慶久、勝、厚氏夫婦、栄子嬢同道す。一時頃西村を出で、はとばにゆき、安芸丸に乗船す。降雨甚し。室はトモの二等室なりき。二時出帆。記念のため撮影す。転し船を見送り、別れをつげて帰る。酒井、豊二氏も乗り、共に打ちつれて帰る。三時三十分の発をまつ為め、二階にてビールなどのむ。四時半頃着後、一同と別れ帰宅す。写真現像をなし、十時寝につく。（「日記」9月1日）

渡米する誠氏とは最後の将軍徳川慶喜の九男徳川誠である。年齢は弥彦より一歳下、学習院野球部の後輩で、弥彦の卒業後は主戦投手をつとめた。この日午後二時に出航する日本郵船の安芸丸で渡米し、ミシガン州のホープ大学に留学する。

横浜駅は、現在の桜木町駅である。西村旅館は弁天通六丁目にあり、渡航客が荷物を預けるなどしてよく利用していた。

横浜では誠の親類・知人と一緒に見送ったが、大河内とは徳川慶喜の八女国子の夫で旧高崎藩主家の大河内輝耕である。同人は弥彦の陸上部の先輩で、後年、貴族院議員となり、戦時中は東条英機内閣批判も辞さないなど、硬派の議員として活躍する。慶久は七男で徳川慶喜公爵家を嗣ぐ。勝は十男で勝海舟の養子となった精。弥彦は、精とは野球部でバッテリーを組んでいた。厚は四男、栄子は旧水戸藩主家の徳川圀順に嫁ぐ十一女の英子であろう。ほかに酒井は酒井晴雄か弟の四郎であろう。豊二は西郷従道の子息。弥彦は豊二ともバッテリーを組んだことがある。

弥彦は記念の写真を撮影し、夜には自宅で現像をしている。写真機の機種はわからないが、おそらく外国製のコンパクトなタイプであろう。弥彦は各種写真機の輸入販売をしていた浅沼商会を利用していたが、同社が作成した商品カタログである、明治四十年版の『写真機械材料目録』には、「手提暗函」というタイプの写真機がいくつか紹介されている。

たとえば「スター、プレモ手提暗函」は、「此暗函はプレモ中の最新式にて其特長とする所は、容積嵩張らず、従て重さも至つて軽く、旅行携帯用として最も適当せる点に在り」と紹介されており、代価は六十五円である。ほかにも「カール、ツアイス氏製小形パルモス手提暗函」だと、価格はレンズによって百六十～百九十円となっている。

カメラはよほど楽しかったらしく、日記には、外出先で撮影し、自宅では焼き付け作業をおこなうといった写真関連の記事が再三出てくる。

たとえば、十日には**「午前中は写真す。午後二時頃より豊沢さんに赤子の写真を取りに行く。四時頃かへり」**と、兄の豊沢弥二・愛夫妻に生まれた赤ん坊の写真撮影に出かけている。

ついで十五日には**「午前中は写真をなす。午後五時半頃より、豊沢さんに赤ちゃんの七夜にて行く。馳走あり。永井亨夫婦、永井さんの母、弥太郎兄上、日高さんなど来る。通ちゃん、雪子、幹子、伊地知さんの弟も居る。十時頃帰り、寝につく」**とある。御七夜の招宴のため、ふたたび豊沢家をおとずれている。「午前中は写真」とは、あるいは十日に撮影した写真の焼き付け乃至焼き増しであろうか。

この日の招宴には、愛夫人の実家の永井家からは、母高と農商務省に勤務する二男亨夫妻が、三島家側からは兄弥太郎、義兄日高栄三郎のほか、甥の通陽（あるいは通隆）や牧野伸顕・峰子夫妻の長女でのちに吉田茂夫人となる雪子などが出席している。永井高は常陸国宍戸藩主松平頼位の三女で永井岩之丞夫人、三島由紀夫の曾祖母にあたる。

経済学科に転科

九月に入ると、大学では新しい学年がはじまる。十四日午前、弥彦は大学に出かけ、政治学科より経済学科へ転科の手続きをおこなっている。

晴。午前十時頃学校に行き、経済科に転科の願を出し、帰り時間表を見、画葉書屋によりて、album を求め、神田を廻り姉上様に頼まれしいろは字引きを求め、写真屋により p.o.p.を求め帰る。二時頃より目白の学習院に黒田長敬氏の渡米の送別 match をなしにゆく。五、六回の match なり。大原、

柳生も来る。七時頃帰宅、写真をやき、十一時頃床に入る。

（「日記」9月14日）

東京帝国大学法科大学では七月に改組があり、政治学科から経済学科が新たに設立された（施行は九月）。弥彦が転科を願い出た理由は、直接には学年末試験の失敗を受けてであろうが、卒業後に横浜正金銀行に就職していることを踏まえれば、将来を見据えての転進とも考えられる。

大学で手続きを済ませたあとは、絵葉書屋でアルバムをもとめ、神田で兄弥太郎夫人の義姉加根子の所望による『いろは字引』、さらに写真屋に寄って印画紙をそれぞれ購入している。p.o.p.とは printing out paper の略である。

さらに午後には、目白の学習院でおこなわれた「黒田長敬氏渡米の送別 match」の野球試合に参加している。黒田は七月章のゴイサギ猟にも登場した、野球部の先輩である。米国ニューヨーク州のコーネル大学に留学し、大正元年（一九一二）に帰国した後は宮内省に入り、侍従、大膳頭などを歴任した。また貴族院議員としても活躍している。

送別マッチに参加した柳生は柳生基夫、大原は公家の大原伯爵家出身の重光（のち旧三春藩主秋田子爵家の養子となり、秋田重季と改める）で、いずれも弥彦とは、学習院野球部でのチームメイトである。帰宅後には写真の現像をしている。送別マッチの模様を撮影した写真であろう。

十六日は**「午前中は写真などなし、十一時半の新橋にて黒田長敬氏渡米さる故、新橋迄見送りに行く。瓜生、柳生など多数来れり。帰りに天夫羅にて有名なる橋善に至る。二名前食せしに、少しく胸悪くなる。二時頃帰宅」**。

徳川誠のときは横浜だったが、この日は新橋で柳生や瓜生剛などと一緒に黒田を見送り、その後、天丼発祥の店ともいわれる有名な天麩羅屋「橋善」で食事をしている。二人分を平らげたところ胸焼けを起こしている。

活動写真と風紀問題

話を月初めにもどす。夏が終わり、東京にもどった弥彦は、以前と同様、活動写真や観劇によく出かけている。二日には**「夕食後伸太郎、種人と共に錦輝館に活度写真を見にゆき、十時頃帰家」**。錦輝館といえば、西園寺内閣倒閣の一因ともいわれる赤旗事件に関して、八月二十九日に東京地方裁判所の判決が出るなど世間は騒がしかったが、弥彦に気にする風はない。

当時の活動写真は、音声がなく、弁士が解説を加えるのが一般的であった。折から錦輝館では、前に触れた横田商会とは絶縁し、直接イタリアから輸入した活動写真を上映していた。そこで生じたのが、恋愛映画をめぐる風紀上の問題であった。

たとえば「花売娘」という作品では、弁士が「此写真には接吻の様な所が折々あります、外国では之が一の礼式です、何うぞ皆様いやな気をお起しにならぬやう」(「活動写真大流行(続)」『東京朝日新聞』8月26日)と、前口上を述べていたというから、大体の雰囲気は察せられる。

批判を受けて錦輝館では、九月より「活動写真の風紀問題喧しくなりたれば教育滑稽を主とする」(『東京朝日新聞』9月1日)こととなり、「救命の花環、慈母の狂乱、海賊船、独逸皇帝英国御訪問、義賊コンドレル、魔法の肖像、無勝負の決闘懺悔、孝の徳、不思議の神楽、暴飲の訓戒、美顔術、犬芝居猿の見物、有為天変、外数十種」(『東京朝日新聞』8月31日)が上映されたという。

タイトルからみて、教育・滑稽物と納得できそうなものが多く、痛快物らしい作品もある。弥彦も甥を同伴する以上、風紀的に問題のある作品は避けておきたい。

五日は**「夕食後日比谷の音楽堂に陸軍の演奏を聞きに行く。帰りに演技座により、立見す。十一時頃帰宅。寝につく」**。「日比谷の音楽堂」とは、日比谷公園内に明治三十八年（一九〇五）に開設された野外音楽堂で、場所は現在の小音楽堂である。そこで弥彦は、陸軍軍楽隊の演奏を聴いている。

つづいておとずれた「演技座」とは、演伎座のことである。演伎座は赤坂区溜池町（港区赤坂）にあった総建坪一九八坪の劇場で（『港区史』下巻）、このときは「伊達競阿国劇場」「其名高田誉仇討」「椀久」と「花街丹前」が上演されていた（『読売新聞』9月2日）。

おなじ五日の日記には**「御弥太郎兄上、姉上、通陽大磯に行かる、弥太郎兄上は興津に井上の見舞に行かれし由」**とある。井上とは元老井上馨のことで、静岡県興津（静岡市清水区）の別荘に滞在していたところ、八月三十一日、海水浴後に体調をくずし、その後人事不省に陥っていた。医師の診断では、腎盂炎のため利尿機能に障害を生じ、尿毒症を起こしたという（『世外井上公伝』第五巻）。

井上重態は政財界を震撼させた。天皇は侍医を差遣し、各界の名士が相次いで興津に馳せ参じ、病床を見舞った。弥太郎もその一人である。

弥太郎は薩摩出身であるが、第一次桂太郎内閣のとき、研究会を代表して政府と交渉して以来、長州派ともつながりをもったとされる。さきにみたとおり、弥太郎は横浜正金銀行取締役に就任したが、この人事は井上の斡旋によるものだという（季武嘉也「貴族院議員・銀行家としての三島弥太郎」）。のちに弥彦は、兄の縁で横浜正金銀行に入行するから、井上は間接的に就職の恩人となる。

井上馨の重患をめぐるエピソードで最も有名なものといえば、大磯から駆けつけ、連日枕頭に寄り添い看病に当たった、幕末以来の盟友伊藤博文の友情であろう。

一時は絶望視された井上であったが、その後、奇跡的に回復し、翌年五月二日には麻布区宮村町の内田山の本邸（港区元麻布三丁目）で全快祝いの園遊会が開かれた。

参列者のひとり、原敬の日記には「井上侯病気全快に付園遊会を開らき余も出席したり。昨年余の外遊中、到底全快の望なしとの報に屢々接したる程なりしが、不思議にも全快し本日此祝筵を開らくことを得たり、来会者多く盛会なりき、伊藤維新前後より今日に至る迄の交誼を演説したり」（『原敬日記』明治42年5月2日）と記される。

原は淡々と記すのみだが、伊藤は祝辞の途中で嗚咽してしまい、一同を粛然とさせている。おなじく参列者のひとりで、のちの首相若槻礼次郎は、抱き合って泣く井上・伊藤の姿に「両元老の切々たる友情！これこそ男の友情の最高の姿でなくて何であろう。私は感に堪えてこれを見ていた。衆人満座の中で、地位も外聞も、すべてを抛げ棄てた、丸裸の人間の情愛、これはとうてい舞台などで見られる光景ではない」（『古風庵回顧録』）と、深い友情に胸を打たれている。

学習院の寄宿舎をみる

弥彦日記にもどると、十日条に**「学習院学生は目白の寄宿に入舎す」**とあり、十二日は土曜日とあって、午後**「目白の学習院の宿舎を見にゆき、六時頃帰宅」**している。

弥彦の学習院在学中、校舎は四谷尾張町（迎賓館赤坂離宮の前庭付近）にあった。弥彦が初等学科時代の明治二十七年（一八九四）六月に起きた地震により校舎が被災したのをうけ、学習院では郊外への移転が計画され、この年八月に中高等学科の目白（北豊島郡高田村）への移転が完了した。

学習院にはかつては寄宿舎があったが、明治三十年に廃止されていた。目

学習院寄宿舎　写真は総寮部

白移転に伴い、寄宿舎が復活し、中高等学科の学生は原則として寮生活をおこなうこととなった。

寄宿舎は六寮あり、第一・二寮には青年部として高等学科の学生が、第三・四・五寮には中年部として中等学科第四〜六級の、第六寮には幼年部として中等学科第一〜三級の学生がそれぞれ入った。九月十日に入寮式が催され、乃木院長が「共同一致の美風を養ひ、公徳心の養成と其の発揮に努むべき旨を訓示」(『学習院史』)し、翌十一日より授業が開始された。

弥彦は在学中、寮生活を経験していないだけに、物珍しさもありわざわざ見学したのだろう。

学業といえば、大学でも新学年がはじまっている。最初の授業出席は二十一日で、**「始めて出校す。牧野刑法、経済地理あり。一時間程早く出せしかば、柳生の処により、其れより自転車にて目白の学習院に至り、七時頃帰宅す。其れより少しくnoteを見て、十二時頃床に入る」**。

講義の途中で早引けして学習院に出かけており、いささか心配だが、帰宅後はしっかり勉強している。ほかにも二十五日には**「朝中西により独語の経済の本を求めしもあらず」**と、ドイツ語の経済書をもとめて神保町の中西屋書店に出かけるなど、学業熱心な様子が伝わる記事もある。中西屋書店は、書籍や文具で有名な丸善を開業し、横浜正金銀行の創業者としても知られる早矢仕有的が、丸善とは別に開業した書店である。屋号の中西は姓ではなく、「広く中土(日本)西洋の書籍を売買するという意味で名づけたもの」(『丸善百年史』上巻)であった。

翌二十六日は、午後に、後述する慶応義塾とワシントン大学の野球試合の審判をしているが、午前中は**「九時より登校。建部博士の社会学の講義あり」**と、建部遯吾教授の社会学を受講している。弥彦日記では、ほかにも多くの日条に**「平日の如し」**と記されるが、これは以前とおなじく、大学に登校し受講したが、特記事項なしという意味である。

ワシントン大学野球部の来日

九月の弥彦日記は、新学年の開始とともに政治学科から経済学科に転科したことが大きな変化であったが、運動関係の記事で目を引くのが、米国ワシントン大学野球部の来日である。

ワシントン大学はワシントン州シアトルにある州立大学で、早稲田大学野球部が三年前に米国遠征をおこなった際、現地で対戦していた。同チームの招聘は、早稲田大学教授で野球部長の安部磯雄の熱心な運動により実現したもので、選手十三人は八月十八日に日本郵船の土佐丸でシアトルを出航、九月三日に横浜到着、翌四日に入京していた（「米国大学生入京」『東京朝日新聞』9月6日）。

『早稲田大学野球部史』は、ワシントン大学の招聘について、「これ日本野球界が米国大学を招聘した最初であつて、先駆して渡米した当部は又もや此の一大事業に先鞭をつけたのである」と自賛するが、実際、日本の野球史において画期的な出来事であった。

ワ大チームの実力について東京朝日新聞は、前年来日したハワイのセントルイス軍に比べると遜色があり、全米大学野球部のなかでは第六位の実力であると報じている。さらに早稲田とワ大の戦力を比較し、「ワシントンに六分、早大四分の力と見てよからう」とみていた（「来朝米選手の実力」9月10日）。

弥彦日記にて、関係記事の初出は七日である。午後、目白の学習院に出かけた帰途、**「早稲田の運動場に行き、ワシントト〔ン〕大学**（米国より三日に来れる）**の練習を見る。見物人多く恰も**（野球）**match の時の如し。約一時間見物し、写真をうつす」**とある。

「早稲田の運動場」は、現在、同大学早稲田キャンパスの中央図書館のある区画、当時の住所にいう豊多摩島郡戸塚村にあった。大学側では、今回のワシントン大学の招聘費用対策から、観客より入場料を徴収することにした。

運動場は、それまで外周にカラタチの垣根をめぐらした程度であったが、「従来の如く開放的にては整理不可能なるを以て、この年八月工を起し周囲に木柵を繞し」、「一塁側のスタンド及三塁側土手を利用したるスタンドも、此の時造られた」（『早稲田大学野球部史』）。装いを新たにした運動場は、早大野球部の本拠地、大学野球のメッカ「戸塚球場」として、以後数々の名試合の舞台となる。さらに昭和二十四年（一九四九）には、この年亡くなった安部磯雄の功績を讃え、「安部球場」とあらためられた。

対抗戦の入場料は、一等五十銭、二等三十銭、三等二十銭であった。「一等席には腰掛の設備あれど、他は之れなきにより敷物を用意すべし、尚一等席も汚れ勝ちのことなれば、是又敷物の用意を忘るべからずとなり、尚写真〔カメラ〕は手提にのみ限り許さるべし」（「日米の決戦」『東京朝日新聞』9月19日）とあり、いかにも時代を感じさせる。

日記にもどると、弥彦が見物したワシントン大学野球部の練習は、「見物人の多かりしはヘボマツチ以上なりき」（「華盛頓選手の練習振」『東京朝日新聞』9月9日）と、連日大盛況であった。弥彦は七日以外にも九日、十六日と練習を見に行っている。

記念の試合で審判をつとめる

記念すべき早稲田大学対ワシントン大学の最初の試合は、十九日に早大運動場でおこなわれた。この試合で弥彦は審判をつとめることになっていた。当日は朝から天候がすぐれず、中止も十分に予想された。弥彦は早稲田大学に電話をかけたが通じず、半信半疑のまま雨のなか自転車を漕ぎ、早稲田の運動場をめざした。

昨夜の晴夜、今日は強雨。時に晴れまを見る。ワシントン大学と早稲田大学との match の審判官をたのまれしかば、布告を聞んとて早大に加電せしも出ず、やむなく自転車を飛し雨を侵して行く。一寸柳生処を誘ふ。るす。早大に至れば、況計らんや人は山をなし、万を以て数ふ。丁度二時十五分前。あふなく至らさる処なりしも、押してゆきしなり。殆どすかす処なりき。予は Ball、中野氏 base umpire をなす。四対二にて早大の敗となる。然れどもW大学の team 驚く可きものにあらざりき。四時半頃柳生氏の処に至る。瓜生、本田氏来れり。

（「日記」9月19日）

到着は試合開始の十五分前、観客席は満員で、中止の雰囲気など微塵もなかった。危なく遅刻、下手をすればすっぽかしかねない状況だったことに、弥彦も思わず肝を冷やしたことであろう。

試合前の雰囲気は、新聞記事によると、「定刻前よりさしもに広きスタンドも人を以て埋まれり、軈て先づ華大選手が割れるが如き喝采に迎へられて入場する、暫くして早大の選手が練込んで華大に代つて練習を始める、時刻は益切迫する、群衆は片唾を呑む、而も雨は絶えず、霏々として天地転た暗澹、戦はずして殺気既に戸塚原頭に漲るを覚ゆ」（「雨中の日米野球戦」『東京朝日新聞』9月21日）という状況であった。

試合で弥彦は「Ball」umpire すなわち球審、中野氏は「base umpire」、塁審をつとめている。一緒に審判をつとめた中野氏とは、東京帝国大学法科大学生の中野武二である。中野は大実業家中野武営の息子で、東京高等師範学校附属中学校から第一高等学校に進み、一高野球部では名二塁手として鳴らした。同人はその後も野球指導者、審判として球界の発展に大

審判姿の弥彦

きく貢献し、昭和四十七年（一九七二）、野球殿堂入りしている。

出場選手をみると、早稲田チームからは、啄木の盛岡中学校時代の同級生獅子内謹一郎が二塁手、後輩の野々村納が右翼手として、それぞれ出場している。試合は、三回表にワ大が一点を先制、早大はその裏すぐに追いついた。六回裏に早大が一点取って逆転したところ、八回表にワ大が再逆転し、四対二でワ大が勝利した。

弥彦はワ大の実力について「驚く可きものにあらざりき」と冷静にみている。こうした分析は弥彦だけではなく、早大野球部コーチをつとめるプレース宣教師（シカゴ大学野球部出身、聖学院中学校教師）も「華盛頓のチームは決して米国の代表的大学チームでは無い、若し早稲田が今数回の試合をやつて自己のチームに対する自信さへ高むれば、私は華盛頓よりも遙に良いチームであることを信じてゐる」（「日米野球試合批評」『東京朝日新聞』9月21日）と述べている。

試合後、夕食も終えてから弥彦は、学習院野球部出身の瓜生剛・柳生基夫と三人で日本橋区久松町の明治座に出かけている。**「維新前後と云ふ題にて、井上さんの斬られし所、又白虎隊もなす」**という劇をみてから、**「十二時半頃帰宅」**している。

明治座は洋風の建物で、建坪七四一坪、観客定員一二〇〇人の大劇場で、左団次一座を中心とする興行がおこなわれていた（『中央区史』下巻）。

弥彦が観たのは「維新前後　奇兵隊と白虎隊」という劇で、弥彦は、昨今の井上馨重患の影響もあってか、井上遭難の場面に興味を示している。「維新前後」の脚本を手掛けたのは岡本綺堂で、同人にとっては劇作家としての出世作となったという。また新歌舞伎に取り組んだ二代目市川左団次にとっても、重要な作品となったとされる。

かつては「賊軍」「朝敵」として顧みられることのなかった会津藩白虎隊の悲劇が、長州の奇兵隊と並んで主題となったことも注目される。このあたりは、あきらかに時の経過を感じさせる。井上重恵の報とも相俟って、人びとにあらためて幕末維新への関心を呼び起こしたようである。

日米大学野球対決

早稲田大学対ワシントン大学の第二戦は、二十三日に早大運動場でおこなわれた。弥彦はこの試合も審判をつとめている。「二対六にて早軍の勝となる。六回迄は二対一なりしも、八回にて早軍バントにＷ軍を混乱せしめ、一挙五点を得、四時十七分に終る」(『早稲田大学野球部史』)と、早大が勝利している。

早大につづいて、二十六日からは慶応義塾がワ大と対戦する。慶応チームはこの年六月末からハワイの招待により初の海外遠征をおこない、去る十一日に帰国したばかりであった。帰国後最初の試合が対ワシントン大学戦であった。

昨夜迄降りし雨は急に晴れて拭ふが如し。快天。九時より登校。建部博士の社会学の講義あり。帰りは柳生、瓜生と共に早稲田に行き、慶応対ワシントン大学との match の審判す。二対一にて慶軍勝。実に花々しき戦なりき。慶軍は布哇帰り第一回の match なれば、目新しく大に人気を引きたり。赤の Over uniform、少しはですぎる感あり。技の上手驚く程なりき。

(「日記」9月26日)

この日弥彦は、午前は大学講義に出席し、それから早稲田に出かけ、中野とともに審判をつとめている。慶応チームの武者修行の成果を観察しているが、技術面の進歩が著しいことに驚いている。

慶応義塾対ワシントン大学の第二戦は、翌二十七日におこなわれた。

晴。十一時頃より麹町の島津さんにて薩摩会ありしかば至る。会する者廿名程。中食後直に早稲田に慶応対華軍第二回の勝負審判にゆく。山沢、海江田、種人同道。二時より開始。慶軍常に優勢。少しくワシントンのまれし観なり。no out にて full base となる前後数回。一挙五点を得することあり、殆どめちくちや、十四対三にて慶軍の大勝となる。早稲田にて慶応撰手共に茶菓の馳走になり、帰り酒井氏の処に行く。晴雄氏は留守。五郎、四郎氏をる。七時頃五郎氏と打ちつれ牛込より電車にて帰宅す。

（「日記」9月27日）

午前中、麹町区三年町（千代田区霞が関三丁目）の島津公爵邸にて開催の薩摩会に出席し、午後から早稲田に出かけ、審判をつとめている。この日も慶応は優勢に試合を進め、大量得点を挙げて連勝した。学習院時代は投手・外野手として投打に活躍し、早稲田・慶応・一高・学習院の「四強時代」の立役者となった弥彦だが、東大進学後は、選手としては怪我の影響もあり、あまり目立った活躍はしていない。そのかわりに審判として活躍したといわれるが、これまで十分に検証されてこなかった。

日本の野球はいまだ草創期であり、試合をおこなうためには、選手とともに、ルールを熟知した審判の存在が不可欠であった。野球発展のためには、審判の役割と権威の確立が必要であった。そうしたなかで、弥彦は中野とともに、早慶両軍に属さない東京帝大の中立性、および代表的野球人という立場から審判官をつとめた。一緒に審判をした中野が野球殿堂入りして顕彰されているだけに、今回を機に弥彦の活躍にも光が当たればと思う。

❏ 啄木

失意の九月

九月、明治の青年たちのなかには、進学、進級と、新たな展開を迎えるものが少なくない。上京以来、文学的運命を試験中の啄木は、依然として暗いトンネルのなかにある。

啄木にとっての九月一日は、無為のままに夏が終わり、不遇のうちに一年が暮れていく予感に怯える一日となった。

二百十日。

到頭九月が来た。宿の空いてた室も大方また塞がつた。噫、到頭九月が来た。二十三の年も秋になつた。毎年同じ嘆きが、この日に繰返される

読売新聞から僕の送つた新聞の切抜を返して来た。駄目だといふのだらう。（「日記」9月1日）

おなじ日、弥彦が、徳川誠の渡米見送りのため横浜に出かけ、賑やかにすごしたのとくらべ、落差が大きい。

沈む気持ちに追い打ちをかけるように、釧路新聞の切抜が返却されてきた。先月末、読売新聞の「三面記者募集」に応じて送ったものだが、啄木のみるとおり、意味するところは不採用である。

二日には、近く一高に入学する盛岡中学校の後輩小野清一郎が来訪し、挨拶を受けている。**「病気はも**

うすつかり癒つたと見えて、肥つて日にやけてゐる。此人は盛岡中学空前の秀才なさうで、今度一番で一高の独法に入つたのだ」。全国の並みいる秀才を抑え、母校の後輩が首位で一高に合格したことは、啄木にとっても誇らしかったようで、嫉妬や羨望めいた文言は全然みられない。立身出世の階梯を登ろうとする小野の快闊な姿は、まぶしくみえたことであろう。

悪い知らせはつづく。三日夜には、小笠原迷宮から、大阪新報の新聞連載の話が立ち消えになった旨が伝えられた。「大坂新報では小説を真山青果から買つて了つたとの事。僕の「静子の悲」はこれでもう世の中に生れることが出来なくなつた」。

真山青果は、小栗風葉の弟子で、前年に『南小泉村』を発表して、文壇の注目を集めていた。真山にとってはあずかり知らないことだが、啄木にしてみれば、自身の風葉への弟子入りは叶わなかったところへ、今度は本当の弟子に前途を塞がれるという皮肉な展開であった。

その代わり小笠原からは「同社で二十五六円の三面記者を欲しいといふ話」が伝えられた。「明日履歴書を書かうと金田一君に話したが、君は余り賛成しなかつた。無論反対もしなかつた」。文学での成功の見込みは立たないが、あきらめて大阪に行ってしまえば、これまでの努力が無駄になる。理想と現実のジレンマに身動きが取れない。「噫、生きる事の心配！　僕もそれをしたくない。友もさせたがらぬ。然し‼」

四日は気温は低く、終日雨が降りつづいた。「枕の上で釧路の遠藤から金の催促のハガキを読んだ。暗い暗い心を以て読んだ」。天候はすぐれず、暗い気分にたたみかけるように、函館弥生尋常小学校で同僚だった遠藤隆から、借金の返済をせまる内容の葉書が届いた。

それでも、「予には才があり過ぎる。予は何事にも適合する人間だ。だから、何事にも適合しない人間なんだ！」と、現在の不遇を、自身のありあまる才能に帰すると分析するあたり、強靭な精神力である。

気温が下がってくると、夏服はさすがにつらい。五日は「今日も七十度だ。袷は質に入れてあるので、袖口のきれた綿入を着てうそ寒い」。華氏七十度は、摂氏二十一・一度で、秋冬用衣類を質入れしたのが仇となり、寒さに震える羽目となった。

不遇と詩

こういうときの啄木の精神的はけ口は、詩や歌であった。六月には歌が滾々と湧きだしたが、はたして九月一日夜には、詩が滔々と浮かんできた。「夜寝てから興を覚えた。久振に、数年振に興を覚えた。二時頃までに「青き家」その他十篇ばかりも詩の稿を起した」。

「興」の高まりをうけ、詩作にはげむことを決意している。「〔薄田〕泣菫の詩人的生活は終つた。〔蒲原〕有明も亦既に既に歌ふことの出来ない人になつた。与謝野〔寛〕氏は、こゝの未だ尽きぬうちに、胸の中が虚になつた」と名だたる詩人たちを切り捨てる一方で、北原白秋を「今の詩壇の唯一人は北原だ！」と激賞した。だが、その北原すらも「然し北原には恋がない！」と一刀両断している。そのうえで、「予はこれから、盛んに叙情詩をやらうと思ふ。若々しい恋を歌はうと思ふ」と、真打登場とばかりに自身の役割を見出している。

二日には与謝野寛・平野萬里と「三人で千駄木の森先生を訪」い、五日には「五時に千駄木の森先生の歌会へ行つた」。並行して『明星』の廃刊と後継雑誌の創刊計画が進行している。

なお、啄木は、唯一の詩人と認めつつも「恋がない」と断じた白秋を、翌年二月八日の夜、浅草塔下苑に連れ出している。女性には無垢な白秋に対する「悪戯」とも取れる行為である。この夜は、さきに述べた遊女となった植木貞子と衝撃的な再会をした晩であったが、啄木は白秋と貞子、さらにおなじ境遇になっていた貞子の妹と一緒にすごしている。

白秋の告白によると、かれの初めての女性経験は、啄木に連れられて行った浅草塔下苑だという（松永伍一『北原白秋　その青春と風土』）。啄木日記に記されない浅草行きの可能性もあるので、これが二月八日とは断言できないが、啄木の「誘い」が、それまでのイノセントで観念的であった白秋の恋愛観に変化をもたらしたことはまちがいない。

その後、白秋は三度にわたる結婚や、明治四十五年（一九一二）七月には姦通罪で告訴され、市ヶ谷の未決監房に収監されるというスキャンダルに見舞われるなど、恋愛をめぐっては波乱に富んだ後半生を送ることになる。

啄木にもどる。小説も就職も駄目でも、詩歌方面はなかなか活発である。十四日には**「終日「明星」に送るべき歌を補正しつつ、十数首新たに加ふ。計百三十八首」**と創作にはげんでいる。また、わずかな収入にしかならないが、日記には金星会の添削関係の記事も散見できる。

『明星』の終刊が近づき、並行して森鷗外を担いでの後継雑誌『スバル』の創刊準備が水面下で進むことから、関係者の動きも活発である。新雑誌の編集は、啄木と平野萬里・吉井勇の三人が担当することになっていた。

吉井がしばしばやって来るが、男女の情事の話題ばかりである。二十八日には、夕食後に連れ立って女義太夫の寄席に出かけている。**「寄席では、〈竹本〉美光の品のよいのが第一。名たたる三味の〈豊竹〉昇菊は成程珍らしい美人で、評判の〈竹本〉朝重が「お夏清十郎港町」を、幾多の人物語り分けた喉流石に豪いと思つた」**と、感想を残している。

ふたたび金田一の友情に救われる

もう一度、月はじめにもどす。九月三日、先月末から盛岡に帰省していた金田一がもどってきた。ひどく落ち込む啄木の様子に胸を痛める。

啄木を助けようと思った金田一は、前回につづいて八月分の下宿料も肩代わりすることにした。かれはまず勤務先の海城中学校に出向いて俸給三十五円を受け取り、大家に対し二人分の下宿料と食費の合計三十円のうち二十五円を支払い、残りは暫く待ってほしいと頼んだ。手許に残した十円を自分と啄木で五円ずつ分け、それぞれの生活費に充てるつもりであった。これまで下宿料の支払いを滞納したことのなかった信頼を担保に、初めて猶予を願い出たところ、大家はこの提案を受け入れず、あと五円を支払うようもとめた。大家は物堅い性格で、要求は必ずしも強欲から出たものではなかったが、金田一には、日頃の啄木への大家のきつい当たりに対する鬱積と相俟って感情が爆発した。

金田一は突如、赤心館を出て行くことを決意した。そのためには引越費用を捻出する必要があり、大切にしていた蔵書を古書店に売却することにした。

金田一は「花明」の号を有する新詩社同人で、文学を愛好していた。愛読書を売却するのは苦痛だったが、「文学というものは道が険しい。天才的な啄木でさえも、この苦労だから、まして体験の乏しい、才能もない私は、自分の文学青年的な半面を清算すべきだと」(『私の歩いてきた道』)、これを機に自らの文学志向にけじめをつけ、本格的にアイヌ語研究に打ち込もうと決意した。青春の夢との訣別である。つづいて金田一は、新しい下宿先をさがして本郷界隈を歩き回った。このとき見つけたのが森川町一番地新坂三五九号の「蓋平館別

蓋平館別荘

荘」であった。

「蓋平」とは満洲の地名である。下宿の主人高木金太郎は日清戦争に従軍し、蓋平の戦いで功績を挙げ、金鵄勲章を受章した。勲章の年金を元手に、本郷の大学正門前で「蓋平」の名を冠した下宿の経営をはじめた（その後、道路拡張に伴い、別の場所に移転）。森川町の建物は、その別館＝別荘である。木造三階建の新しい建物で、さきにみたとおり電話も設置されていた。

蓋平館別荘はその後、太白館と改名し、下宿・旅館として使われた。関東大震災や第二次世界大戦の空襲にも耐えたが、昭和二十九年（一九五四）、失火により焼失した。太白館はその後、おなじ場所に再建されたが、平成二十六年（二〇一四）に旅館営業を終了し、現在はマンションが建っている。

蓋平館別荘を探し当てたときの様子を金田一は、後年次のように語っている。

台町から森川町・弥生町をぐるぐる見て歩いて、最後に、森川町の新坂上へさしかかって、建ったばかりのような、真新しい堂々たる石門の下宿を見上げながら、どんな人たちがこんな所に居るのだろうと、足を留めて振り返った。見るだけなら差支えがなかろうと、思い切ってはいってみた。三階なら空いていると、案内されて上がってみたが、思いもよらず空橋下通りの谷を隔てて、西片町の阿部伯爵のお屋敷を正面に、ただ見る鬱蒼たる森のながめ、それがすっかり気に入ってしまった。試みにいくらかと聞くと、間代が五円の食費が七円、では今までの宿に比べて合計二円の差しかない。なんだ、それだけでもって、こんな所におれるのかと嬉しくなり、それにつけても、石川君のために、四畳半でもよいが、今少し恰好の間がないかと聞いてみたら、あいにく、内には四畳半という間はございませんが、お狭いのでもよろしければ……でもあんまりお狭くって、いかがでしょう。と言って見せてもらえた室は、梯子段を上がってすぐの、夜具部屋などにしていた西向きの三畳半だった。が、西のほう小石川から神田へつづく甍の海、はるかに九段の鳥居から、靖国神社の森が見え、その上へ、嬉しや九月の蒼空に、くっきりと晴れた初秋の富士が全容をあらわして絵のように浮かんでいた。それで室代が四円だというから、では石川君にとっては今までどおりだから、何も差支えがない。

（『新訂版石川啄木』）

金田一の回想に啄木日記を照合させると、金田一が大家と衝突したのは五日、新しい下宿先を探し回ったのは六日午前である。

転居先をみつけて、昼前に赤心館にもどった金田一は、寝ていた啄木に向かって「石川さん、さあ引っ越しだ、引っ越しだ！」と呼びかけた。むっくり起き上がった啄木は「僕も連れてって、僕も連れてって！」と、手を揉んで拝むまねをしたという（『新訂版石川啄木』）。

おなじ日の啄木の日記は、次のように記される。

十一時頃に起きた。枕の上で曙乎考へ事をしてゐたのだ。

金田一君が来て、今日中に他の下宿へ引越さないかといふ。同君は四年も此下宿にゐて、飽きた、飽きた、陰気で嫌だと予々言つてゐたが、怎して然う急にと問ふと、詰り、予の宿料について主婦から随分と手酷い談判を享けて、それで憤慨したのだ。もう今朝のうちに方々の下宿を見て来たといふ。予は、唯、死んだら貴君を守りますと笑談らしく言つて、複雑な笑方をした。それが予の唯一の心の表し方であつたのだ！

本を売つて宿料全部を払つて引払ふのだといふ。本屋が夕方に来た。暗くなつてから荷造りに着手した。

それより前、本屋の来るのを待つ間の怠屈を、将棋でまぎらかした。三番やつて予が退けた。其処へ、小樽の桜庭ちか子さんから美しい字でかいた葉書が来た。

午後九時少し過ぎて、森川町一番地新坂三五九、蓋平館別荘（高木）といふ高等下宿に移つた。家は新らしい三階建、石の門柱をくぐると玄関までは坦かな石甃だ。家の造りの立派なことは、東京中の下宿で一番だといふ。建つには建つたが借手がないので、留守番が下宿をやつてるのだとのこと。

三階の北向の室に、二人で先づ寝ることにした。成程室は立派なもの。窓を明けると、星の空、遮るものもなく広い。下の谷の様の町からは湧く様な虫の声。肌が寒い程の秋風が天から直ちに入つてくる。枕をならべて寝た。色々笑ひ合つて、眠つたのは一時頃であつたらう。

（「日記」９月６日）

赤心館の跡地（2023年3月撮影）

金田一の献身的な好意に啄木は、「死んだら貴君を守ります」と謝辞を述べた。金田一はこの日の出来事を後々までよく覚えていたが、啄木の日記を目にして、初めて啄木の不思議な謝辞に気づいた。

「現世では自分のほうは収入がないので、お金で報いることはできないから、自分が先に死んだら、このお礼にあの世であなたを守ってあげるというわけです。そんなお礼など、まったく啄木の口からでなければ出ないことばで、常識ではおよそありはしません。だから私の耳にも、言っていることがよくわからなかったのでしょう。彼の日記でそれを読んだときに、啄木でなきゃ言えないことば、腹の底から出たお礼のことばだったのに、私はそれを理解しないですまなかったなあ、という気がしたことです」（『私の歩いてきた道』）。

蓋平館別荘での新生活

七日、啄木の新下宿での生活がはじまった。起床は午前十一時頃である。**「予は、昨夜同君から貰つた五円で、袷と羽織の質をうけて来た。綿入を着て引越して来たつたのだ。女郎花をかつて来て床に活けた。茶やら下駄やら草履やらも買つた」**。

金田一が下宿を転居までして守った啄木の一カ月分の生活費五円をどんどん使っている。

帰宅後は移転通知を書いて、部屋をかたづけ、銭湯に行った。夜に外出したところ渋民村の旧家金矢家の光一に会った。光一は盛岡中学校の後輩で、東京高等商業学校に入学するところであった。啄木は悪戯心も手伝ってか、光一を連れて浅草に出かけた。**「伴立つて方々歩いた末、浅草に行つて「塔下苑」を辿る。此青年の此境に於ける挙動を、かくて充分に観察することが出来た」**。

日記では、悪趣味な観察以外の行動を書いてないが、塔下苑から下宿にもどったのは午前零時すぎである。日記をみるにその後、大して金を使った様子がないことからみて、金田一が懸命に確保した五円は、最終的に浅草で蕩尽してしまった可能性を否定できない。

八日からは、三階の三畳半の部屋、第九番の室に移る。

九番の室に移る。珍な間取の三畳半、称して三階の穴といふ。眼下一望の甍の谷を隔てて、杳かに小石川の高台に相対してゐる。左手に砲兵工廠の大煙突が三本、断間なく吐く黒煙が怎やら

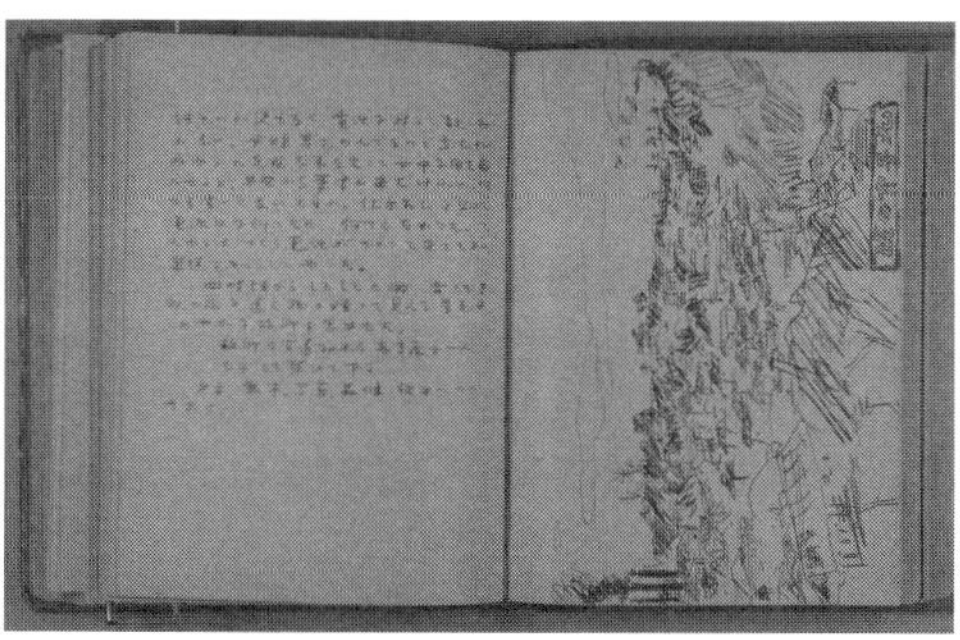

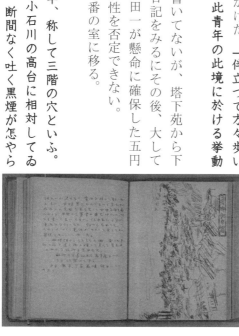

石川啄木日記　9月11日　右頁には蓋平館別荘からみた風景がスケッチされる

勇ましい。晴れた日には富士が真向に見えると女中が語つた。西に向いてゐるのだ。天に近いから、一碧廓寥として目に広い。虫の音が遙か下から聞えて来て、遮るものがないから、秋風がみだりに室に充ちてゐる。

（「日記」９月８日）

金田一の回想では「「これあいい。まるで僕を置くに造ったような室だ」といいながら、窓をあけてみて二度びっくり、富士の山容と甍の海を臨んで唸るほど気に入り、大喜びでそこを出て「自分もこれからは気をよくして本当に精進する。新しく第一歩を二人が踏み出すんだ」」（『新訂版石川啄木』）と上機嫌であったという。

三畳半の室で啄木は「屋根裏の哲学者」「三階の哲学者」を自称する。

屋根裏の哲学者

転居によって気分一新した啄木は、あちこちに転居通知を送り、菅原芳子には、またしても熱烈な書簡を送っている。最初の訪問者は八日で、函館への帰省からもどった並木翡翠であった。来訪者と啄木とのやりとりは、十一月に執筆した未完の小説によれば、大抵は以下のようなものであったという。

渠の下宿は、本郷台の西向の一角の、岸に臨んだ新築の三層楼である。厳しき花崗石(みかげ)の門柱、玄関までの坦(たひら)かな敷石、其玄関に入つて直ぐ見通される中庭の構へ……初めて渠を訪ねる者は、先づ、『素敵な家に陣取つて居る！』と驚く。そして、女中に導かれて、階梯(はしご)を登つて、長い廊下を過ぎて、また階梯を登つて、渠の室に入る……とまた驚く。室(へや)は妙な形に間取つた三畳半で、一人居てさへ窮屈相だ。

『奈何です、面白い室でせう？』と、渠は其小児らしい若い顔を、何処か鷹揚に莞爾とさせ乍ら、周匝を見廻して言ふ事がある。言はれると、対手は為方なしに笑はねばならぬ。すると渠は復、『這麼室は此家にしきや無いんです。室ぢやない、室の切端です。僕は人間の切端ですからね。』てな事を無雑作に言つて退ける。

『然し好い景色ぢやないですか！』と、対手は余儀なく此室の唯一つの取柄――窓外の眺望を賞めねばならなくなる。話の順序は何時も恁うだ。十人が八人まで同じ事を言ふ。（無題『全集』六）

啄木が、蓋平館別荘三階の小さな部屋と、窓からの眺めをこよなく愛したことは、部屋からの眺望を日記にスケッチしたり、また小空間に満ちる世界を右の無題小説のなかで幻想的に描いていることからもうかがえる。

　ギッシリと寄合つた甍の谷を隔てて、小石川の高台と相対した。晴れた日には其上に富士が浮ぶ。左手には、大都の檣の様に突立つた、砲兵工廠の三本の大煙突から、日がな一日凄じい黒煙が渦巻いてゐる。其黒煙が、朝な夕な、天候の加減で、或は谷の上を横様に這ひ、或は神田の方へ、或は牛込の方へ靡く。富坂を上下する電車も面白く数へられる。谷の底からは、色々な物音が、相縺れ、相離れて、どよみを作つて聞えてくる。その数限りなき音響の中で、最も渠の心を牽くのは、消魂しい赤児の啼声と、飴売の吹くチャルメラの、赤い護謨玉が春風にフラ〳〵してる様な音と、広告の楽隊の浮いた様な倦怠い様な響とである（無題『全集』六）。

妻の上京希望に焦る

気分上々な啄木であったが、転居を知った函館の妻節子が、上京しようとしたことから焦っている。二十三日に「せつ子から長い手紙。家族会議の結果、先づ一人京子をつれて上京しようかと思つたが、郁雨君にとめられたといふ。冷汗が流れた。三畳半に来られてどうなるものか。噫」。

節子は家計のため、函館大谷女学校（函館大谷高等学校）で代用教員に出ようと思うと伝えてきた。妻の意向といっても、その原因は自身のふがいなさにあるだけに、啄木は「現在の自分の境遇と、一家の事情と、そして妻の悲しくも健気なる決心を思ふては、胸が塞つた」。その後、大谷の話は立ち消えたが、十月十六日付で節子は、函館市内の宝尋常小学校の代用教員となる（『啄木の妻節子』）。

十五日には、節子と母より手紙が届いた。「何とかして今月のうちに金を送らねばならぬ」、焦る気持ちとともに、翌日「万朝報の懸賞小説に応ずべく「樹下の屍」といふのを四時間許りで書いてやつた」。二十一日「起きて万朝報を見ると、先日やつた懸賞小説芽出度落選」であった。

小説が駄目ならと、二十一日「国民新聞の徳富氏へ履歴書を書いて送つてやつた。無論駄目とは思ふけれど」と、先月の読売新聞につづいて、今度は国民新聞社に対し就職活動をおこなっている。この時期、同社は紙面では記者募集をおこなっていないので、何か情報を耳にしたのかもしれない。徳富氏とは国民新聞社を経営する著名なジャーナリスト徳富蘇峰である。

小説も新聞社就職も駄目なら、約束した原稿料を手に入れようと、二十三日には鎌倉の後藤宙外に支払いを嘆願する書状を出している。「何卒〳〵、月末までに御救ひ被下度、此段伏して奉懇願候。万やむをえざる時は、全額でなくとも宜敷候」（9月23日付後藤寅之助宛『全集』七）。

哀願とも脅迫ともつかない手紙も功を奏せず、三十日に至っては「ペンを取つても何もかけず。過日宙外氏へ手紙出しておいた稿料の件で春陽堂へ行つて来ようにも電車賃がない」と嘆く有様であった。

電車賃にも事欠き、無聊をかこつしかない啄木は、夜には「金田一君と麦酒をのみ、蕎麦をくひ乍ら、宗元明詩選を読んだ。陶然として酔うて家に帰つたのは十時半頃」であった。

金田一は後年「啄木はずいぶんいろいろなことをしたけれども、ほんとうに憎めない人だったのです」（『私の歩いて来た道』）と語っている。「天ぷらやへ行くとか、そばやへ行くとか、いうような、勘定は、いつも私の財布だったものですから、結局私の財布が啄木のと共通みたいだったのです」（同前）ということで、啄木の日常は金田一の破格の友情に支えられていた。

二人がビールを飲んだ蕎麦屋とは、おそらく本郷三丁目の「やぶそば」であろう。同店は啄木の行きつけで、「格別立派でもなかったが、旨い蕎麦屋として評判を取り、繁昌する店」（『石川啄木と東京散歩』）であった。同店は、徳田秋聲「大学界隈」で済生学舎（日本医科大学）学生の御用達の店として紹介されている。

野口雨情の「客死」、金田一京助の失業

九月は啄木の友人をめぐり、二つの大きな事件が起きている。

ひとつは小樽日報社で同僚だった野口雨情が札幌で客死したというもので、読売新聞の記事で「事実」を知った啄木は衝撃を受けている。野口と最後に会ったのは北海道小樽、上京直前の四月十四日午後であった。

十九日、野口死去の報道に接した啄木は、漂泊のうちにこの世を去った境遇をおのれに重ね、胸を痛めている。**「予は半日この薄命なる人の上を思出して黯然として黄昏に及んだ。細雨時々来る陰気な日、辺土の秋に斃れた友を思ふことは、何かは知らず胸痛き事だ」**。

その後も**「思出せば思出すほどかなしい人であつた。予自身の北海に於ける閲歴と密接な関係のある人だけに、殊更悲しい」**（9月20日）と、以前の川上眉山や国木田独歩の死去の際にも動揺したが、今回は親

しく交友した野口だけに、より深く同情している。悲嘆は消えず「悲しき思出」と題して追悼手記まで書きはじめたところ、二十二日に誤報であることが判明し、**「それにしても先づ先づ安心」**と、安堵している。

野口は啄木よりも四歳年長であった。啄木歿後も漂白をつづけるなど、詩人としてはなかなか芽が出なかったが、大正中頃より童謡・民謡詩人として人気を博するようになる。代表作は「七つの子」「赤い靴」「シャボン玉」など数知れない。

野口は啄木より長命で、童謡詩人として名声を得たこともあってか、後年の啄木評価はどこか冷淡である。「啄木も生存中は、今日世人の考へるやうな優れた歌人でも詩人でもなかった。普通一般の文学青年に過ぎなかった。死後名声が出てその作品も持て囃されるやうになったのだが、それも同郷の先輩金田一京助氏と土岐善麿氏の力と言ってもいいと私は思ふ」（野口雨情「札幌時代の石川啄木」『回想の石川啄木』）。

いまひとつの事件は、親友で最大の庇護者である金田一の失業であった。金田一は海城中学校で国語を教えていたが、文科大学では国文学科でなく言語学科の出身だったため、国語の教員免許は授与されていなかった。言語学科出身者が取得可能な教員免許は、ドイツ語・英語で、国語は該当しなかった（『東京大学百年史』資料一）。本人も中学校側も当然免許があると思っていたところ、無免許が判明したことで、教員をつづけられなくなってしまった。気の毒というほかない。二十八日午後三時頃、**「金田一君が帰つて来て、学校の方やめる事について、理事長（校主）から故障をいはれた」**とのことであった。

二人そろって失業。まさかの事態であったが、翌月から金田一は、東京外国語学校教授金沢庄三郎の紹介により三省堂の『日本百科大辞典』の校正を担当することとなる。月給は三十円である。

金田一京助というとアイヌ語研究の権威で、日本学士院会員、文化勲章受章と学者として頂点をきわめた華麗な経歴にみえるが、不安定な生活をつづけながら研究を重ね、ようやく国学院大学教授となったのは四十一歳のときであった。東京帝国大学に移ってからも助教授時代が長く、教授に昇格したのは定年の少し前であった。昇格が遅かったのは、専門が言語学、それも欧米の言語でなく、アイヌ語というマイナーな分野であったことが響いたという。世間に認められない、評価を得られないのは、啄木にかぎったことではなかった。

十月

❏ 弥彦

東京倶楽部の結成

今日、十月はスポーツの秋といわれるが、この月の弥彦日記は運動一色である。月初めからみていくと、上旬は先月からひきつづき米国ワシントン大学と早稲田大学・慶応義塾の野球試合の審判に忙しい。三日の土曜日には、**「早稲田対ワシントンとの第三回matchの審判をなす。四対一にて早軍の敗となる。四時頃終る」**とある。

そうしたなか、四日の日曜日には、慶応義塾出身者を中心とする社交クラブの交詢社で、野球をめぐって注目すべき会合がおこなわれている。

九時頃より京橋の交詢社に行き、東京倶楽部の事につきて相談をなす。河野、青木、吉川、中野、田辺、鷲尾及び三井の理事村上氏来る。相談の上、倶楽部も成立す。部員来会せるもの及び桜井、押川を以てす。uniform の事など定む。

（「日記」10月4日）

「東京倶楽部の事につきて相談」とは、早稲田大学・慶応義塾・第一高等学校・学習院のOBにより新たに野球チームを編成しようというものであった。東京倶楽部は、かつての名選手が数多く顔をそろえる、さながらドリームチームであった。この日の会合参加者のうち河野安通志（早稲田）・中野武二（一高）・桜井弥一郎（慶応）・押川清（早稲田）は後年、野球殿堂入りしている。押川清の兄は『海底軍艦』などで知られる冒険小説家で、天狗倶楽部を主宰する押川春浪である。

チーム結成後の報道によると、東京倶楽部は「早慶野球部の両チームに在りて第一流の選手たりし桜井、青木〔泰二〕、吉川〔清〕（以上旧慶大）、河野、押川、田部〔信秀〕（以上旧早大）、三島（旧学習）、中野（旧一高）及び楢葉等の古武者は目下銀行員又は実業家となり、或は一年志願兵として入営中の者もあり、或は帝大在学中のものもあり、今回此等の諸氏相集りて一の東京倶楽部を組織し、慶大及び早大等の強チームと競技することとなり」（「運動界」『東京朝日新聞』11月3日）というものであった。

東京倶楽部の結成は、単にOBによる野球チームを作るというだけにとどまらない意味があった。背景には、明治三十九年（一九〇六）十一月以降、早慶戦が開催されないという、当時の野球界を覆っていた一大問題が存在していた。

早慶戦の中止期間は、最終的には大正十四年（一九二五）まで、実に十九年におよんだ。しかも、その再開をめぐって、今日の東京六大学野球が誕生したことから、野球史における一大事件と位置づけられている。

中止のきっかけとなったのは、明治三十九年（一九〇六）十月二十八日、十一月三日の早慶戦であった。両試合では初戦は慶応、つづく第二戦は早稲田が勝利した。二試合を通じて早慶両校の応援は過熱し、互いに挑発行為に出るなど、一触即発の危険な状態に陥った。このため第三戦は中止となり、以降、両校の対戦はおこなわれなくなっていた。

あまり知られていないが、中止のきっかけとなった両試合で、弥彦は第一戦の球審、第二戦の塁審をつとめていた。その点において弥彦は、球史に残る事件の当事者の一人であった（『早慶戦の謎』）。かかる経緯を踏まえれば、弥彦が東京倶楽部の結成に関わるのは当然といえた。

こうした状況ゆえ、東京倶楽部の結成には、ＯＢの側から早慶両校の関係改善をはかろうとする期待が感じられる。だが実際には両校の確執は深く、翌年には、早稲田関係者が東京倶楽部を抜けて稲門倶楽部を結成してしまう。さらに慶応側も三田倶楽部を組織したことで、東京倶楽部はほとんど空中分解してしまう。関係改善に寄与するどころが、険悪な両校野球部の間で翻弄を余儀なくされてしまった。倶楽部の最終的な帰趨は判然としないが、野球チームとしては機能不全に陥った末に、消滅したものと思われる。

十月の日記で、このほかの東京倶楽部関係の記事としては、二十八日の午前、弥彦は**「日英商会により、運動の靴をあつらへ」**とある。翌月からの活動開始動を前に、バット選びや運動靴の調製など準備にいそしんでいる。

バットを選んだ日英商会は、英米独各国より玩具・運動器具・自転車などを輸入、販売する業者で、芝区新橋金六町（中央区銀座八丁目）に店舗があった。また運動靴をあつらえた三越は、日本初の百貨店として知られ、日本橋区室町にあった。現在もおなじ場所で、日本橋三越本店として営業をつづけている。この当時は日本橋通りの拡幅にともない木造ルネサンス式三階建の仮営業所にて営業していた（『株式会社三越一〇〇年の記録』）。

ワシントン大学野球チームの帰国

話を東京倶楽部結成の打合せがおこなわれた十月四日にもどす。

午後一時頃より弥彦は、東京倶楽部関係者「**一同にて早稲田に行き、慶応対ワシントン第三回のmatchあり、審をなす。一対二にて慶軍の勝となる**」。早大運動場での慶応義塾対ワシントン大学の三回戦は、慶応が勝利している。最終的な対戦成績は、慶応の三戦全勝であった。

試合終了後には「**茶菓を食**」し、さらに「**五時半頃より名取氏の招きにて、慶応撰手一同と芝の竹芝館にて饗応にあずか**」っている。竹芝館は芝区芝金杉新町一丁目（港区芝浦一丁目、現在のシーバンス　ア・モールのあたり）にあった料理旅館で、慶応関係者の御用達であった。一同を招待した名取氏とは名取和作で、慶応義塾大学部教授、野球部長であったが、この年、塾を辞めて東京電燈に入社している。弥彦もよほど楽しかったらしく、「**大に酔ふ。実に醜体を演ず**」とあり、帰宅したのは午前零時頃であった。翌五日は「**昨日酔の為め少しく頭いたく、為めに登校せず**」。

早慶各校とワシントン大学の対戦は、七日に大詰めを迎える。弥彦は早稲田運動場に行き、「**早大対ワシントン大学の第四回目の match の審判をなす。三対五にてワシントンの勝利となる。然し非常なる激戦にて、回を重ぬる事実に十五回に及び、遂に黄昏に及べる頃容易勝負を終る**」。

試合はシーソーゲームで展開し、一対二のまま延長戦に突入した。十二回表にワ大が一点を挙げると、その裏に早大も追いつくという、手に汗握る熱戦となった。十五回表にワ大が二点を挙げ、これが決勝点となった。十五回は、当時の延長戦記録を破るものであった。審判をつとめた弥彦の苦労も大きかったはずである。

『早稲田大学野球部史』は「第四戦は早軍是非共勝たんとの意気込み凄ましく、華軍を追ふて微雨面を打つ中に十五回まで続戦し、遂に黄昏に至り敵に二点を輸して敗れた」と記す。最終成績は、早大の一勝三敗であった。

九日は、夕方より早稲田大学主催のワシントン大学送別会に参加している。

五時より上野精養軒にて行なはれたる、早稲田大学主宰なるワシントン大学の送別会にゆく。慶応撰手、早稲田撰手及び応援隊、かゝり員、新聞記者など来る。此日ワシントン大学、アマチューとmatchありし為め非常におくれ、七時半頃来る。大に空腹を感ず。食事後、阿部先生あいさつ、高杉氏の英語の訳。慶応のあいさつ、新聞記者倶楽部、ワシントンあいさつ皆おはり、余アンパイヤーとしてあいさつのぶ。十時頃解散。直に家に帰り、寝につく。

（「日記」10月9日）

ワシントン大学チームはこの日も忙しく、横浜アマチュア倶楽部との試合を終えてからの送別会参加であった。会場到着は七時半頃である。早稲田大学野球部長安部磯雄はじめ関係者の挨拶があり、弥彦も審判として挨拶している。

翌十日、弥彦は「写真機械買う〳〵と云って泣そうになった」甥の通陽のため、日本橋区本町の浅沼商会に行き、「22円の暗箱の早取写真機器を求」めている。機種は不明だが、当時の写真機価格の相場からすれば安い方である。それから新橋駅に行き、「十一時廿二分発にて横浜にワシン大学の出発を送りにゆく。丁度車内にて早稲田大学撰手及び慶応の阿部（喜十郎）、高浜（徳一）に遇ふ。二時出帆す」という。高浜は慶応の主将である。

この日の弥彦は忙しく、見送りが済むと直ちに東京にとんぼ返りし、一高グランドでおこなわれた陸上運動会に出向いている。残念ながら「諸学校来賓競争にまにあはず、五時頃学習院生徒の代理にて賞品受けとり、直に帰」っている。

「諸学校来賓競争」とは、各中等学校・高等学校（専門学校）の代表を招いておこなわれたレースで、中学校優勝旗競走は愛知県立第一中学校（旭丘高等学校）、専門学校レースは東京高等農学校（東京農業大学）

の選手が優勝している。学習院では中学校優勝旗競走で近衛文麿が三着に入り、専門学校レースには弥彦の友人の伊達九郎・榊邦彦らが出場している。

三位に入った近衛は、翌年一高に入学するが、同校運動部（陸上部）は熱心に入部を勧誘した。その際、近衛の保証人で元東京帝国大学総長山川健次郎が入部に反対していると聞き、部員たちは同人を説得しようしたところ、摂家筆頭の近衛公爵を馬のように走らせるとはと怒られ、入部問題は立ち消えになったという（岡義武「近衛文麿」）。近衛と運動をめぐる右挿話は、この時代のスポーツ観をよくあらわしている。

長野旅行

秋本番、十月の弥彦は実に忙しい。

十一日は日曜で**「晴。午前中慶応運動会を見に行く。午後よりは学習院輔仁会にゆく」**。輔仁会の各種行事のうち、運動種目では、庭球・機械体操・角力・撃剣・柔道・野球・柔軟体操と分列式がおこなわれた。**「二時頃凡べての運動を少しづゝなす。中々愉快なりき」**。このほか弥彦は、野球の審判をつとめている（「輔仁会秋季大会」）。

十三日からは母和歌子と女中のかじ（河井梶）と三人で長野旅行に出かけている。

弥彦が長野に行くことになったのは、同県中学校聯合運動会の野球審判として招かれたためである。当初は中野武二が出向く予定だったが、支障が出たため、その代役であった。塁審については、前年東京帝国大学を卒業して内務省に入ったばかりの長野県事務官潮恵之輔が労をとり、知己に委嘱することになっていた（「運動界」『信濃毎日新聞』10月15日）。潮はのちに内務大臣、文部大臣、枢密院副議長をつとめるなど政治家として知られるが、尋常中学郁文館、第一高等学校時代には野球部の選手として鳴らした。ちなみに郁文館は、夏目漱石『吾輩は猫である』のなかで苦沙弥先生宅の庭に野球のボールを降らせる、「一種のダムダム弾を発明して、十分の休暇、若しくは放課後に至つて熾んに北側の空地に向つて砲火を浴びせかける」落雲館中学のモデルとして知られる。

話を長野旅行にもどす。和歌子は弥彦から長野行きの話を聞かされ、この機会に一緒に出かけ、善光寺に参詣することになった。この年六十四歳。

晴。長野県下中学校聯合運動会の野球審判官として招れしかば、母上に申せしに、此れはよき折りなり、打ちつれて善光寺に詣でんと。さればおかじをつれ八時二十分発にて上野を出ず。途中の秋色美に稲は実りて見渡す限り黄色をふげんや、今年は豊年なりと思はる。正午頃碓氷峠を過ぐ。紅葉は未たしと雖も、青、紅、相混じ又云ふ可らざるの影をえかけり。此峠をこゆれば最早気候は一変し、寒をおほゆ。浅間山は炎々の烟をはき、末は雲となり霞となる。遙に左に見ゆる遅〔犀〕川は霞の中を白糸をなして流る。川に沿へて線路出て、川入りて、山走りて〳〵て、五時日も既に甲斐の山に暮せんとする頃、長野に着す。此処一帯の地は昔武田信玄と謙信の兵を構へ地。昔の戦今日に見るが如し。直に車をかけて、六時頃善光寺前なる藤屋入る。夕食後長野共進会の夜間開場を見る。電気なれば、イルミネーショの盛なる東都をしのげり。九時頃帰室。はがきなどかき、後床に入る。

（「日記」10月13日）

風景描写というと、啄木の十八番といった感があるが、弥彦の観察眼と文章力もなかなかである。このときも上野を発してから長野までの沿線風景が、収穫前の稲田の様子にはじまり、本格的な紅葉を控えた碓氷峠、噴煙たなびく浅間山、白糸のような犀川の流れといった具合に描かれ、さらには古（いにしえ）の川中島の合

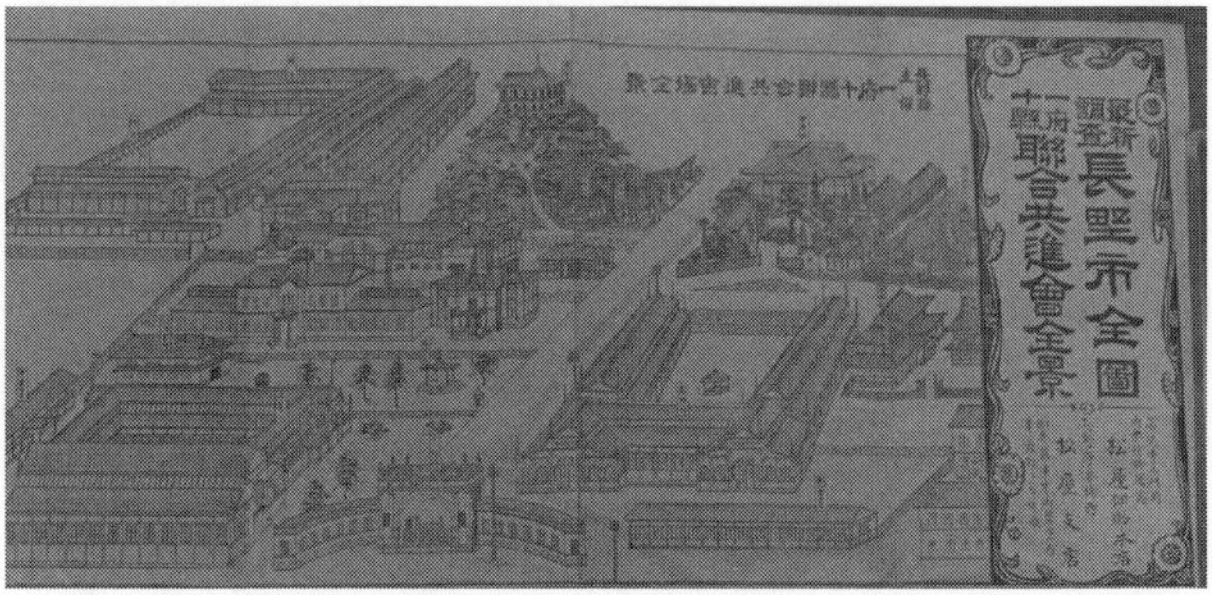

長野県主催一府十県聯合共進会会場図

戦に思いを馳せている。

弥彦たちが宿泊した藤屋は、善光寺の門前にあり、欧風三層の建築が偉容を誇っていた。ちなみに現在の洋館は、大正十四年（一九二五）に建てられたもので、レストラン・結婚式場として営業をつづけている。

「長野共進会」は、正式には長野県主催一府十県聯合共進会という。共進会とは産業の発達の促進を目的に各地で開催された物産の展示、品評会である。東京府、神奈川・新潟・埼玉・群馬・千葉・茨城・栃木・長野・山梨・愛知各県が参加し、いわば小型の博覧会であった。会場は現在の善光寺境内東側から城山公園にかけての区域である。

この日は長野到着が午後五時頃と遅かったこともあり、夕食後に会場を見物している。夜間の会場では、光り輝くイルミネーションが評判を呼んでいた。弥彦はその後も共進会へは、十四日午後、大久保利通の実姉の長男で農事試験場技師の石原助熊の案内により見学している。石原には十六日にも世話になっている。

長野旅行二日目の十四日は、早朝より母・かじと三人で善光寺に出かけている。

> 五時起床。直に善光寺の尼宮様の寺にゆき、宝物など拝見し、後本堂にゆき階堂の下なる暗黒なる空をくゞる、中央に至る頃すゞあり。是にさふりしも〔の〕は幸運なりと。皆此れあたらん事を望めり。余等は音のみ聞きてあたらず。此れより後御開帳あり。七時頃終り、後尼宮様のお室にゆき、かきつ

けをいたゞく。九時頃帰宿。（「日記」10月14日）

「尼宮様」とは伏見宮邦家親王の女子で善光寺の第百十七世誓圓尼公上人（一八二八〜一九一〇）で、その「寺」とは大本願である。誓圓尼公上人は八十一歳、維新の混乱のなか、善光寺を護り抜き、中興の祖と称された。

弥彦たちは、「尼宮様」との対面後、大本願の宝物を見学し、それから本堂に参詣している。「階堂の下」云々は、本堂内々陣の「お戒壇めぐり」のことで、内々陣より階段を下り、真っ暗な回廊を一周する。「すず」とは、回廊の途中に懸けられた「極楽の錠前」のことで、これに触れた人は錠前の真上に安置されている御本尊と結縁（けちえん）を果たし、極楽往生が約束されるという。残念ながら、弥彦たちは触れることはできなかった。

運動の意義

その後は翌日からの野球試合に備え、長野中学校（長野高等学校）に行き、グラウンドを確認、ついで**「六時より中学の野球ののチャパテン会義（キャプテン会議）に行き、規則の説明」**をしている。

この時代のスポーツは、地方ではどのようにみられていたのか。信濃毎日新聞の社説「中等学校聯合運動会」（10月15日付）で中等学校聯合運動会の開催について論じているので、みてみよう。

社説はまず「吾人は運動競技の尤も青年に必要なるを主唱するものなり、随て此の如き大会の開かるゝに対し、満腹の同情を以て其の成功を希望するを常とす」と運動会の開催につよく賛成する。

そのうえで「程度を超越して勝敗の点のみに着目し、教育当事者は勿論、社会一般の学生に運動競技を要求する主旨に反するが如き、大に之を警めざるべからず」と行きすぎた勝利至上主義を批判する。社説は「運動競技は、主として体育に資せむとするものなるも、一方に於て精神的訓練の意味、亦之に含まれ居れるを忘るべからず」と精神性を重視する。

「礼を以て始まり礼を以て了り、勝負を決する正々堂々、苟も卑怯未練の行動あるべからざるは、所謂武士道の神髄にして、今日の青年の宜しく堅実に服膺すべき所。勝者漫に誇り、敗者徒らに憤り、洒々落々の態度に出づる能はざるに至りては陋たる尤も甚しきもの、吾人は之を採らず」。

さきの早慶戦中止問題をはじめ近年、過熱、過激化傾向にある応援については、「かの対抗競技に際し、声援者が互に気勢を揚ぐるが如き、極めて豪壮にして愉快なり」と一応の理解を示しながらも、「単純に競技者の元気を鼓舞するを目的とする以外、他に対して悪言を弄することの慎むべきは言ふ迄もなく、勝敗の決せる後に於て、或は審判を批難し、或は負惜しみを云ひ、礼を以て了るの美果を収むる能はざる比々の前例、断じて之を学ぶからず」と、その弊害をつよく批判する。

幸い長野県では「練習の為め学事を放擲する傾向」や「競技の結果、相互に悪感を有するに及びたる事実」を聞かず、「其の美風の依然存在して、今日の大会に於ても、何等卑陋の行動に出づるものなきを期待せんと欲す」と訴える。最後に「元気は振作すべし、無謀の客気は之を戒めざるべからず。競技は活潑なるべし、勝敗に拘泥するは面白からず。若夫、和楽洋々の中、正々堂々たる競技の行はるゝを得ば、信州のオリンピヤ、亦庶幾からずや。青年諸子、それ健在なれ」と結んでいる。

体育としてのスポーツ、とりわけ精神性が重視されたこと、勝利至上主義や応援の過熱を退けたうえで、良質なアマチュアリズムが普及することをもとめているのは、この時代における典型的な運動観を示すものといってよい。また、東京などでみられる悪習が県内におよばないようにと訴えているあたりは、いかにも純朴で質実剛健と自己規定する地方らしい議論である。

長野県下中等学校対抗野球大会

十五日は長野中学校の運動場において長野県下中等学校聯合大運動会の対抗野球大会が開かれ、弥彦は審判をつとめている。母とかじは、この日朝の汽車で帰京している。

八時頃より中学校に行く。式ありて、校長のあいさつあり。九時matchを初む。第一は長野中学と大町中学なり。六対二にて大町の勝。長中は大体に体顬小なり。第二、諏訪に長野師範。八対三にて師範の勝。途中降雨あり。びしょぬれとなり、閉口す。二時頃昼食す。其刻一寸諏訪及松本の宿舎を訪ひしに、夕刻より同撰手等来り、又長中の教師等来り、八時頃迄をる。（「日記」10月15日）

長野中学校と大町中学校（大町高等学校）の試合は大町中学が勝利した。弥彦は長野中学の選手は全体に体格が小さいと分析している。この頃の大町中は、なかなかのバンカラ野球だったらしい（『六十五年回顧』）。

つづく諏訪中学校（諏訪清陵高等学校）と長野県師範学校（信州大学教育学部の前身）の試合は、県師範が勝利した。このほか夕刻前からは、諏訪中学校・松本中学校（松本深志高等学校）の選手や長野中学の教師等がやって来ているが、弥彦に野球指導を乞うための集まったとみられる。学習院のエースで大活躍し、運動会の名士として知られる弥彦の来県は、長野の野球発展にも少なからず寄与したことであろう。

翌十六日は、前日の雨によるグランド不良のため午前中は試合ができず、午後**「三時より野球を師範運動場にて行ふ。松本対上田。三対〇にて松本の勝。活気あり、面白かりき。上田は少しくなまいきにて、**

しゃくにさわる」。敗れた上田中学は、敗戦の理由を「実にバッテングの奮はざりしによる」としたが（『上田中学上田高校野球部々史其の一』）、何が弥彦の気に障ったかはわからない。

すべての行事が終わって、関係者の見送りを受けながら、弥彦は、長野駅発の夜行列車に乗り、帰京の途に就いた。上野駅到着は翌朝五時、**「途中ねむられず、閉口す」**。

運動の季節

帰京した十七日は土曜日である。弥彦は相変わらず忙しい。いったん帰宅して**「直に食事し、夫れより向島にて各中学撰手ボートレースを見にゆく」**。目的は隅田川でおこなわれた第一回全国聯合中学端艇競漕であった。

競技は、まず三校ずつの予選からはじまる。予選第一回は、新潟県の新発田中学校（新発田高等学校）・慶応義塾普通部・明治学院普通部が対戦し、新発田中学校が勝利した。つづく予選第二回では、学習院中等学科・東京高等師範学校附属中学校・独逸学協会中学校（独協高等学校）が対戦し、独逸学協会中学校が勝利した。**「学習院応援隊は盛にして、通運丸をかり受け、全校生を満さいして両国より来り、尚小舟に満航飾をなす」**と、利根川水系で活躍した蒸気船「通運丸」を借り受けて、水上から大応援団による声援が送られたが、残念ながら学習院チームはコース侵害のため失格となってしまった。

この日の弥彦は実に慌ただしい。**「余は早稲田対アマチューの match の審判をなす約束をなせし」**ため、競漕観戦を途中で切り上げ、早大運動場（戸塚球場）に移動している。

競漕の結果を述べておくと、予選第三回では早稲田中学校（早稲田高等学校）、開成中学校（開成高等学校）と仙台の東北中学校（東北高等学校）が対戦し、東北中学校が勝利した。各予選の勝利校によりおこなわれた決勝では、新発田中学校が優勝している。

一方、弥彦が審判をつとめた早稲田大学対横浜アマチュア倶楽部の野球試合は、七回日没コールド、十対五で早大が勝利している。

十八日の日曜日は、午前より学習院運動会に出かけている。**「午後一時頃よりは皇太子殿下、皇孫両殿下、韓国皇太子来られ、非常なる盛会なりき」**。皇太子（大正天皇）、皇孫の裕仁親王（昭和天皇）・雍仁親王（秩父宮）、韓国皇太子（李垠）の御前での運動会というのは、いかにも学習院である。

『昭和天皇実録』では、「午前七時御出門、学習院本院における輔仁会秋季陸上運動会にお成りになり、遅れて到着の雍仁親王と観覧され、御自身は徒競走・玉取りの競技に出場される。午後には皇太子及び韓国皇太子英親王李垠がお成りになり、お揃いにて競技を御覧になる」と記される。

各レースの入賞者のうち、弥彦日記の登場人物だけを紹介すると、六百メートル競走では一位伊達九郎、二位近衛文麿、三位榊邦彦、千メートル競走では一位伊達九郎、二位牧野伸通（伸太郎）、三位近衛文麿であった（「第十二会秋季陸上運動会」）。

米国大西洋艦隊の来日

学習院運動会のあった十八日には、米国海軍の大西洋艦隊が横浜に来航している。

日米両国の関係は、日露戦争の際、米国大統領セオドア・ルーズベルトが、ポーツマスでの講和会議を斡旋するなど日本に好意的であったこともあり、良好であった。ところが戦後になると、満洲経営やカリフォルニア州への移民問題などをめぐって、両国の関係は悪化した。そうしたなかでおこなわれた米国艦隊の来航は、示威行為の側面を含むものだったが、日本側ではむしろ友好親善の格好の機会ととらえ、官

米国艦隊絵葉書（個人蔵）

民あげて熱狂的に歓迎した。

「日米国の益親善を加へ、東洋の平和は勿論の事、延いて世界の平和維持に貢献する事の多かるべきは、何人も異議なき所のものなり。余は平和の擁護者たる両国の艦隊が横浜湾頭に於て交換さるべき殷殷たる砲声を以て、平和の福音なりと信ず」（「平和の福音（駐英大使加藤高明氏談）」『東京朝日新聞』10月18日）との駐英大使加藤高明の発言は、日本側の気持ちをよく表すものといってよい。

米国艦隊の滞在中、横浜や東京は、歓迎一色であった。各地で提灯行列がおこなわれ、山車が繰り出され、花電車が走るなど、連日お祭り騒ぎであった。

弥彦と米国艦隊の関わりは、ひたすら野球である。米国艦隊の乗組員は、各艦単独あるいは連合チームを組んで、早稲田大学と四試合、慶応義塾と五試合をおこなうなど試合を繰り広げた。弥彦は連日試合を観戦し、審判もつとめている。

二十日の午後、弥彦は講義を休んで**「慶応に軍艦聯合軍との match を見にゆく。激戦十三回に渡り、非常愉快。マクラリーの怪腕壮なり。福田も此日非常によく投ぐ。遂に佐々木の home をぬすみしにより。四対五にてあぶなく慶応の勝となる。試合後慶応にて馳走あり。茶を列す」**。

試合は米艦チームが三回までに四点をあげたのに対し、慶応打線はマクラリー投手の前に沈黙した。四回から登板した福田投手が無失点の好投をつづけるなか、慶応はようやく九回表、同点に追いついた。延長十三回表、慶応は二アウト三塁から走者佐々木が本盗を成功させ、勝ち越した。福田がその裏を抑えて慶応が延長の接戦を制した。

つづく二十一日は「午後より早稲田に軍艦対の match の審判にゆく。十六対一にて早軍の勝となる」。早稲田対軍艦ネブラスカ乗組員チームとの試合は、早稲田が圧勝している。

二十二日も審判をする予定だったが、朝から雨が降っていた。「途中にて雨晴たれは、早稲田対米艦との umpire に行く可く約束せしかば帰宅。直に早稲田にゆきしも、米艦来らす、中止となる」。落胆する暇もなく、すぐさま早稲田から目白に移動、「直に学習院に行き、野球、running をなす。夕食をなし、後野球規則の説明をなす」と有効に活用している。

二十四日、弥彦は柳生基夫と一緒に横浜港に出かけ、学習院の同級生で海軍に進んだ北條釐三郎を軍艦三笠にたずねている。三笠は日露戦争の際、聯合艦隊の旗艦として、東郷平八郎司令長官が座乗したことで知られる。現在は記念艦として横須賀にある。

「八時二十分にて柳生に同道にて横浜に遊び、三笠艦に北條氏を訪ふ。十二時半頃迄遊ぶ。所々見物し、マストに登る。実に壮大。左は二列にならべる我戦艦、威勢すさまじ。此れに相対して十六隻の米艦、旗艦コンネチカントを頭にして二列に並ぶ。実に壮観」。

この日、米海軍では翌日の退去を前に海軍大臣斎藤実・海軍軍令部長東郷平八郎・聯合艦隊司令長官伊集院五郎はじめ関係者を招いて午餐会を催していた。

弥彦は三笠艦のマストに登り、日米両海軍の軍艦が整列する様子を檣上より眺め、感嘆している。その後は、学習院と横浜アマチュア倶楽部の野球試合を観戦している。「初め三点入りしかば大に喜びしも、回々を重ぬるに従ひ縦横むじんに打ち破られ、七回に至らずして十四対三となる時、アマチューの要求にて三時半試合中止す」。学習院は三対一三（日記では三対十四）と大惨敗であった。

試合が早く終わってしまったため、学習院の応援団は、到着が間に合わなかった。「三百の学生等応援者は三時半頃来り。為め学習院対の match を見ず、実に気の毒なりき」。屈辱的な敗戦をうけ、学習院野球部ではこの秋は大試合をおこなわないことにしたという（『学習院野球部百年史』）。

三島通庸二十年祭

十月二十三日は、父通庸の祥月命日である。この年は死去からちょうど二十年、節目の年であった。三島家では、青山墓地にある三島通庸の墓において墓前祭、ついで千駄ヶ谷の自邸で霊前祭を営んでいる。弥彦も兄弥太郎、母和歌子はじめ親戚一同とともに参列している。

晴。午後より青山墓地に父上の二十年祭にゆく。兄上、母上、親席の者来らる。一時より祭始る。二時頃終る。其れ直ちに家に帰り、三時よりの祭に列す。帰途は野津さんの葬儀にて大混雑す。四時頃祭終り、一同にて食事す。（「日記」10月23日）

弥彦には父通庸の生前の記憶はない。巨大な通庸の墓を前にして弥彦が何を思ったのかはわからない。日記は出来事を淡々と記すばかりである。「野津さん」とは、薩摩藩出身で日露戦争には第四軍司令官をつとめた元帥陸軍大将野津道貫のことである。同人は十八日に死去し、この日が葬儀であった。

十月は野球に忙しい月であったが、それだけではない。三日には早稲田大学対ワシントン大学の野球試合の審判をつとめた後、「目白学習院にゆき、柔剣道の道場開きを見」ている。寒稽古など冬季が中心となる柔道シーズンがはじまっている。逐一の紹介は省くが、日記は柔道関係の記述が増えて来る。
三十一日は大雨の一日であったが、午後学習院で開かれた柔道大会に行き、観戦している。

其れより瓜生と本郷江智勝に、大学の running 撰手の会在りしかばゆく。大雨にて道はるく、閉口す。目白に至りしに一瞬の処にて乗りをくれ、やむなく上野ゆきにのりしに、巣鴨にて三十分程またされ、大に閉口す。四時頃上野着。直に江智勝に行く。撰手一同（柳谷欠）及び緑会委員来れり。十一時頃家に入り、ねる。

（「日記」10月31日）

瓜生は瓜生剛、「江智勝」とは、湯島にある牛鍋屋「江知勝」で、豊国と並んで東大生の御用達であった。同店は明治四年（一八七一）創業の老舗として長年親しまれたが、令和二年（二〇二〇）一月末に閉店した。

「大学の running 撰手の会」とは、大学の陸上部の集まりである。東大の陸上部は正しくは陸上運動部という。大雨のなか、目白から新宿経由で御茶ノ水に出ようとしたところわずかの差で乗り遅れ、やむなく上野行きの電車に乗ったところが、今度は巣鴨駅で長時間足止めされてしまっている。

集会場となった江知勝には、さきにみた陸上運動部の選手および、法科大学の学生自治会である緑会の委員が集まっていた。弥彦の運動仲間の柳谷午郎は欠席であった。主な議題は来月十四日に行われる大学運動会であった。東大の運動会は秋のスポーツイベントを締めくくるものであった。季節のめぐりは早い。

❏ 啄木

好転の兆し

今月もまた、啄木は月のはじまりを憂鬱に迎える。

此日、モウ十月になつたのかと驚いた人は、無論沢山あることであらう。その沢山の人のうちで、最も驚いた人は最も不幸な人に違ひない。予は何故恁う月日の経つことの早いのを、人一倍に驚かねばならぬだらう？
（「日記」10月1日）

最も驚いた人とは、言うまでもない、啄木自身である。

二日には函館の妻節子と妹光子から手紙が届く。**「老いたる母上は二十九日の晩に函館を去つて、一人、岩見沢の姉が許へ行つたといふ。それを見送つて帰つたのは夜の一時であつたさうな。残つたのは妻に妹に京子。ああ、その夜の二人の心！　そして又北海の秋の夜汽車の老いたる母が心！　妻は是非東京で奮闘してくれと言つて、人数も少くなつた事なれば、アト一月や二月郁雨君の厄介になるにも少しは心の荷が軽くなつたと言つて来た」**。

母と妻子は宮崎郁雨の好意により面倒をみてもらっていたが、さすがにいたたまれず。母は口減らしのため、夫の山本千三郎が岩見沢駅長をしている二女トラを頼って岩見沢へ移った。節子夫人も今月より代用教員として働きはじめることになる。**「予は泣きたかつた。然し涙が出なかつた！」**

創作意欲を奮い立たせ、牛込区早稲田鶴巻町の下宿八雲館に藤条静暁をたずねて一円を借り、**「原稿用**

紙とインキとペンと買つて来た」。八雲館は、翌年三月から一年あまり若山牧水が住むことで知られる。牧水は啄木の臨終に立ち合う、家族以外のたった一人の人物となる。

啄木が蓋平館別荘にもどってみると、菅原芳子から手紙が届いていた。熱望していた顔写真が同封されていた。**「目のつり上つた、口の大きめな、美しくはない人だ」**。勝手に妄想を膨らませておいて、タイプではないと落胆している。残酷で身勝手な言いぐさだが、偽らざる本心の吐露と受け止めておく。

野村胡堂との邂逅

三日には気分転換のため、千駄ヶ谷の新詩社に出かけている。**「出懸けに〈本郷〉四丁目の文明堂といふ本屋の店先で野村長一君に逢つた。昔とは見違へる程肥つてゐたが、別に老けてはゐなかつた」**。

野村胡堂（長一）は、盛岡中学校の先輩である。『銭形平次捕物控』の作者として、またSPレコード収集家で音楽評論家の「あらえびす」として知られる野村だが、このときは東京帝国大学法科大学に通う学生であった。帝大入学は、弥彦とおなじ明治四十年九月である。

胡堂は、啄木の中学時代には俳句や短歌を手ほどきし、かれが中学を途中退学して上京した際には軽挙をいさめ、一緒に神田の私立中学の編入先を探し回ったこともあった。このときは残念ながら、どこも欠員がなく無駄骨に終わったが、もしも編入できていれば、啄木のその後の人生はちがったかもしれない。

啄木からみれば順境な野村だが、後年、父親が他界したことで経済的に行き詰まり、卒業を前に大学を除籍になってしまう。やむなく報知新聞社に就職し、紆余曲折の末、人気作家となり、経済的にも成功した胡堂だが、亡くなる直前には、自らの苦学した経験をもとに、学問を志す若者を援助すべく、私財を投じて野村学芸財団を設立している。

三日の日記にもどる。啄木は夕方より森鷗外邸の観潮楼歌会に参加している。鷗外の日記では「短歌例会を催す。太田正雄、古泉千樫、服部躬治の三人始て来ぬ」と淡々としているが、啄木の日記によれば佐佐木信綱・伊藤左千夫・平野萬里・吉井勇・北原白秋・与謝野寛や賀古鶴所が来会し、**「空前の盛会」**と、大いに盛り上がったらしい。

なおこの日、この後、親しく交わることとなる東京帝国大学医科大学生の太田正雄（木下杢太郎）と初めて会っている。

日比谷公園にあそぶ

気分のよくなった啄木の心をさらに弾ませたのは、金田一の友情であった。四日は日曜、天気も秋晴れということで、午後から二人で外出して、愉快にすごしている。

日比谷公園

明星百号に載せる写真を撮りに行かうといふので、昼飯がすむと、金田一君と二人で出かけた。九段の坂の佐藤といふ処で撮る。金田一君は腰かけて、予は立つて。

それから、日比谷へ行つて、初めて公園の中を散歩した。人工の美も流石に悪くない。松本楼でビールを飲み乍ら晩餐をとつて、また散歩して、夕間暮、電車旅行をやらうぢやないかと、築地浅草行といふのへ乗つた。四十分許り見知らぬ街を駛つて、浅草に着く。塔下苑を逍遥ふこと三十分。大勝館に活動写真を見て、また電車。大分疲れて餒じくなつてゐた。四丁目の藪でまたビールを飲んで蕎麦。例の天プラ屋の娘が淫売だと女中が話したので、金田一君少し顔色が悪かつた。帰つて来て寝た

のは十一時。

今日初めて、東京の日曜らしい日曜を経験した。

（「日記」10月4日）

まずは九段坂の佐藤写真館に行き、『明星』最終号に載せる写真を撮っている。啄木と金田一が一緒におさまった有名な写真、啄木にとっては生涯最後に撮影した写真となった。

その後は日比谷公園に移動し、散歩している。公園は、金田一にとっては先月までの職場、海城中学校のすぐ隣だが、啄木には初めての訪問である。「人工の美も流石に悪くない」とは、園内の花壇をみた感想であろう。

それから園内にある松本楼で早めの晩餐をとった。松本楼は夏目漱石『野分』には「公園の真中の西洋料理屋」として登場する。作中では中野と高柳が眺望のよい二階に席を取り、樽ビールを飲み、鮭のフライや「ビステキ」を食している。啄木と金田一がどのテーブルに着いたかわからないが、二人もビールを飲みながら食事をしている。

日暮れ前には路面電車で浅草に移動し、またも塔下苑界隈をぶらついている。財布を金田一が握っているため、ぶらつくだけで終わっている。かわりに浅草六区にある大盛館に入り、活動写真を観ている。

その後、路面電車で本郷に帰り、いつもの「やぶそば」で夜食をとっている。またしてもビールを飲むなど、普段より豪勢な感じである。「例の天プラ屋」とは本郷三丁目交差点からすぐの本郷薬師堂の参道にある「天宗」のこと

石川啄木と金田一京助　10月4日撮影

か。ここも二人の行きつけの店である。

上京してから五カ月あまり、金田一のおかげでようやく「東京の日曜らしい日曜」を満喫することができた。この日の二人の表情は、写真に記録されて永遠に残った。

新聞小説の連載が舞い込む

気分をリフレッシュした啄木は、新たな小説の執筆に取り組む。五日の天候は曇、**「午後三時頃まで机に向つて、遂に想がまとまらず」**、六日も曇、**「「青地君」といふ題だけ書いて、十枚も紙をしくじつた」**、七日は晴のち曇、その後雨である。**「「青地君」を書き出した。寝るまでに七枚。曇つて、頭の重い日だが案外に筆が進んだ」**。結局「青地君」は、九日に二十一枚目まで書き進めたところで挫折する。

小説執筆はいまひとつだが、相変わらず詩歌の方は好調である。六日には『明星』が届く。**「巻頭に雑誌「昴」の予告、この広告文は予が書いてやつたのだ。巻頭吉井君のうた二百五十、案外に楽屋落、出鱈目が多い。平野のは流石に巧い。巧いが、余り辞の面白味といふことを重んじ過ぎてる歌がある」**。自信にあふれ、批評もするどい。十日夕方には千駄ヶ谷に行き、徹夜歌会に参加している。

娯楽はもっぱら女義太夫である。十月に入ってからは五日・九日・十一日に上野広小路の鈴本亭に出かけている。九日は平野萬里と一緒である。**「今夜位真面目に聞いた事はない。小土佐は流石に巧かつた。朝重の鳴門、繊かな談振、情の機微を捉へて、人を泣かせる。美人の昇菊の存在も忘れて一心に聴いたものだ」**。

竹本小土佐は、高浜虚子の小説『俳諧師』のモデルとなり、竹久夢二を夢中にさせたことで知られる。長年活躍をつづけ、昭和三十年（一九五五）秋には紫綬褒章を受章している。昭和五十二年（一九七七）に百四歳で亡くなっている。朝重は小土佐の姪である。

十一日は、吉井がどうしても美人で名高い豊竹昇菊の顔をみたいというので、平野萬里も加え、**「八時少し前、三人で鈴本亭に行つた」**。ちょうど竹本小土佐の舞台で、客席をみると太田正雄が来ていた。**「小京の風邪声、イヤで、イヤで、そして眠い。朝重は、お俊伝兵衛、猿廻しの段、昇菊に京歌のつれ引、眠くて、眠くて、見台を叩く音にびつくりする、昇菊が素的に美しく見えた。見てゐると、段々遠くなつてゆく様に見える。ト、ドタンと見台を打つ音、びつくりして又昇菊の顔をみる。こんな事が何回か続いて、十時二十分にハネた。帰りは月がよかつた」**。

徹夜歌会明けのため、義太夫節のほうは睡魔に妨げられて満足に聴けていないが、昇菊の美貌は夢見心地と相俟って十分堪能している。寄席を出て夜空を見上げると、美しい満月が浮かんでいた。

実はこの日、啄木には吉報がもたらされていた。東京毎日新聞社に勤務している栗原古城（元吉）から新聞連載の打診があったのである。栗原は新詩社同人で、東京帝国大学文科大学時代には夏目漱石・上田敏に師事していた。後年、英文学者、翻訳家として活躍する。

「今日新詩社へ毎日新聞にゐる栗原古城君（文学士）が来て、二週間後から毎日に掲げる小説（一回一円）の話、五六回分を二三日中に同君へ届ける約束が出来た。八分通りまでは成功しさうだといふ。そして、回数には制限がない」。

「毎日新聞」は、正しくは『東京毎日新聞』といい、明治三年（一八七〇）十二月に創刊された国内初の日刊紙『横浜毎日新聞』の後身である。同紙は明治十二年以降、本拠を東京に移し『東京横浜毎日新聞』と紙名をあらためる。明治十四年の政変のきっかけとなった開拓使官有物払い下げ事件を暴露した新聞として有名である。

同紙はその後も改進党系の新聞として発行をつづけたが、明治三十九年より紙名を『東京毎日新聞』とあらためた。社長の島田三郎は、大隈重信派の政治家で、のちに衆議院議長をつとめる政界の大物である。気持ちが浮き立ってもおかしくないはずの話を持ち掛けられているのに、日記の記述は意外に素っ気ない。これまで何度も期待を裏切られただけに、慎重に構えているのだろうか。それとも冷静を装っているのか。

「鳥影」の執筆に邁進

東京毎日新聞の連載話は、これまでとちがって頓挫しなかった。啄木は書きかけの「青地君」をあきらめ、十三日からは、以前、大阪新報の連載小説として準備しながら没になった「静子の悲」の改稿をめざす。

旧稿「静子の悲」を取出してみたが、我ながら面白くない。誇張してゐる。幼稚である。全体の趣向もずつと変へ、複雑にし、深くして、そして稿を改めることにした。さうすると、適当な題がない。昨夜一晩で「鳥の骸」としておいたが、それも面白くない。色々悩んだ末に「鳥影」とすることにした。

それで一日は了つた。夜になつてから筆をとつて、二時頃までに㈠の一と二、二回分脱稿した。

(「日記」10月13日)

小説執筆にはげむなか、十四日夜には金矢光一が蓋平館別荘にやって来た。「鳥影」では岩手県渋民を舞台に、地元の資産家、小川家が登場するが、そのモデルとなったのが金矢家であった。好都合とばかり、啄木は**「金矢君と十一時まで話」**すなど取材に余念がない。途中、平野萬里が女義太夫に行こうと誘いに来たが応じないなど、高い集中力で執筆に取り組んでいる。金矢が帰った後、執筆に取り掛かり、「一時頃までに「鳥影」㈠の三をかいた」。

翌十五日は、「鳥影」執筆の準備として「午後に十二番の室にゐる医科卒業生の増田といふに刺を通じて、二時間許りも赤痢病に関して訊ねた」。取材の成果は、作中に取り入れられ、また翌年『スバル』に発表する小説「赤痢」でも活かされたものと思われる。該当しそうな増田姓を『東京帝国大学一覧』で確認すると、明治四十年の医科大学卒業生に増田二郎がいるので、この人物かもしれない。

その後、執筆に取り掛かり、「夜の十二時までに、㈠の三から五迄（㈠終）書いて、明朝出させることにして、栗原君宛に封じて寝」ている。

十七日は「㈡の一から二の半迄書いた。昨日栗原君から、「鳥影」多分頂戴する様になるだらうといふ葉書」が届く。午後三時頃、ふと思い立って千駄ケ谷に新詩社をたずねる。「昨夜金尾文淵堂が来て、「昴」を引受けることに定つたといふ。そして、僕のかいた広告文が気に入つたからと言つてゐたと晶子さんが話した。バイブルを借りて五時帰る」。

新雑誌『スバル』の関係では気分のよい話題が多く、「鳥影」執筆の参考資料として『聖書』を借りて帰宅している。また、巧みな文章を参考にしようと、この時期、貸本屋から小栗風葉『恋ざめ』、国木田独歩『第二独歩集』を借りて読んでいる。

以前なら、すぐに集中力が切れて、外出してしまうところだが、このときは緊張感が持続できている。「外出してみると、矢張時々外出しなくちやいけないと思ふ。が、家にゐると、外出するのが億劫といふも少し過ぎるが、出ようと思はぬ」。

十八日は日曜日、さきにみた米国艦隊が横浜に入港した日である。「今日米国の廻航艦隊が横浜に入港するのだ。これからの一週間は、東京も賑かだらう！　然しそれが自分と何の関係がある？………何かしら詫しい様な感じがする」と、世間の喧騒とは距離をおいて執筆に専念しようと思いつつも、寂しさも捨てきれないでいる。

同日夜、「鳥影」の「㈠の一と二を持つて栗原君を訪問、二三日中に島田社長に逢つて確定するといふ。九時半まで話して、ダヌンチオの The Victim を借りて帰つた」。順調に事態は進んでいるが、内心では暗転の不安におびえていたのかもしれない。ガブリエーレ・ダンヌンツィオ（Gabriele d'Annunzio）は、イタリアの作家で、森田草平・平塚明子が同人の小説『死の勝利』に魅了され、塩原事件を決行したことでも知られる。

文部省美術展覧会

十九日、啄木は苜蓿社以来の友人、並木翡翠に誘われ、一緒に上野に出かけ、第二回文部省美術展覧会を観覧している。並木が残念がった「昨日のボートレース」云々とは、十八日に隅田川でおこなわれた「外国語学校水上大会」のことである（『読売新聞』10月19日）。

十時頃起きると並木君が来た。昨日のボートレースに敗けたといつて残念がつてゐた。一緒に昼飯を喰つて、文部省の美術展覧会を見に上野へ行つた。桜の葉が少し散つてゐる。日本画の方はソコソコに済して、竹の台の洋画の方へ行つた。出品百余点。二三氏のものを除いては、まだまだ日本の画会も幼稚なもの。石川寅治のもの三点、みなすがすがしい光線をかいてる技巧上の手腕には感服した。「金魚」といふのが美しかつた。三宅氏などのは、画として欠点はないかもしれぬが、千遍一律で平板だ。最後の室にゆくと、鹿子木孟郎氏の大作「ノルマンデーの浜辺」、よく海岸の淋しさが表はれてゐた。満谷国四郎氏の「車夫の家族」これは布局から色彩から光線の具合から、無論殆んど非難のない、所謂画家の見ての名画であらうが、何故か予などは些ともアトラクトされない。さて大評判の

和田三造氏の「煒燻」何といはうかこの猛烈な色、見てゐると、何か知ら崇厳な生活の圧迫が頭を圧する。
（「日記」10月19日）

文部省美術展覧会（文展）は現在の日展の前身で、明治四十年、弥彦の義兄牧野伸顕が文部大臣のとき、そのつよい意向によって創設された美術展覧会である。牧野は外交官としてイタリアやオーストリアに長く駐在し、欧州各国の文化や芸術に接するなかで、ロイヤルアカデミーやフランスのサロンのような権威のある公設展覧会を日本でも開きたいと考えていた（『牧野伸顕伯』）。

弥彦は野球や漕艇、柔道に忙殺されていたためか、文展には出かけていない。一方、啄木は、以前も太平洋画会で吉田博の版画につよい関心を寄せるなど、美術には興味があった。文展会場は、現在の上野恩賜公園内竹の台広場にあった竹の台陳列館である。場内は日本画・西洋画・彫刻の三部にわかれていた。

石川寅治は「菊」「白百合」「金魚」を出品し、「菊」が三等賞を獲得している。三宅氏は三宅克己で、「初冬」「林」「湯ケ島の冬」を出品し、「初冬」三等賞を受けている。鹿子木孟郎は、文展審査委員となり、「ローランス画伯の肖像」「漁夫の家」「ノルマンデーの海岸」を出品している。満谷国四郎も文展審査委員である。

和田三造は前回の文展第一回に「南風」を出品し二等賞を獲得しており、今回も「煒燻」で二等賞を受賞し、無鑑査となる。啄木が高評価を下した石川・鹿子木、留保つき高評価の満谷とも、太平洋画会の系統である。

啄木は会場で評判の高い「煒燻」を眺めていたところ、背後で**「マガレツトに幅広の白いリボンを結んで、衣服は何とやらいふお召の羽織に黒い縫紋」**を来た**「二十才少し上の、稍背の高い、肉置のゆたかな女」**と、**「中背の、やせた、余り風采の揚らぬ、鼠の中折を被つた三十二三の人」**が会話をはじめた。男性が和田三造であると気づいた啄木は、二人の会話を余さず記憶し、日記にて再現している。さらに十一月一日付『巖手日報』に寄稿した「日曜通信」(下)のなかで会話を披露している。

米国艦隊の乗組員は連日、東京・横浜の各所に繰り出していたが、はたして啄木も上野公園でかれらを目撃している。**「竹の台のあちこち、通訳をつれた米艦水兵が、三々五々、遊んでゐた」**。

啄木と米国艦隊との直接の関わりはこれだけだが、『巖手日報』への寄稿「日曜通信」では、来航騒ぎにも言及している。「過去一週日の間、遠来の佳賓を款待するに日もこれ足らざるが如く、〔旦〕亘暮歓呼の声を揚げて狂奔したる満都の士女も、この曇天の日曜を迎へて聊か気抜けしたるもの丶如く候」と身近な見聞から話題を起こし、ここから転じて「一時的の御馳走政略によりて得たる好感情は、譬へ如何に大なりと雖ども遂に又一時的ならざるを得ず」、「御馳走政略は遂に善良なる政略に非ず。吾人は帝国の外交当局者に対して、よく斯る機会を利用するの功慧を嘉すと共に、常に堅実にして不抜なる外交方針を把持せむことを期望せずんばあらず候」(「日曜通信」(上)『巖手日報』10月30日)と外交当局者への警句に引き上げる手法は、いかにも新聞論説的で、才人啄木の本領発揮といってよい。

「鳥影」の連載決定

啄木は栗原からの回答を静かに待ちつづけた。詩歌などの原稿を書くか、貸本屋から小説を借りて読むか、金田一の室で話し合うか、といった感じである。

たとえば二十一日は、曇で、最後には雨が降るという一日であったが、昼間は徳田秋聲『凋落』を、夜には国木田独歩『濤声』を読んでいる。**「『濤声』をくり返して、涙が出た。そして金田一の室へ行つて二時間許り語つた」**。

先月末、中学教師の職を失って以来、金田一は三省堂の百科辞典校正の仕事で糊口をしのいでいた。その金田一から、新たに国学院大学の講師の口を得ることができたことを知らされる。週一度の出講で、一回につき一円なので、三省堂の仕事と合わせれば、ひと月あたり三十四、五円となる。これで海城中学校時代の月給三十五円と、おなじ程度の収入が確保できる。

出口のみえない暗いトンネルを走りつづける日々に、ようやく光が差してきたかに思えたら、親友にも嬉しい話が舞い込んだ。啄木は自分のなかに不思議な力があると感じる。**「今の予には何かは知らぬが力がある、希望がある。そして金田一君も国学院大学の講師になつた」**。

嬉しい気分を後押しするように、翌二十二日には、ぐずついた天候も回復してくる。**「昨日は一日曇つた、雨の時々降る日であつたが、今朝もまだ降つてゐた。それが午後になるとカラリと晴れ渡つて、袷には暖か過ぎる程の西日がまともに射した」**。ちなみに、この日、弥彦は予定していた早稲田大学対米艦チームの野球試合が中止となるなど、空振り気味である。

啄木にもどると、天候が回復したあとは、室内で貸本屋がもってきた小栗風葉『天才』を読み終え、**「前篇だけではあるが、うまい」**と称賛している。夕方、窓の**「突出しに仰向になつて夕空を見てる」**と平野萬里がやって来た。折よく金田一も帰ってきたので、**「八時半まで三人で言葉の話をした。それから義太夫の話」**に興じている。平野が帰ってからは、金田一と散歩に出ている。

平野君が帰つてから、金田一君と二人で散歩に出かけて、生れて初めて花電車を見た。その時駆足をして（本郷）四丁目へ行つたのだ。それから、恰度薬師の縁日だつたので、活動写真を見（一寸法師がゐた。）藪でそばを喰つて帰つた。そばを喰ひ乍ら尺八と胡弓の追分をきいた。

（「日記」10月22日）

花電車（個人蔵）

東京市内では米国艦隊来航の喧騒がつづいており、生れて初めて花電車を目撃している。加えてこの日は本郷薬師堂の縁日であり、本郷四丁目付近は賑わっていた。啄木が目撃した一寸法師とは大道芸人で、「五十がらみの、目のぎょろとした、赤黒い顔をした胴長の親父で、同い年位の女房の引く三味線に合わせて、「かっぽれ」などを踊って、投げ銭を貰っていた」（『石川啄木と東京散歩』）という。

嬉しい報告はまだつづく。二十四日朝、妻の節子から、函館宝尋常小学校にて月給十二円で代用教員をはじめたこと、妹光子も来月から外国人の家庭教師になることが決まり、京子の面倒をみるため岩見沢の母を呼びもどす旨を伝える葉書が届いた。**「予はホッと一息ついた。家族は先づ以て来春まではあまり郁雨君の補助も仰がずに喰つてゆける」**。

二十六日、ついに「鳥影」連載決定の知らせが届く。**「今日はよい日であつた。午前に栗原君から葉書。「鳥影」を島田社長と合議の上貰ふことに確定したと言つて来た」**。ちなみにこの日弥彦は、**「平日の如し。伊達来るはずにて直ぐ帰りしも来らず」**と、いつもどおりに大学があり、その後は、伊達九郎が自宅に来る予定なので自宅にもどったところが、結局来なかったという、ごく平凡な一日であった。

啄木は詳しくは知らないが、今回の新聞連載は栗原の相当な骨折りによって実現したものであった。当時の事情を後年、栗原は「石川啄木君と私」において、次のように明かす。

その後明治四十一、二年の頃、啄木君が本郷森川町の蓋平館別荘に下宿せらるるに及び、偶々途上で相会したのが機縁となり、私がまだ独身で本郷弥生町の帝大裏通沿いの伯母の家に寄寓して、銀座尾張町の東京毎日新聞（社長島田三郎先生）に通勤した頃、数回来訪を受け、その際君が生活不如意で困却せることを打ち明けられ、「これから小説を執筆したいから原稿の捌け口を周旋してくれ」との依頼を被むった。私はその頃昴同人諸君が段々に羽翼が成って将に沖天に飛躍せんとする状態を他処ながら見ていたので、啄木君の為に何か一臂の力を添えたく考えていたが、当時世間的にまだ無名の一詩人に過ぎなかった啄木君に纏まった原稿料を払ってくれる処といってはそう沢山はないので、私も大分頭を捻った結果、折柄私の勤務していた東京毎日新聞がその新聞小説に困って居り、時折り遅塚麗水君が都新聞に勤務せる旁ら匿名で何か執筆していたような事情を思出し、毎日新聞から到底満足するような報酬は出せないけれども、これを機縁として啄木君が新に小説の分野に登場する試みともなれば幸と考えた。そこで私は毎日新聞社長島田三郎先生から特に眷顧を蒙り、頻繁にその邸に出入していたのを幸い、一夕島田先生に対して大いに啄木君を推奨し、同君は今日無名ではあるが必ず将来に大名を馳すべき偉材であることを述べて右の次第を懇請したところ、幸に先生の承諾するところとなり、約一ヶ月の予定で東京毎日新聞社から小説の執筆を依頼することと相成った。

（『啄木全集』月報6）

話を二十六日にもどす。

それから午後に思がけない絵ハガキが出た。それはしやも虎小奴の写真――そして差出人は坪仁乃ち写真の主。――「その後の御様子お知らせ下され度願上候」とだけ！　赤心館宛になつて来たのが廻送されたのだ。何処から聞いたらう？

清岡〔等〕、新渡戸〔仙岳〕、桜庭〔チカ子〕、及び〔宮崎〕郁雨・〔岩崎〕正ニ君とせつ子とへ葉書――毎日社の小説きまつた事を知らしてやつた。

（「日記」10月26日）

連載決定の知らせ、家族と友人、知人への喜びの報告、ここまでは理解できるが、釧路の小奴（坪ジン・仁・仁子）から絵葉書がこの日に届くというのは、話ができすぎている。だが、これまでみてきたように、啄木の生涯では、小説やドラマのような劇的な出来事がしばしば起きる。

歓喜の一日の締めくくりには吉井勇がやってくる。二人で浅草に出かけている。

モウ日がくれてゐた。散歩しようと二人で出かけて、浅草へ行つた。ロンドン大火のキネオラマは面白かつた。それから例の提灯の小路を歩いたが、吉井君のお蔭で知らなかつた辺まで見た。中店で汁粉を喰つて帰つた。九時半。

（「日記」10月26日）

「キネオラマ」とは、キネマとパノラマの合成語で、パノラマの点景や背景に、色彩や光線を当てて、景色をさまざまに変化させて見せる装置である。二人が入ったのはキネオラマの常設館「三友館」で、「ロンドン大火」は、本当の火災ではなく、ロンドンの実景写真に「強力の色彩電光により昼夜晴雨の天象、市街光景等の変化を見せ、落雷の為め一大火災を現出せしめ、且つ汽車・汽船の発着其他の音響を総て音楽に聞かせる趣向」（『東京朝日新聞』12月5日）であった。

三友館を出てからは、吉井と一緒に「例の提灯の小路」、すなわち塔下苑界隈を歩いているが、時間的にみて、この日はのぞく程度で済ませている。性体験の豊富な吉井にその方面の実力を見抜かれたくなかったのかもしれない。

とはいえ、これまで数々の女性遍歴と、卓抜した歌人としての才能で啄木を圧倒してきた吉井も、自信がついてくると、徐々に克服可能になってくる。たとえば十二日には吉井のことを**「思想の皆無な人だ。**

だから其象徴的なうたは一向つまらぬ。且つ何日でも同じ語許り使ふので、モウ予は面白いと思ふのが少くなつた。但し、時としては、此人でなけや歌へぬといふ天才的の詠口をする」と、半分は感心し、半分は見限っている。

連載が決定後の二十七日になると**「無思想にして、空想の人、そして空想を語る人、誇張――よくない事を特に――して吹聴する人」**と、よりきびしく断じている。それと同時に**「人間は自己にある欠点を他に認めて、そして自己にあることを自認した時。その欠点をヒドク憎むものだ」**と、吉井の空想癖や誇張癖へのつよい反発は、実は自己嫌悪の裏返しであることを感じ取っていた。

連載開始を待つ日々

上京以来、これまで月末といえば、家賃の支払いができず、精神的に落ち込んでばかりであったが、今月はちがった。

二十七日は昼前に起き、日暮れまで「鳥影」の㈡の三を執筆している。**「そして栗原君を訪ねて八時に帰つた。稿料は一円に決定、そして昨日言つてやつた前借は駄目であった」**。

「前借」とは前日、栗原に書簡を送り、三十円の前借りを依頼していた件である。連載前から一カ月分の原稿料をまるまる前借りしようとしており呆れるが、書簡のなかで「実は小生先月分の下宿料もまだ払つてない様の仕末に御座候へば、一日／＼と迫りくる晦日が怖しくて……右失礼ながら御内意伺上奉候」（10月26日付栗原元吉宛『全集』七）と訴えているのをみると、平素は厚顔な挙動に出ていても、心の底では悩み苦しんでいたことがうかがえる。

一日あたり一円という原稿料は、東京毎日新聞の販売不振や、小説家啄木の知名度を考えれば仕方ないが、さきにみたとおり原稿用紙換算だと一枚につき二十二銭程度でしかなく、かなり安値である。

それでも収入の当てができたことから、下宿料の方は翌日「主婦を呼んで下宿料を待つて貰ふ談判、うまく成功」している。

二十九日は、下宿で吉井と会い、「烏影」の予告文を書いて送るなどした後、神楽坂下の近くの北原白秋の新居をたずねている。新居のすぐ裏には東京物理学校(東京理科大学)があった。現在の東京理科大学神楽坂キャンパスの八号館の手前付近である。「二階の書斎の前に物理学校の白い建物。瓦斯がついて窓といふ窓が蒼白い。それはそれは気持のよい色だ。そして物理の講義の声が、琴の音や三味線と共に聞える」。花街の風情と物理学校とのギャップに独特の情緒を感じている。

このあたりは江戸情緒と近代東京の混淆に感興をおぼえる太田正雄ら「パンの会」にも通じる感覚である。

三十日は、今度こそと「戸塚村に小栗風葉氏を訪ねたが、運悪く不在」であった。風葉は翌年五月、東京での生活を捨て、愛知県豊橋に引き移るので、最後まで対面は叶わなかった(『評伝小栗風葉』)。その後は千駄ヶ谷の新詩社に行き、夜には上田敏をたずねるなどしている。興奮冷めやらず、下宿にもどっても「金田一君の室へ行つて気焔を吐いた」。

三十一日は終日つよい雨が降りつづいた。「寒暖計は五十一度に下つた。綿入を着て猶寒い」。華氏五十一度は摂氏十・六度である。三日前の二十八日には最高気温が二十三度を記録するなど、この年の十月は暖かい日が多かった。二十九日以降、気温が下がってきて、この日の東京の最高気温は十一・五度、最低気温は六・九度。晩秋から冬の寒さでである。

十月末日、この日啄木は貸本屋より借りた二葉亭四迷『浮草』を読み、それから「約の如く夜雨を犯して千駄ヶ谷にゆき、五円貰つた。帰りに仏語の独修書をかつて来た」。

下宿にもどると、菅原芳子から手紙が届いていた。「温かい歌が書いてある。寝てから、床の上で釧路の坪仁子へ別れてから初めての手紙かいた。この日の東京毎日に、「鳥影」の予告文が載つた」。

間もなくはじまる新聞連載に胸を膨らませ、臼杵の菅原芳子の温かい歌にぬくもりを感じ、釧路の小奴に思いを馳せながら、啄木の十月は終わった。

十一月

❏弥　彦

東京倶楽部始動す

十一月一日は日曜である。弥彦は午後より目白の学習院に出かけ、中等学科対麻布中学校（麻布高等学校）の野球試合の審判をしている。**「二時頃よりBaseball match 開始。小生umpire をなす。四対五にて院方の勝となる」**。

三日は明治天皇の誕生日、天長節の祝日である。この日、東京倶楽部は三田綱町グランド（港区三田二丁目）において慶応義塾を相手に初めての試合に臨んでいる。

晴。東京倶楽部にて第一回 match をなす。相手は慶応、されば十一時頃家を出で、日英によりバットを求め、慶応下にて昼食し、一時頃慶応にゆく。寮士の面々来れり。曰く、中野（2b）、河野（P）、山脇（C）、押川（1B）、吉川（SS）、桜井（3B）、田部（LF）、青木（CF）、小生はRFなりき。三対一にて敗る。九回目に余入りて0敗まぬかる。夕食の慶応になすあり。七時帰宅。十一時寝につく。（「日記」11月3日）

東京倶楽部のチームメイトとともに（明治41年11月撮影）
中央が弥彦、早稲田大学運動場にて

弥彦は、試合前に日英商会でバットを購入している。出場選手のうち、桜井・青木・吉川は慶応、河野・押川・田部は早稲田、中野は一高、弥彦は学習院のそれぞれ出身。捕手の山脇正治は早稲田在学中だが卒業予定。顔ぶれだけをみれば豪華である。

肝腎の試合の方は、東京倶楽部は慶応小山投手の好投の前に八回まで無安打と打線が完全に沈黙、二塁ベースを踏むこともできなかった。最終回に相手の失策により弥彦が本塁に生還して、何とか完封は免がれたものの、無安打であった。敗因は練習不足であろう。

第二戦は八日の日曜日、相手は早稲田大学、場所は同大学の運動場（戸塚球場）である。試合は有料で「一等二十銭、二等十銭の入場料あるにも拘らず、日曜にて殊に薄曇天の好野球日和なりしかば、見衆は非常に多かりき」（「東京チーム対早稲田野球戦　早稲田の敗北」『東京朝日新聞』11月10日）であったという。

「余は投手をなす。四対五アルバ（α）にて勝ち、三時半頃終る」。この日は投手の河野・押川が不在だったため、弥彦がマウンドに上がっている。

試合は先攻の早稲田が四回までに小刻みに三点を挙げたのに対し、東京は三回に二点、六回に一点を挙げ追いついた。七回に早稲田が一点を勝ち越したが、八回に東京が二点を挙げて逆転し、九回表を弥彦が抑え、東京倶楽部が勝利した。弥彦は完投し、被安打六、奪三振三、与四死球ゼロであった。

早稲田との再戦は一週間後の十五日におこなわれた。**「北強風にて閉口す。練習を初めし時は一つも受**

くるものなく、大に笑はる。然し試合になりてより好成績」とのことであったが、試合は二対六で敗れている。東京倶楽部の投手は慶応出身の桜井弥一郎、弥彦は中翼手をつとめた。

この日も弥彦は忙しい。試合終了後、早稲田から小石川区富坂町の**「講道館にゆき大紅白勝負」**を見物している。紅組の大将は、伝説の柔道家「三船十段」として有名な三船久蔵であった。試合は紅組がこちらも伝説の柔道家として知られる三宝の活躍によって勝利している。

ちなみに弥彦の柔道の腕前はというと、初めて講道館に出かけたときに、いきなり八人抜きをしたという。その後、徳三宝が来賓選手として学習院に来たときに対戦し、引き分けたというからかなりの実力であったことはたしかである（「三島弥彦翁スポーツ放談」）。

日米野球事始め

日米両国の野球交流の歴史は長いが、米国メジャーリーグの選抜チームが日本に来て試合をおこなう、いわゆる日米野球の起源は、この年十一月下旬のリーチ・オール・アメリカンの来日とされる。同チームは、米国リーチ商会が広告のため集めた職業野球選手によって編成されたもので（『野球歴史写真帖』）、国内各地で全十七試合をおこなっている。

記念すべき最初の日米野球試合は、十一月二十一日に早大運動場で開催の予定であった。弥彦も現地に出かけている。この日の東京は快晴、最高気温も十八・四度と暖かであった。**「早稲田対米国野球団 American Reach All Baseball Team と試合ある筈なりしかば、早稲田に行きしも、彼等の乗船到着せざる為め延期となる」**。

絶好の試合日和であったが、肝腎の選手たちを乗せた船が横浜港に到着せず、試合は延期となってしまった。弥彦は、その後、午後二時頃より目白の学習院に移動し、**「四年対五年の試合あり。十以上四年の勝。四年と三年の試合は二対一にて四年の勝。中々面白かりき」**と、中等学科の野球試合を見物している。

米国職業野球団は、翌二十二日に横浜入港、即日、早大運動場で早稲田大学と対戦した。米国チームは「野球競技を商売にせる連中とて天晴の腕前」であり、力の差は歴然であった。早大は二塁を踏むことすらできず、〇対五と完敗した（「対米野球戦」『東京朝日新聞』11月25日）。

なお、この試合は、大隈重信がわが国初とされる始球式をおこなったことでも有名である（『早稲田大学野球部史』）。弥彦はこの日、目黒の西郷侯爵邸で催された園遊会に出席しており、残念ながら野球史に残る出来事の目撃者にはならなかった。

弥彦の東京倶楽部は、新嘗祭の祝日である二十三日と月末の三十日に、いずれも綱町グラウンドにおいて米国職業野球団と対戦している。

二十三日は、**「寒風強く閉口す。来観者は大に困る。過失続発。米軍猛打ヒットする事十有余度。遂に十九対一にて敗す。P河野。途中より青木かはる。昼飯を今福に至り、東京チーム一同にて食す。押川春浪氏も同食す」**。試合は一対十九の大敗であった。

屈辱的な大敗を東京朝日新聞は「各学校出身の元老にて、各チームの充分を以て自任する東京チームは、練習例によつて足らざりしが、陣形一度紊れてより遂に立直らず、米軍は宛ら素人を相手とする者の如く翻弄に翻弄を累ね、易々と十九を獲たる間に東京軍は僅に一点を得て名義上零敗の恥を免れしも、其対戦の力籠らざる事甚だしかりしは寧ろ零敗以上の大恥辱なりき」（前掲「対米野球戦」）と報じている。

散々な試合であったが、三田四国町の牛鍋屋「今福」での試合後の昼食には、天狗倶楽部の主宰者として知られる押川春浪が同席している。弥彦の日記で唯一春浪の名が確認できる箇所である。

啄木もまた春浪に会ったことがある。明治三十七年（一九〇四）十二月のことで、神田区駿河台鈴木町

（千代田区駿河台二丁目）の長谷川天渓の家で前後二回会ったという。啄木は春浪の風貌を**「彼や長身痩軀にして眉目人に秀で、よく飲みよく談ず。其談ずるや音吐朗々として意気頗る凛たり。性割達にして朴直、父〔押川方義〕氏の面影ありと云はる。また快男子なり」**（「明治四十丁未歳日誌」明治40年1月6日）と記している。

話を東京倶楽部の米国職業野球団との対戦にもどす。三十日の再戦では、東京倶楽部は初回に五点を挙げたが、その後に逆転され、五対八で敗れている。敗戦ではあったが、東京倶楽部は九安打と米国チームの八安打を上回り、失策も少ないなどかなりの健闘をみせている。そのせいもあってか、観衆は東京倶楽部の奮戦に熱狂したという（「東京軍の活躍」『東京朝日新聞』12月2日）と記す。

この試合に弥彦は右翼手として出場したが、**「敵軍盛に猛打し、外野ををそう事十余なりき」**とのことで、米軍の猛攻を受け、守備に忙しかったという。

陸上競技練習の日々

この時代、東京では東京帝国大学・第一高等学校、および駒場の農科大学（もとの駒場農学校）の各運動会をもって、「東京の三大レース」と称し、陸上競技会として世間の高い注目を集めていた。

十一月に入ると弥彦は、十四日におこなわれる東京帝大の運動会に向けて、陸上競技の練習を本格化させる。二日には大学で講義を受けた後、**「帰りは運動会の練習をなす。伊達氏、鈴木と四時来り、共に練習す。帰り淀見にて夕食し、其れより青木堂にゆき帰る」**。本郷の淀見軒・青木堂は、これまで幾度も登場した帝大生にはなじみの店である。

五日も**「平日の如し」**と大学で授業を受けた後、**「帰りには競走の練習をして夕刻家に帰」**り、六日は

「午前九時頃より駒場に至り、伊達、伸太郎、榊などの明後日練習をなし、十二時頃帰宅」と、駒場の農科大学グラウンドで伊達九郎・牧野伸通などと練習をしている。「明後日」とは、運動会本番に先だって七日に東京帝大でおこなわれる「第三回運動小会」のことである。

七日、弥彦は「第三回運動小会」に、本番前の小手試しに出場し、「百、二百、槌投げ、六百にて一等を得」ている。槌投げとはハンマー投げである。終わって「帰り学習院人と青木堂に行き、其れより分れて江智勝にゆき、撰手一同と夕食をなし、十時頃帰宅」している。

八日は、駒場にて農科大学の運動会が開かれたが、弥彦は、さきにみたとおり早稲田にて東京倶楽部の野球試合に臨んでおり、終了後に駒場に移動している。自宅に電話をかけ、使用人に自転車を届けてもらってまでして「駒場行きしも、最早終りし後」であった。

十日は、午後「運動会の練習をなして後、五時頃一寸和田垣さんの経済に出ず」。大会直前ということで、講義よりも練習ということか。さらにこの日は、講義ノートを盗難されるというアクシデントにも遭っている。

> 夕食は江智勝に至り running（法科）撰手一同と食し、八時帰途につく。途中柳谷氏の処により、自転車を取りて山川により、夫れより和田屋によりて Baseball の服の寸方を取りもらう。帰らんとせしに、自転車にかけをきし本つゝみなく、大にめんくらう。誰れにかぬすまる。中には田尻氏の経済史の note ありしため、大にきのどくす。尚小生の経済史の note、経済学（山崎博士）もぬすまる。帰り自転車のくわい悪るく閉口す。
>
> （「日記」11月10日）

いつものように江知勝で夕食を取り、それから柳谷午郎のところに預けてあった自転車に乗り、帰途についた。途中で野球のユニフォームの採寸のため立ち寄った「和田屋」とは、麹町九丁目にあった和田栄吉が営む大日本和田式洋服裁断講習所のことか。和田は日本人の体格にあった洋服の裁断法を編み出し、その普及につとめていた。

採寸にはそれなりに時間がかかったはずで、その間に自転車に掛けておいた本の包を盗まれてしまった。田尻氏とは、会計検査院長でのちに東京市長もつとめる田尻稲次郎の二男鉄次郎である。ノートが命の明治期の大学で、これを紛失されたのだから、たしかに田尻は気の毒である。最大の被害者といってよい。弥彦にしても、和田垣謙三教授の経済史や山崎覚次郎教授の経済学の講義ノートを盗まれており、打撃は少なくない。盗まれたのはノートだが、犯人の本来のねらいは自転車とみられ、何とかしようといろいろ弄ったのであろう、不具合になっている。

十一日は、午後は大学が休みのため、**「三時頃より大学にて running の練習し、江智勝にて選手一同にて夕食」**とある。つづく十二日、十三日は、さすがに大会直前のため、十一日と同様、午後はランニング練習、終われば江知勝で夕食というパターンがつづく。

陸上漬けの毎日かといえば必ずしもそうではなく、大学の講義に出るのは当然として、たとえば九日には学習院に出かけ、野球の「match をなし、後第一寮にて行き夕食」、十一日午後は、大学での練習に先立ち、**「日本橋の金丸に鉄砲を見に」**いくなどしている。「日本橋の金丸」とは、日本橋通り三丁目にある銃砲店で、横浜の金丸銃砲店の日本橋店が日本銃砲店と改称したものだが、依然として「金丸」で通っていた。

弥彦の練習風景は、一流スポーツ選手の多くがプロ化している現在と比べれば、あまりに牧歌的にみえるかもしれない。とはいえ、近代スポーツの黎明期にして、アマチュアリズムの時代におけるトップアスリートの練習風景がみてとれるという意味では貴重である。

帝国大学陸上運動会

十四日は東京帝国大学陸上運動会の当日である。ここ数日、最高気温が十二、三度の日がつづいたが、この日は十五・八度にのぼり、おだやかな晩秋の一日であった。

運動会当日、弥彦日記には次のように記される。

朝。大学の運動会なりしかば、九時頃より行く。十時より開始。百ヤードは四メートルのハンデカップにて二等。一等は田中。勝てるはずなりしも、前の者ころびし為め、大に残念す。二百は二等、百メートル一等は安形。二百のレコードをなせしも、一秒の1／5の差。即ち25・74　25・94の差にて駄目。四百は25にて途中にて止む。六百は今年はじめて行なはる。一等を得、二等柳谷。六百のレコードは一分三十二秒八十七にて走る。今年は元気なかりし為め自分にて案外なりき。団体競走は法科の勝となる。長浜、三溝、瓜生、柳谷、春日、阿部、三島。賞品授与後三宜亭の祝勝会に行き、十時頃帰宅。寝につく。

（「日記」11月14日）

東京帝国大学陸上運動会

運動場は大学構内の心字池（三四郎池）の東側、旧加賀藩上屋敷内の馬場の跡にあった。現在もおなじ場所にある。トラックは一周三六五ヤード、メートルに換算すると三三六メートルあった（『東京大学陸上運動部120年史』）。

大学の運動会（陸上競技会）であるが、単なる学校行事にとどまらない、東京の秋を彩る華やかなスポーツイベントであった。運動会当日は多くの人びとが観戦のため来場し、着飾った令嬢たちも少なくなかった。運動会の華やかな光景は『三四郎』でも登場する。運動会のくだりが東京朝日新聞に掲載されたのは十一月五日からなので、漱石が描いた場面は過去の記憶等をもとにしたものである。

運動場は長方形の芝生である。秋が深いので芝の色が大分褪めてゐる。競技を看る所は西側にある。後ろに大きな築山を一杯に控へて、前は運動場の柵で仕切られた中へ、みんなを追ひ込む仕掛になつてゐる。狭い割に見物人が多いので甚だ窮屈である。幸ひ日和が好いので寒くはない。然し外套を着てゐるものが大分ある。其代り傘をさして来た女もある。

三四郎が失望したのは婦人席が別になつてゐて、普通の人間には近寄れない事であつた。それからフロツクコートや何か着た偉さうな男が沢山集まつて、自分が存外幅の利かない様に見えた事であつた。

この年の運動会の風景は、東京日日新聞には、「帝国大学陸上運動会は昨日午前十時より向ヶ岡なる同校構内運動場に於て挙行せり。幸ひの小春日和に来観者夥しく、紅葉色濃き樹蔭には花の如く盛装せる貴婦人の一団ありて、嬌語の微かに聞ゆるは選手連の競技を評するやにやあらん。一方を見れば一高生徒の一団白旗を押立て頻りと蛮声を揚げて盛に応援するあり」（「帝大陸上大運動会」11月15日）と報じられている。『三四郎』の描写と大体おなじであることがわかる。

弥彦日記にもどる。ヤードとメートルが入り混じっていてわかりに

帝国大学陸上運動会にて（年代不明）
後列中央が弥彦

くいが、百ヤード競走では、四メートルのハンデ付きでスタートしたところ、前走者が転倒したためこれに阻まれ、二着に甘んじた。二百メートル競走は二十五秒・九四で二着。一着との差は百分の二〇秒であった。六百メートル競走は一分三十二秒八七で一着であった。弥彦自身も「今年は元気なかりし為め自分にて案外なりき」と、意外な好成績に驚いている。

最後の「団体競走」、各科大学対抗のリレー競走は、工科大学が先行したが、最終走者の弥彦が「健脚を現はし」て逆転し、法科大学が勝利した（前掲「帝大陸上大運動会」）。

仏文学者で、自身も学生時代には運動選手として鳴らした辰野隆は、陸上選手としての弥彦の実力について、本書よりも若干前、学習院時代のエピソードを交えながら印象的に語っている。

今から考へて見ても、学習院の三島は、当時の中距離ランナアとして抜群であつた。明治三十七年に、駒場のトラツクで、三島に拮抗する駿足と認められてゐた附属中学出身の川崎が、高商の選手として、三島や長浜と覇を争ひ、火の出るやうな激しいレエスになつたが、結局三島一着、川崎二着、長浜三着であつた。此レエスが、その頃を通じての最も目覚ましい争覇戦で、僕もこれ程華々しいレエスは、その前にも後にも、見た事がなかつた。三人の選手が先になり、後になりつつ、疾走する有様は、今思ひ出しても、亢奮を禁じ得ない（『スポオツ閑談』）。

西郷侯爵邸の園遊会

秋は文化的な催事も多い。弥彦日記にはスポーツ以外にもさまざまな出来事が登場する。掻い摘んでみておく。

十一月上旬は野球に陸上競技に忙しいが、そうしたなかでも、のんびりとした話題も少なくない。

四日は午後、学習院に行き、**「帰り七時頃柳生の処にゆきしもをらず。約束せしかば、直に牛込の高等演芸館に行きて催眠術を見る。尚支那人の石はりなどありたり。十一月時頃帰宅」**している。「牛込の高等演芸館」は神楽坂の坂下から進み、坂上の手前で左にのびる地蔵坂沿いにあった。

この日の出し物は、宮岡天外の催眠術であった。天外は「欧米遊歴の際、白耳義セルブアーレルク氏の魔術法と印度魔術秘書（アタムブアブエタ）中より研究したる技術なり」（「たのしみ」『東京朝日新聞』8月21日）との触れ込みであった。催眠術をうたっているが、実際には奇術である。

二十二日は、はじめての野球の日米戦があり、大隈重信がわが国初の始球式をおこなった日だが、弥彦は**「伸太郎と西郷（目黒）さんの遠遊会に行く。富士子嬢、古川氏の婚せし祝ひなりと」**として、従兄弟の牧野伸通と一緒に西郷侯爵邸で開催された園遊会に出かけている。

西郷侯爵邸

西郷侯爵家は、西郷隆盛の弟で海軍大臣、内務大臣を歴任した元勲西郷従道を祖とし、邸宅は荏原郡目黒村上目黒二九八（目黒区青葉台二丁目）にあった。洋館は現在、明治村に移築されており、国の重要文化財に指定されている。

邸宅のある上目黒の土地は、もとは豊後国岡藩主中川家の抱屋敷であった。明治六年の政変により政府を下野した兄隆盛のために従道が入手したもので、敷地は約二万坪あった。現在では一部が西郷山公園・菅刈公園となっている。

西郷侯爵邸の庭園は、名園として知られた。重森三玲『日本庭園史図鑑』第二十巻では、「一方では江戸初期の庭園が保存され、或ひは又これが改造され、その改造が日本庭園としての改造になるもの、又は洋風として改造されたるもの、或ひは和洋折衷的に改造されたるもの等々が混然として行はれ、その全体的には、自然主義的庭園としての様式づけに統一されるなど、何処までも当代庭園の綜合的様式が本庭に於て遺憾なく発揮されてゐる訳である」と紹介されている。

従道は子沢山で、以前登場した弥彦の友人西郷豊二や従志もその一人である。日記に登場する「富士子嬢」とは、従道の末娘の不二子であり、「古川氏」とは古河財閥の当主虎之助である。

古河家は、足尾銅山などを経営した古河市兵衛を初代とする実業家である。虎之助は初代市兵衛の子として明治二十年（一八八七）に生まれ、慶応義塾から米国コロンビア大学に学んだ。初代市兵衛が明治三十六年（一九〇三）に死去し、その後を継いだ陸奥宗光の次男潤吉もわずか二年あまりで亡くなったため、虎之助が第三代当主となっていた。虎之助は大正四年（一九一五）には男爵となる。

西郷邸での園遊会は、虎之助・不二子夫妻の結婚披露のために開催されたものである。弥彦日記は簡潔すぎて、当日の模様はうかがえないが、夏目漱石『野分』には、資産家の息子、中野輝一が東京郊外にある別荘で結婚披露の園遊会を開いた場面が描かれているので参考までに紹介する。

要約すると、杉の葉で装飾した、エバーグリーンを表象する緑門のもとで新婚の中野夫妻が招待客を出迎え、園内では楽隊が演奏している。芝生の真ん中には長い天幕が張られ、その中部には大きな菊の鉢が並べてあり、白い卓布の上にはリンゴやミカンが盛られている。芝生の行き当たりには葦簀掛けの踊り舞台があり、女性演者が三味線を弾いたり唄っており、舞台上では朝妻船の踊りを舞っていた。来客たちは各所で和気藹々のうちに談笑しており、エジプト製の巻煙草に一カ月二十円位を消費するとか、人造肥料会社を起こすにあたっての株式投資とか、鴨猟といった話題に興じている。

今回は古河財閥の当主と元勲令嬢の婚姻であるから、これより遙かに盛大な会であったものと想像される。

豪華な華族の園遊会の様子を描いた小説としては、国木田独歩『園遊会』がある。中国地方の旧大名浅田侯爵の渋谷別邸とあるので、旧広島藩主浅野侯爵家の、現在の渋谷区神宮前四・五丁目付近にあった別邸での園遊会のことであろう。独歩の描く園遊会の情景は、そのまま今回の西郷侯爵邸での園遊会にも当てはまりそうである。

十時を打つや、馬車、人車、掛声勇ましく来るは〳〵。何にしろ招待状を出した数が一千枚を越ゆる二百。二百は来ないと見ても千人の客である。貴族、大臣、政事家、実業家、新聞記者、文学者、学者、官吏、軍人の数々、貴婦人令嬢も亦た少からず、一々これを迎へて庭口より庭園へと通す老侯以下の骨折も尋常ではない〔中略〕。

庭園に入る前に人々は接待員からプログラムの奇麗に印刷されたるを貰つて居る。これには庭園の略図まで加へてあるので初てこの広大な庭園に足を入れたものも決してまごつく心配はない。どの林の角へゆけばビーヤホールか有る。どの隅へゆけば蕎麦屋が有る、シャンパンは何処、果物は何処、鮨は何処、其他所謂る酒池肉林の何れなりとも人々の好むに従つて受用することの出来るやう、明細に其場処が誌してある〔中略〕。

さしもに広い庭が十二時頃になると何方を向て見ても一団又た一団の人。酒気の加はるに連て歓笑の声が処々で高まつて来た。楽隊の奏するマーチは忽ち絶え忽ち起り、煙火は時々思ひ出したやうにポン〳〵揚る。

余興が初まるや舞台の前の大天幕の下には見る間に人山を築かれたが、しかし是れは来賓の半数にも足ないので殊に婦人のお慰に過ぎず。酒を呑で気焔を吐く年若の連中を斯ういふ場所に於ても尤もらしい顔付をして実務を談じなければ気が済ぬといふ老紳士どもは相変らず組を作つて談笑して居る〔中略〕。

園遊会の食堂が静粛であつた例を自分は知らない。天長節の夜会ですらナイフとフォークの戦闘だから、況て園遊会をやと思へども、自分は何時ながら不快の感を催うすのである。彼処に曹操の智を以て他の折角運び来つた一皿を奪ふあれば、此方にガルバルジーの勇を奮つて豚の丸焼を一人で占領せんと真赤になる紳士あり。シャンパンで杯を洗ひ半分飲んで余を捨るほどの男が如何して食堂に入ると斯うも醜体を演じて一片の肉を争さうだらう。

探検家ヘディンの講演会に行く

二十五日、弥彦はスウェーデンの探検家スヴェン・ヘディンの講演会に出かけている。ヘディンは、楼蘭遺跡の発見や「さまよえる湖ロプ・ノール」の提唱などで名高い探検家だが、このときは三年余りにわたるアジア内陸部での調査によりトランスヒマラヤ山脈（カンティセ山脈）の発見など多くの成果をあげていた。帰国の途にあるところを、東京地学協会の招聘をうけての来日であった。来日には大谷探検隊で知られる大谷光瑞も関わっていたようである。

ヘディンは十一月十二日に横浜に到着、その後一カ月余り日本に滞在し、各地で連日大歓迎を受けながら歓迎会、講演会に臨んでいる。

二十五日に華族会館で開催された講演会もその一つである。ヘディンはこの日の午前には日露戦争の英雄である陸軍大将乃木希典・海軍大将東郷平八郎を訪問、参謀総長奥保鞏の午餐会に出席した後、夕刻より華族会館での講演会に臨んでいる。

弥彦はこの日は大学で講義があり、それから学習院に出かけたところ、皆がヘディンの講演を聞きに行くのを知り、自身も参加することにした。

晴。平日の如し。帰りに目白学習院に行きしも、皆華族会館にヘテン氏、有名なる探検家の西蔵の探険の話を聞きにゆきしかば、余も参る。五時半頃より講演始まる。山崎経済地理の教師通訳す。幻灯などあり。八時頃終る。此より酒井五郎氏と松本楼に行きて共に夕食し、其れより分れて東京鉄砲店にゆき、六十一円で二連銃を求む。真田も来る。十一時頃帰宅。寝につく。（「日記」11月25日）

日記の書きぶりからみて、弥彦がヘディンをよく知っていたとは思えない。弥彦にかぎらず、当初ヘディンに対する一般的な知名度は高くなかった。だが、歓迎会・講演会が相次ぎ、これらが新聞で喧伝されるようになると注目が集まり、一種の社会現象のような人気を呈していた（『大谷光瑞とスヴェン・ヘディン』）。なお翌二十六日には、ヘディンは宮城（皇居）に参内し、明治天皇に謁見している（『明治天皇紀』第十二）。

弥彦がにわかに講演に興味をもったのは、この時代、探検は冒険のイメージがつよく、痛快な冒険談が聞けるものと期待したからかも知れない。

華族会館の建物は、もとの鹿鳴館で、麹町区内山下町（千代田区内幸町一丁目、帝国ホテルの隣接地あたり）にあった。ヘディンの講演は「西蔵の探検」、すなわちチベット探検に関するもので、幻灯写真も用いられた。通訳の山崎とは地理学者の東京高等師範学校教授山崎直方である。

終了後、ヘディンは華族会館長公爵徳川家達が主催する歓迎晩餐会に臨んでいる。家達は徳川宗家第十六代当主で、貴族院議長をつとめていた。

弥彦は晩餐会には出席せず、学習院以来の同級生で友人の酒井晴雄の弟で学習院中等学科の酒井五郎と一緒に華族会館の向かいにある日比谷公園に行き、松本楼で夕食をとっている。前月四日には啄木・金田一が愉快にすごした、あの松本楼である。その後、酒井と別れ、狩猟シーズンの本格化に前に、銃砲店で二連銃を購入してから帰宅している。

❑ 啄木

「鳥影」連載はじまる

啄木日記の月はじめのくだりは、暗い調子というのが、ずっと恒例であった。ところが今月はちがう。十一月一日は人生の新たなスタートを告げる、記念すべき日であった。

> 予の生活は今日から多少の新らしい色を帯びた。それは外でもない。予の小説「鳥影」が東京毎日新聞へ今日から掲載された。朝、女中が新聞を室へ入れて行つた音がすると、予はハッと目がさめた。そして不取敢手にとつて、眠い目をこすり乍ら、自分の書いたのを読んで見た。題は初号活字を使つてあつて、そして、挿画がある。——静子が二人の小妹をつれて、兄の信吾を好摩のステーションへ迎ひに出た所。
>
> 一葉は切抜いて貼つておく事にし、一葉は節子へ、一葉はせつ子の母及び妹共へ送ることにした。
>
> （「日記」11月1日）

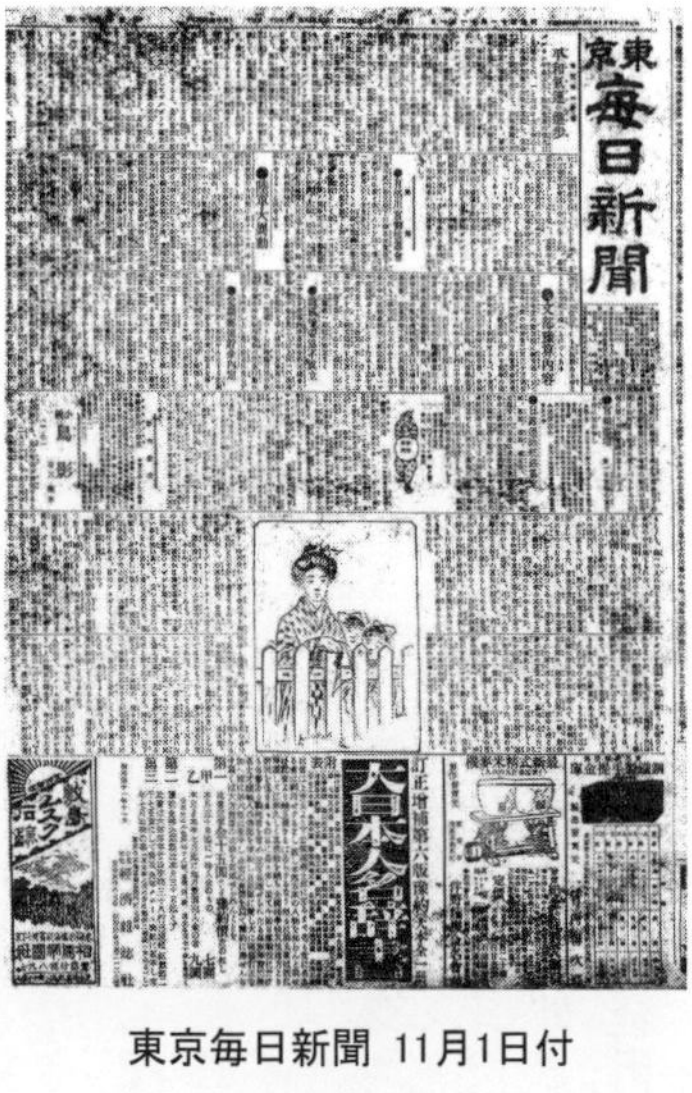
東京毎日新聞

東京毎日新聞 11月1日付

起床後、**「また新聞を見乍ら飯を食つた。そして、昨夜与謝野氏から貰つて来た五円を持つて出かけて、足袋や紙やと共に、大形の厚い坐布団を二枚を買つて来た」**。下宿にもどってからは貸本屋より正宗白鳥『何処へ』を借りている。

夜になって**「なんといふこともなく心がさびしくて、人の多勢ゐる所へ行きたく」**なり、路面電車に乗って浅草に出かけている。**「電車の中に、目と鼻が、節子に似た女がゐた」**。函館にいる妻節子のことを思い出している。

日曜夜の浅草は人であふれていた。まずは**「富士館といふへ入つて、息苦しい程人いきれのする中で活動写真」**を観た。最後は塔下苑に足が向き、落ち着かない妙な気持ちで歩いていたところ、**「一人の男が後から来て突当つた。後で気がついたが、此時予は、七十銭を引いて、四十銭五厘と実印と入つてゐた財布をすられたのだ」**。

大金をすられたわけではないものの、かなりショッキングな体験であった。**「此夜の出来事は、「鳥影」が新聞に出初めたと共に、予にとつて生れて初めての経験であつた」**。

素晴らしい記念日が汚され、一文無しとなってしまい、やむなく徒歩にて帰途についたが、途中で**「田原町へ来て電車を見ると、歩くのが急につまらなくなつて、辻俥に乗つて帰つて、宿に払はした」**。悄然と帰るよりは、半ば破れかぶれ的な景気のよさに走るところが、いかにも啄木らしい。

再び上野へ

啄木の十一月は「鳥影」の執筆が中心である。二日は**「終日ペンを執つて、㈡の三を書改めた。そして遂に満足することが出来なかつた。全篇の順序を詳しく立てて見ようとした。遂に纏まらなかつた」**。夜九時頃に至って、**「後脳が痛んで来て、頸窩の筋が張つた」**。

翌三日は天長節の祝日である。啄木は午後、金田一と一緒に、上野の文部省美術展覧会に出かけている。

「昼頃に少し雨が降つたが、すぐ晴れた。金田一君と二人で上野の文部省展覧会へ行つた。途中で赤心館の主人夫妻の博物館へ行くといふのに逢つて、団子坂の菊の噂をした。ポカンとした主人と、気短な猫みたいな妻君と並んで行く様は面白かつた」。

赤心館の大家夫妻とひさしぶりに再会し、団子坂の菊人形の噂をしている。団子坂は千駄木にあり、菊人形は、近世後期に起源をもつ人気イベントであった。せまい坂道の両側には趣向を凝らした菊人形の展示がずらりと並び、見物人はひしめき合いながら観覧した。東京の秋を代表する催事として長く隆盛を誇ったが、明治四十二年（一九〇九）に両国の相撲常設館（国技館）で大規模で斬新な菊人形がはじまったのをきっかけに急速に廃れ、四十四年が最後の開催となった（『菊人形今昔』）。『三四郎』でも、三四郎と美禰子のロマンスをめぐる重要な場面に、団子坂の菊人形が登場する。

啄木は、文展会場内で与謝野晶子と、会場を出てから与謝野寛と相次いで会っている。晶子の着物が古く襟が汚れていることに気づき、**「満都の子女が装をこらして集つた公苑の、画堂の中の人の中で、この当代一の女詩人を発見した時、予は言ふべからざる感慨にうたれ」**ている。ことさら晶子のみすぼらしさが気になったのは、そこに明星派の没落を投影していたからである。『明星』は近日公刊される第百号をもって、幕を閉じることになっていた。

一日休んで翌四日は**「終日執筆、㈡の四、五の両回完成。何となき満足をおぼへ」**ている。このあと原稿㈡の三〜五をまとめて送っている。

執筆にはげむなか、六日には**「今日「明星」終刊号の発送するから、暇なら手助つてくれぬかといふ与謝野氏の葉書」**をうけ、午前八時半頃から神田区錦町一丁目の明治書院に出かけている。

午前は「予と、千駄ヶ谷〈与謝野家〉の女中と〈明治〉書院の小僧と三人で包装を初めた。与謝野氏は俥で各本屋へ雑誌を配りに行つた」。午後零時には平野萬里も来て、手伝いに加わった。発送作業は「三時頃になつて済んだ。ハラハラと雨が降り出したので平野君と二人電車で帰つた」。

かくして啄木を文学の世界にいざない、詩人として世に送り出してくれた『明星』は、その活動を終えた。啄木は与謝野寛・平野萬里とともに『明星』の終焉に立ち合った。「あはれ、前後九年の間、詩壇の重鎮として、そして予自身もその戦士の一人として、与謝野氏が社会と戦つた明星は、遂に今日を以て終刊号を出した。巻頭の謝辞には涙が籠つてゐる」。

もっとも感傷にひたってばかりではなかった。水面下では『明星』の後継雑誌『スバル』の刊行準備が進んでおり、四日にも「七時頃平野君が来て三十分許りたのしく話して帰つた。昴の三月号を短歌特別号にしようといふ話があつた」。雑誌作りの大好きな啄木にとっては、気分は悪くない。

心境の変化

念願の新聞小説の連載と新雑誌『スバル』の準備で、啄木の毎日は充実している。以前は乱高下することの多かった精神も比較的落ち着いている。

「鳥影」執筆は順調である。八日は㈢の一を、九日には㈢の二を書き上げて送っている。その後も集中力を保ちつづけ、十一月中はほとんど毎日「鳥影」を書き継いでいる。さらに二十二日からは「「昴」に出すべき「赤痢」を書き出した」。

充実した毎日を送れるのも、新聞連載を叶えてくれた栗原古城のおかげであった。「栗原君は親切な人である。予の「鳥影」脱稿の後は、出版する書肆を見付けようと言つてゐた。朝に新聞を見るのが、楽し

みである。今日はもう第九回である」（11月9日）。栗原は連載終了後「鳥影」を単行本として出版することまで気に懸けてくれていた。たのもしい栗原であったが、二十日には新聞社を退社する旨の葉書が届く。

太田正雄（木下杢太郎）と親しくなったのもこの頃である。五日夕方、**「珍らしくも太田正雄君がやつて来た。九時半まで快談――然り、快談した。予は恐らく此人と親しくなることであらう」**。

太田は、本書でもこれまで何度か登場している。太田は明治十八年（一八八五）、静岡県伊東の裕福な商家に生まれた。独逸学協会中学校より第一高等学校を経て、当時は東京帝国大学医科大学に在学中であった。文芸活動では新詩社への入会と脱会、森鷗外が主宰する観潮楼歌会への参加などを経て、翌月には吉井や北原白秋、さらに石井柏亭・山本鼎・倉田白羊らとともに「パンの会」を立ち上げる。

啄木は太田のなかに、自分にはないものを見出し、魅了された。**「太田君の性格は、予と全く反対だと言ふことが出来ると思ふ。そして、此、矛盾に満ちた、常に放たれむとして放たれかねてゐる人の、深い煩悶と苦痛と不安とは、予をして深い興味を覚えしめた。――少くとも、今迄の予の友人中に類のなかつた人間だ」**。

太田に魅了された啄木は、吉井勇を相対化できるようになる。そしてこのことは、久しくつづいた吉井からの心理的圧迫やコンプレックスからの解放をもたらした。太田に好意をおぼえた五日、おなじく下宿をたずねてきた吉井に対し、**「吉井君は近頃痔だといふ。その痔よりも悪い病気が一つある。それは心にもない謙遜をすることだ。これは、少しく自分の小さいことを感じて、それを例の誇大して言ふのだらう」**と、もはや吉井には圧倒されなくなっている。

その後は、むしろ吉井を憐笑するようになる。十二日、**「夜、「哄笑」といふのを書かうと思つて、太田は警鐘、吉井は風船、北原は色硝子、平野は埋火という綽号をつけた」**。翌日には小説「哄笑」を書きはじめる。

十三日、「哄笑」を原稿用紙三枚ほど書いたところで、太田から電話があり、平野萬里を誘って小石川区白山御殿町（文京区白山四丁目）の寓居をたずねる。吉井とも一緒になっている。

話題の中心は太田のいう「不可思議国」であった。啄木が**「不可思議国は近づけり、悔改めよ」**というと、太田は**「然うだ」**と手を打った。そして太田は**「無解決に限るよ」と言つた。アノ隼の様な眼が光つた。「然うだ。限る！」と今度は予が答へた」**。

啄木は太田に感じ入る一方で、吉井のことは冷笑気味にみている。

「何の事はなく、予は近頃吉井が憐れでならぬ。それは吉井現在の欠点――何の思想もなく確信もなく、漫然たる自惚と空想だけあつて、そして時々現実曝露の痛手が疼く――それを自分自身に偽らうとして、所謂口先の思想を出鱈目に言つて快をとる。それが嘗て自分にもあつたからであるからかも知れぬ。又、比較的自分が話して快い太田君などを得たからかも知れぬ。兎に角吉井君の心境がイヤだ。可哀想だ」。

吉井の欠点が、「かつて」の自分のなかにあったもの、というより現在の自分のなかにも存在しているがゆえに、己の醜悪な部分をみせられているような気分になり、たまらなく嫌になったのであろう。吉井への憐憫は、自己嫌悪の裏返しであった。

新たに啄木を虜にした太田であったが、啄木が思うほどには政治情勢に対する感度は高くなかった。清国では皇帝の光緒帝が十一月十四日に突然崩御し、翌日には西太后が亡くなったことから、日本国内でも衝撃が走ったが、十七日に下宿で会った際、**「近き過去に於て清国宮廷に行はれた惨鼻なる悲劇――西太后死し、光緒帝毒殺された――について、太田君は全く無感覚であつた」**と驚いている。政治への無関心は、啄木のなかでは、苦痛多き現実社会からの遊離に連なる。

啄木は翌年には太田との決定的な亀裂を自覚するが、二十日には最初の兆しを感じ取っている。

この日の夜、下宿で平野・太田と時の経つのを忘れて話し合ったが、啄木が**「最も邪魔になるのは家族**

だ」と述べたのに対し、太田は**「それはホンノ少しだ」**と反論した。啄木は心の中で、**「これは太田君がまだ実際といふものに触れてないためだ。同君の煩悶は心内の戦ひで、まだ実生活と深く関係してない！」**と断じている。

北原白秋のときもそうだが、啄木は実生活から遊離した、悪くいえば、言葉の遊戯じみた詩や歌には物足りなくなっていた。吉井がときとして放つ、鮮烈な言葉には畏敬をおぼえるが、平素の無思想なデカダンぶりには憫笑に近い感情を抱く。生活に困窮しないかれらの日常の苦悩から乖離した文芸の世界には、必ずしも共感できなくなっていた。

浅草密行

十一月の啄木は勤勉である。連載開始とともに収入にも目途がつき、精神的には充足を高めつつある。そうしたなか、果たせなかった浅草行きの欲求が頭をもたげてくる。

八日は日曜で夜、並木翡翠と一緒に浅草に出かけている。**「七時頃に並木君と二人、活動写真を見てゐた。そこから出て散歩(?)した。一人帰つたのは十二時過る五分」**。散歩の目的地が塔下苑であることは言外にあきらかである。最終的に単独行動に出ていることからすれば、性的欲求を満たしたのかもしれず、金銭不足のため目的を達せられなかったようにも思える。翌日には**「昨夜のことを時々思出し」**、また栗原と**「結婚といふことについて話し」**ていることからみて、恋愛と性欲、そして妻帯をめぐって葛藤していたことはまちがいない。

九日夕方、栗原をたずねたが留守、下宿にもどったところ、同人がやって来たので、紙代として一円を借りた。さらに四円を借りる約束をしている。そしてついに十日、原稿料の先払いのかたちで四円を借り、金銭的に目途がつくや、すぐさま浅草へと出かけている。

八時半頃に遂々出かけた。寒さに肌が粟立つ夜であつた。浅草にも遊び人が少なかつた。苑中は不景気、従つて随分乱暴に袖をひく。Kiyoko は金の入歯をした、笑くぼのある女であつた。Masako は風邪気だと言つて、即効紙を額にはつてゐた。

（「日記」11月10日）

遊女の名前をローマ字で記すあたりは、啄木が翌年四月から六月にかけて綴った、赤裸々な性描写で知られる『ローマ字日記』を想起させる。

啄木が浅草での「目的」を果たして下宿にもどったのは、午前零時である。この日の東京は最高気温が十七・四度と暖かであったが、夜に入ると急激に降下している。翌朝の最低気温は一・六度である。抑えきれない性的衝動を満たした後の虚脱感か、はたまた気温の寒さのせいか、この日の塔下苑行きは後悔とともに結んでいる。**「妙に肌寒い心地で十二時に帰つた。モウ行かぬ」**。

運動会と病気

これまでの啄木なら、このまま精神的に下降していくことも珍しくないが、今月は小説執筆に忙しく、精神的な充足度も総じて高いことから、勤勉な執筆中心の日常にもどっている。

十四日は東京帝国大学で運動会が開かれた日だが、啄木は夕方、新詩社同人で東京帝国大学法科大学に通う藤岡玉骨（長和）の訪問を受けている。**「夕方藤岡玉骨が来た。今日は大学の運動会。夕飯をくつて**

九時頃まで話した。「あこがれ」を一冊見つけて来てくれた。「鳥影」を一冊にした時送る約束をした」。

藤岡は明治二十一年（一八八八）、奈良県の生まれ、京都の第三高等学校からこの年九月、東京帝国大学法科大学政治学科に入学したところであった。大学卒業後は内務省に入り、佐賀・和歌山・熊本各県知事を歴任するなど役人をつづける傍ら、俳人としても活躍した。

啄木と藤岡の最初の対面は前月十七日で、「藤岡玉骨（長和）といふ、新詩社の社友で今大学の政治科にゐる男が初めて訪ねて来た。大和の雑誌「敷嶌」へ正月号の原稿くれることに約束した。イヤな顔な男だつた。それで九時頃に帰つてからも興が乗らずにしまつた」と、このときは酷い評価を下している。

二度目の対面では一転して、すっかり和気藹々としている。「今日は大学の運動会」とは、藤岡から聞かされたのだろう。運動が苦手な啄木だけに、「運動会」は話題としては、あまり盛り上がらなかったようである。

それよりも藤岡の話でつよく惹かれたのは、同人の郷里の奈良で盛んな天理教の話であった。「天理教の話が興をひいた。天理教には、多少、共産的な傾向ある。もしこれに社会の新理想を結付けることが出来たら面白からう。もしこれに社会の新理想を結付けることが出来たら面白からう」。小説「赤痢」は、藤岡との対話に着想を得て生み出される。

意気さかんな啄木であるが、この頃体調を崩す。十一月上旬は、七日に最高気温二十・三度を記録するなど割合暖かかったのに対し、中旬に入ると十四日には最低気温が氷点下一度を記録するなど寒くなり、寒暖差が十度以上の日がつづいた。

このようなかで啄木は、十五日に「風邪の気味」となり、十六日には「風邪の気味で今日は喉にハンカチを巻いた」。微熱と鼻づまりの症状があり、布団に入っても「寝ぐるしかつた。少し熱があるのと鼻がつまつたので。枕の上で二時をきいた」。

十七日は**「頭が疲れてゐて、熱があつた。遂にこの日は何も書かずに、咳をし乍ら枕についた」**が、免疫力がつよいのだろう、翌十八日午前には執筆を再開し、「鳥影」㈣の七を書き送っている。さらに十九日になると**「風邪はよほど好」**くなり、原稿執筆のほか外出も再開している。

大隈重信と啄木

二十一日、啄木は午前中に「鳥影」㈣の十を書き終えてから、午後、千駄ヶ谷に新詩社をたずねている。この日の午後、弥彦は日米野球を観戦するため、早稲田大学の運動場に出かけている。ここでもまた二人はすれ違いである。

啄木は与謝野晶子から脳の過労のため、**「今月の初め二日許り右の半身が半身不随になった」**とか、**「明星の百号千部のうち二百部売残たため、女史が今書いてゐる小説「不覚」五十回分だけ萬朝報社に持つて行つて金を貰ひ、印刷の方など払つたといふ」**話を聞かされている。**「予は悲しくなつた」**。

午後三時半に下宿にもどったところ、金田一から**「明日三省堂の日本百科大辞典の披露園遊会が大隈伯邸に催される。行かぬか」**と誘われた。

海城中学校教師の職を失った金田一が、三省堂において月給三十円で『日本百科大辞典』の校正業務に就いていたことはすでに述べた。

日本初の本格的な百科事典として知られる『日本百科大辞典』は、編集事業の総裁には大隈重信が就任し、美術顧問には九鬼隆一が、編集顧問には井上哲次郎・田尻稲次郎・坪内逍遥・梅謙次郎・松井直吉・古市公威・三宅秀がそれぞれ就いた。各分野の専門家約二五〇名が執筆にあたり、編集部は斎藤精輔が主宰した。

本文六巻、索引一巻の全七巻が刊行される予定であったが、一書店には壮大すぎる編纂規模であることに加え、斎藤編輯主任の厳密な仕事ぶりが刊行の遅れを生むなどした結果、大正元年（一九一二）、三省堂は倒産してしまう。このため編纂は頓挫したが、最終的には「日本百科大辞典完成会」に事業が引き継がれ、大正八年には完成に漕ぎつける。

明治四十一年十一月に話をもどすと、記念すべき『日本百科大辞典』第一巻の刊行を披露する園遊会が早稲田の大隈邸で催されることとなった（『三省堂書店百年史』）。金田一は関係者の一人として、啄木を誘ったわけである。

金田一によれば、啄木と大隈重信の間には接点があった。金田一の回想によると、啄木が風邪をひいて下宿で退屈していたときであったという。

感冒をひいて、寝てしまって、退屈でつまらないから、蟇口を出して、倒にして振ってみたら、パラッと落ちたのは、全財産、大枚十銭五厘。女中を呼んで、これで、みんな葉書を買って来いと言いつけて、葉書を買ってもらって、みんなへ手紙を書いた。一枚余った葉書を、誰へ出そうと考えた。ムム大隈伯へ出してみようと考えついて、

「あなたのような世界の大政治家と、私のような無名の（陋巷の？）一小詩人と、一堂に会してお話をして見たらどんなに愉快でしょう」

と書いてやったという。

私も、呀ッとばかり、開いた口が塞がらなかったが、この人にしては、ありそうなことだと、興味に釣られて、「そしたら？」と聞くと、「返事が来ましたよ」「え？　大隈さんから？」と私が驚くと、「大隈さんの字ではないんでしょう。自分で書かれないそうだから、やはり代筆でしょうけれど……」「なんて言って来たの？」「おもしろい、とにかく逢おう、やって来い、と来ましたよ」「それで

は行くの？」「だってもう、電車賃も無いんですもの」（『新訂版石川啄木』）

啄木の日記には該当する記事がないので、何時のことかはわからないが、啄木と金田一がおなじ下宿にいた、赤心館か蓋平館別荘時代の話であろう。この期間で啄木が風邪をひいたのは、十一月中旬と、翌年一月上旬である。金欠なのはいつものことだが、前者は下宿に籠ってばかりの生活だったのに対し、後者は軽微な感冒であり、『スバル』の編集や観潮楼歌会などで外出をつづけている。さらには『スバル』編集の主導権をめぐり、平野萬里と対立しており、無聊をかこつといった様子ではない。「忙中閑あり」という雰囲気では前者の方が合っていそうである。

小説を連載している東京毎日新聞は、もともと憲政本党系であり、同社は大隈系の報知新聞社に買収されていたので、啄木が大隈に葉書を送ろうと唐突に思いついても不思議はない。

金田一の回想が仮にこの時期のものとして、いつもの大風呂敷な、法螺話みたいな話題に興じていたところに、本当に大隈の園遊会に出席する機会が生まれれば、驚くのは当然だし、興奮し、緊張もするだろう。

大隈伯爵邸の園遊会

二十一日条の日記にもどると、金田一から園遊会の話を聞かされた啄木は、すぐさま駒込動坂に平野萬里をたずね、同行の約束を取りつけた。ついで本郷追分に**「藤岡玉骨君をを訪ね、三円借りた。京都の舞姫から貰つたといふ、金地に井菱の舞扇を貰つて九時辞した。それから俥で四丁目、電車で塔下の苑」**に出かけている。園遊会を前に気持ちが高まりすぎたからか、心身の興奮を塔下苑で鎮めようと浅草に出かけたものと思われる。下宿にもどったのは午前零時すぎである。

早稲田の大隈邸の庭園

二十二日は大隈伯爵邸での園遊会の当日である。

啄木が金田一・平野と一緒に出かけた大隈伯爵邸は、早稲田大学に隣接している。庭園は大隈庭園の名で現存している。位置関係としては大学の北側に運動場（戸塚球場）があり、東側に大隈邸がある。大隈邸の庭園は「庭には山あり谿（たに）あり、泉水も塔もある所の極めて曲折の多い、広濶な……実に都下屈指の名園である」（『名園五十種』）と讃えられていた。邸内には大きな温室があった。大隈は菊づくりに熱心で、毎年秋に菊花の陳列棚を設置した盛大な園遊会を開催していた。

邸内の花壇には、野菊・小菊・中菊・大菊など、およそ七、八百種もの菊が咲き誇っていた。これらは「侯〔大隈〕が丹念に育てられたものので、それ等の為め莫大の費用を惜まれなかつた。早稲田邸の観菊会は、年中行事の一つに数へられた程である」（『大隈侯一言一行』）といわれた。

啄木は、金田一から羽織袴を借り、園遊会に参加している。各界からの参集者は、二千名以上にのぼったという。この日、大隈は早大運動場での日米野球始球式をおこなってから『日本百科大辞典』の刊行を記念する園遊会に臨んでおり、歴史的な一日であった。弥彦は目黒の西郷邸の園遊会に出席しており、早稲田には足を向けていない。この日の東京は晴天、最高気温は前日から五度ほど下がって十三度である。

大急ぎで㈤の一鳥影のところをかいてると、平野君が約の如く来た。金田一君の羽織袴をかりて出かけた。初めて大隈伯邸に入つて二千余人の来賓と共に広い庭園に立つた時は、予は少し圧迫される

様な感がした。間もなく金田一君岩動君小笠原君らに逢ひ、園中の模擬店を廻つた。菊はすがれたが紅葉の盛り。

上田敏氏も来てゐられた。花の如き半玉共の皆美しく見えた。一人、平野君がテンプラを攻撃してゐるうちに、ブラブラ歩いてゐるうちに、皆にはぐれて了つて池を廻り、山に登つた。何処も彼処も人、その数知れぬ人の間に誰も予の知つた人は居なかつた。予は実際心細かつた。漸く上田氏を見つけて初めて安心した。

上田氏は、二十日に夏目氏に逢つたが、独歩の作が拵へた拵へぬといふ議論で、拵へたといふ夏目氏の方は理屈があるらしいと言つた。

ビール、を飲んだ。立食場は広くて立派なもの。テーブルスペーチは聞えなかつた。日本人は園遊会に適しない。少くとも予自身は適しない。

六時頃に済んだ。何のために、何の関係なき予らまで来て御馳走になつたらうと、平野君と語り合つて笑つた。芝居をやつた大広間の金の唐紙に電気が映えて妙に華やかな落ついた色に輝やいてゐた。それを紅葉の間から見た刹那の感じはよかつた。

門――今迄くぐつた事のない立派な門を出るとき、此処から一歩ふみ出せば、モウ一生再びと入ることがあるまいと言つて笑つた。実際――恐らくは実際さうであらう。

帰りに四丁目の縁日を見、シャツや刻煙草をかつて来た。湯に入つた。大分つかれてゐた。

（「日記」11月22日）

さきに紹介した国木田独歩『園遊会』では、主人公が「自分は園遊会が何よりの好物、招待されて謝絶(ことわ)つたことはない」と豪語しているが、啄木の場合は、慣れない、場ちがいとも思える催事への参加に極度の緊張気味であった。模擬店を廻ったり、知り合いをみつけて会話をしたりとぎこちなくすごしているが、疎外感にとらわれながらの園遊会はあまり愉快ではなかったらしい。

新聞の記事によると「会する者千余名、亀井〔三省堂〕店主の挨拶に次で、蜂須賀〔茂韶〕侯、渡辺子、小松原〔英太郎〕文相、牧野前文相等の祝文朗読、井上博士の演説あり。終つて余興に移りしも宮中喪中なるを以て、プログラムの手品及び芸妓の獅子舞等は中止せり。夫より立食堂は開かれ、

大隈邸正門

大隈伯及び志賀〔重昂〕学士の演説ありき」(「日本百科大辞典」『東京朝日新聞』11月25日)などという。

「宮中喪中」とは、さきに述べた清国皇帝と西太后の相次ぐ崩御をうけて、皇室では二十一日より二十一日間の服喪を発していた。余興が控えめになったため、会はおのずと立食と参加者間の談笑が中心となる。知己の少ない啄木には居心地が悪かっただろうが、それでも終わり頃には、いくらか余裕も出てきて軽口を飛ばしたり、邸内の様子を観察したりしている。

園遊会が終わって大隈邸の門を出るときには、金田一や平野らと「此処から一歩ふみ出せば、モウ一生再びと入ることがあるまい」と笑い合っている。啄木のこの確信は当たった。かれはその生涯において大隈邸の門を再びくぐることはなかった。啄木が出入りした大隈邸の門は昭和二十年(一九四五)、戦災により失われたが、その隣にあった門衛所は当時のままの姿で現存している。

初めての原稿料

十一月下旬の啄木日記は、二十四日から二十七日までは記事がない。このため、この期間の詳細はわか

らないが、前後関係からみて、「鳥影」の執筆を中心にすごしていたとみてよい。順調ばかりではなさそうなことは、二十九日条に**「実に不幸なる日であつた」「苦しい苦しい日であつた」**とあることからもうかがえる。

この日は**「何といふことなく気が焦立つて沈んだり、殆んど一日金田一君の室ですごし」**ている。一月章でみた太田正雄と青木堂に行ったのもこの日である。結局**「夜一時から、漸く気が落ちついた」**が、その後も**「金田一君と堀田(ちか子カ)のことを語つたため。午前三時までかかつて「鳥影」の今日送るべき筈であつた分をかいた」**という。

月末の三十日は、「鳥影」の初めての原稿料が支払われる日であった。これまでは月末といえば下宿料が払えず、「一日〳〵と迫りくる晦日が怖しく」(10月26日付栗原元吉宛『全集』七)と憂鬱なことばかりだったが、この日はちがった。

三十日は起き抜けから調子が良い。まずは大分県臼杵の平山良子から手紙が届いた。「彼女」は、菅原芳子の友人で、**「二十四になる独身の女だと」**いうことであった。十五日に**「御光会の詠草を直してくれ」**という内容の手紙が良子より届いたことから、啄木は彼女への返信を認め、あわせて写真を送るようもとめていた。そうしたところ今回届いた書簡には、写真が同封されていた。**「平山良子から写真と手紙。驚いた。仲々の美人だ!」**。

啄木は後日、良子に「わが机の上にある君はあでやかに美しくほゝゑみて我のさびしさを慰め顔なるに! さて君は、待ち〳〵しこの写絵を初めて手にとりし時のわが驚きと喜びとを、心のまゝに察し給へかし。あからさまに言へば、君の目は我を唆かす如し、君の口は、何事か我の待設くる事を言はむとしたまふ如し。時ありて酔へるが如き好奇の心は我が心を襲ひつ」(12月5日付、個人蔵)云々と情熱的な手紙を送っている。

後日、平山良子は実は平山良太郎という男性であることが判明するのだが、この話は本年のことではないので、このままにして先へ進む。

啄木は上機嫌のうちに人力車に乗り、そのまま京橋区尾張町新地七（中央区銀座五丁目、銀座プレイス付近）の東京毎日新聞社まで出かけている。

スラスラと鳥影(七)の二をかき、それを以て俥で午後三時毎日社へ行つた。そして三十円——最初の原稿料、上京以来初めての収入——を受取り、編輯長に逢ひ、また俥で牛込に北原君をとひ、かりた二円五十銭のうち一円五十銭払ひ、快談して帰つた。宿へ二十円、女中共へ二円。日がくれた。栗原君の新居を訪ふと病床にありと。Victimを返してかへる。

異様な感じにうたれた。

九時頃から金田一君と共に四丁目の天宗へ行つてテンプラで飲んだ。大に喋つた。十二時酔うてかへつて寝た。

（「日記」11月30日）

啄木は上京以来、初めて手にしたまとまった収入である念願の原稿料を懐に、人力車を駆って神楽坂の北原白秋宅にて借金を、本郷弥生町の栗原古城宅では借用中の本を返し、下宿で家賃を払っている。

啄木というと、多額の借金をしてもあっけらかんとしていた印象だが、実際にはずっと気にしていて、できることなら返済したいと苦悩していた。啄木の気持ちは、身近にあった友人金田一が代弁している。

蓋平館へ引っ越して、啄木の生活も安定して、十月、十一月、十二月は、啄木が長編小説『鳥影』というものを書いて、毎日新聞へ発表して、十二月〔ママ〕にお金がどっさり入ったんです。それでもって下宿屋へ下宿代を初めて払って、

「借金って払えるものなんですねえ」

と、いい、つづけて、

「いい気持ちなもんだなあ」

というから、私は笑ったけれども、涙が出てきました（『私の歩いて来た道』）。

四月に春まだ遠い釧路を発し、単身で上京してから苦節七カ月、ようやく夢が叶った十一月三十日は啄木にとって最良の日であった。

啄木の生涯は短い。にもかかわらず、中身はかなり濃密であり、印象的な出来事や、劇的な場面が折々にあらわれる。この日は薄幸なかれの生涯において、厚い雲がきれ、暖かいな陽がさしたような一日であった。幸福な一日の締めくくりは、金田一と一緒に、本郷薬師堂の参道にある行きつけの天ぷら屋「天宗」であった。「テンプラで飲んだ。大に喋つた。十二時酔うてかへつて寝た」。

十二月

❏ 弥彦

師走の大学

十二月になると、さすがの弥彦日記も運動記事が目立たなくなってくる。関係記事が減ったというよりは、大きな試合や行事が減ったため、印象的に地味になったというのが正しい。

平日は、大学で講義を受けたことを意味する**「平日の如し」**が並び、それ以外の記事はあまり多くない。講義のほうは、相変わらず休講が少なくない。四日は経済史が休講となったため、瓜生剛のところで一時間ほどすごした後、先月十四日におこなわれた帝大運動会の祝勝会(慰労会)に出席している。**「其れより御殿の前に行きて、大学の陸上運動会の分科団体競争の祝勝紀念撮影をなし、後一同にて青木堂に至り、寄附のハムの代りに菓子、ブランデーなどを食い、四時頃引き上ぐ」**。

御殿とは、大学の運動場の隣、小高い場所にあった木造二階建ての建物のことである。旧大聖寺藩の木造御殿を移

陸上競技記念撮影(大学時代)
後列右から２人目が弥彦

築したもので、その外観から「山上御殿」と呼ばれ、大学本部や会議室として使われていた。一同は御殿の前で記念撮影をして、それからおなじみの青木堂に移り、飲食とともに賑やかにすごしている。

日記の記述からも賑やかな雰囲気が伝わるが、正宗白鳥『妖怪画』をもとに、この時代の運動部の祝勝会の雰囲気を感じてみよう。作中には、神楽坂の珈琲店における某学校の陸上部員たちの祝勝会の様子が描かれており、青木堂の祝勝会を彷彿させる。作中の森一とは主人公の新郷森一のことで、客としてこの場に居合わせ、騒ぎに巻き込まれている。

> それから森一は時間潰しに珈琲店に入つて、片隅へ腰を掛けた。瓦斯の光が強く照つて、薄暗い所に住み馴れた彼れにはまぶしくて堪へられぬ程である。食卓（テーブル）の周囲には、白い鳥打を被り、赤いシヤツを着た青年が四五人ゐる。運動会の帰りでゞもあらう。森一がこつそり紅茶を啜つてゐる間に、麦酒やウヰスキーを飲んで、盛んに勝敗を論じてゐたが、その中の一人は、握り拳で食卓を打ち、「僕は今日程愉快なことはない。緑組（グリーン）に対しては、実に十年一剣を磨いてたんだもの。」と、真赤な顔をして、踊り上つた。その拍子に食卓がぐらついて、森一の紅茶の茶碗が動揺する。森一は恨めしさうに見上げたが、彼の男は不意にコツプを森一の前に置き、「君、僕の勝利を祝して一杯飲んで呉れ玉へ。」と、逞しい手で麦酒を溢るゝ程ついだ。森一は金を盆に置いて、外へ逃げ出した。後ろに大勢の笑ひ声が聞える。

日記にもどり、このほか、帝大陸上運動部関係の記事を瞥見すると、十八日には、かつて百メートル走で十秒二四、棒高跳びで三メートル九〇という大記録を作り、大学卒業後は外務省に入っていた陸上運動部の先輩、藤井実と対面している。

陸上選手として傑出した存在であった藤井については、近年も牛村圭が『ストックホルムの旭日』において検証を試みている。さきにみた辰野隆も、「藤井は三米九〇を楽に飛んだ。若し氏が奮張つたら、必ず四米を飛び得たに相違ない」(『スポオツ閑談』)と、同人が突出した能力の持ち主であったとを証言している。

「藤〔井〕氏ハルピンより帰京せしかば、学生集会場にて柳谷、春日、長浜など丶共に会談し、後江智勝にゆきて藤井氏の御馳走になる。七時帰宅」。藤井はハルビン総領事館勤務のところ、チリ国公使館に転勤に伴い帰国していた。同席した柳谷午郎・春日弘・長浜哲三郎はいずれも帝大陸上運動部で活躍した選手である。夕食はおなじみの江知勝で、一同は藤井より奢ってもらっている。

藤井とはさらに、年内最後の大学授業があった二十二日に、**「六時半にてチリーに行かる丶藤井氏を送り、帰り柳谷氏と日影町にゆきし。虫など見」**とある。柳谷と一緒に藤井のチリ国への赴任を新橋駅に見送っている。見送り後に立ち寄った日影町とは日蔭町で、現在の港区新橋二、三丁目である。

このほか学業関係で珍しいところでは、二十日の日曜に**「商業学校に社会政策学会の討論を聞きにゆく。大隈伯などの演説あり。五時頃帰宅す」**とある。神田区一ツ橋通町(千代田区一ツ橋二丁目)の東京高等商業学校で開かれた社会政策学会の第二回大会に参加している。

社会政策学会は、労働問題の激化の抑止と解決をめざし、明治二十九年(一八九六)に設立された研究団体である。中心メンバーには弥彦の師の金井延や山崎覚次郎といった大学教授がいた。同学会は、社会科学関係の一大総合学会として、労働問題にかぎらず、さまざまな問題をテーマに議論をたたかわしており、今回のテーマは「関税問題と社会政策」であった。会場で弥彦は各種報告のほか、大隈重信をはじめとした来賓の演説を聞いている。

話を八日までもどす。この日は経済学の山崎覚次郎教授の講義が休講となったことから、本郷座に観劇に出かけている。**「晴。午後より山崎さん休みなりしかば、本郷座に相夫恋を見にゆく。十一時半頃より。杉村氏六時半発にて仏国にたゝれしより、送りにゆく。帰り博品館、大勝堂により時計などとりて、八時頃帰宅」**。

演目の「相夫恋」は、渡辺霞亭作「想夫憐」のことで、本郷座において家庭学校の慈善演劇会として催されていた。家庭学校とは、社会福祉の先駆者として知られる留岡幸助が、明治三十二年(一八九九)、民営の感化院として北豊島郡巣鴨村(豊島区西巣鴨)に創設した児童自立支援施設である。現在は児童養護施設東京家庭学校として、杉並区高井戸東二丁目におかれている。

東京朝日新聞によると、本郷座は当初「不如帰」を上演する予定だったが、「特別賛助員の大山捨松夫人から苦情が出た」ため、急遽「想夫憐」に変更されたという(「演芸風雲録」12月3日)。真偽はたしかめようがないが、『不如帰』が三島・大山両家においては古傷を苛む棘のごとき存在であり、また捨松夫人の個人的な名誉を毀損するような内容であったことからすれば、あり得ない話とも言い難い。

観劇の後で見送りをした杉村氏とは杉村陽太郎である。杉村は、閔妃暗殺事件のときの京城公使館一等書記官で、外務省通商局長などをつとめた外交官杉村濬の長男である。杉村は、弥彦を上回る長身と堂々たる体軀を有し、学生時代はスポーツ万能で鳴らした。この年七月に東京帝国大学法科大学を卒業し、外交官となっていた。今回、領事官補としてフランス国リヨン在勤を命じられたことから、弥彦は見送りのため新橋駅まで出かけたのであった。

弥彦は、杉村とは講道館の柔道を通じてかねてより知己があり(「三島弥彦翁スポーツ放談」)、交流は生涯にわたる。杉村はのちに国際聯盟事務局事務次長、イタリア大使、フランス大使として活躍する。スポーツ方面の貢献も大きく、IOC委員として、嘉納治五郎とともに一九四〇年の東京五輪誘致に尽力したことは特筆される。

見送り後に弥彦が寄った博品館とは、正しくは帝国博品館勧工場といい、銀座を代表する勧工場であった。大勝堂は貴金属店である。博品館・大勝堂とも現在も銀座で営業をつづけている。

横須賀・鎌倉小旅行

十三日の日曜、弥彦は学習院の仲間とともに横須賀・鎌倉への小旅行に出かけている。この日の天候は、東京・神奈川とも晴、東京・横浜の気象台とも最高気温は十四度以上を記録しており、穏やかな日和であった。

晴。八時頃を家を出ず。出がけ一寸牧野さんにより、種人より学習院野球撰手の写真を受取る。代々木電話〔車〕に乗りしに、榊、酒井など学習院の人に遇ふ。九時発にて柳生、酒井、田尻とにて横須賀定泊中なる三笠艦に北條氏を訪ふ。大原も機関学校より来る。一時水雷艇にて上陸。水交社にて昼食し、此処に大原と別れ、四人にて鎌倉に行き、志賀の処（北條の別荘にをる）を訪ふ。其前一寸弥十二の処を訪ふ。大に元気になりをれり。志賀処を出で、海岸に出ず。秋の海辺又あってよし。霞み渡れる。稲村ケ崎、新田氏の渡れる。夏遊びし材木座の浜、実によい景色。其れから滑川に出でたるが、川がありて渡れないから、余は飛んだ。続いて酒井が飛んだ。踏みきりがはる〔悪〕いのでまんまと河の中に落ち込んだ。次ぎは柳生又水中に飛び込む。北條、田尻はずか／＼渡ってずぶぬれ。然し此方が余程ましだった。ぬれた足をひきずって三橋亭にいって夕食し、三昧に舌つゞみ打ち、横須賀に帰る。八時三十二分にて帰京。十一時頃帰宅。

酒井晴雄・田尻鉄次郎・柳生基夫と鉄道に乗り、横須賀では軍港に停泊中の軍艦三笠で北條鼇三郎をたずね、おなじくやって来た海軍機関学校在学中の大原重光と会っている。海軍将校の社交施設である水交社で昼食をとり、そこからは酒井・田尻・柳生・北條と一緒に鎌倉に移動した。

鎌倉では、まず病気療養中の弟弥十二を見舞い、ついで北條別荘に滞在する志賀直方、あるいは直哉に会い、それから材木座海岸付近の海辺に出て、稲村ヶ崎を遠望するなどし、由比ヶ浜方面に進んだ。途中、滑川の河口付近では弥彦はうまく川を飛び越えたが、ほかの四人はあるいは水に落ち、あるいは最初からずぶ濡れになりながら渡った。まるで青春ドラマの一場面である。

その後、一行は長谷の三橋旅館で夕食をとっている。同館は「鎌倉に有名なる旅館に三橋楼あり」と称された旅館で、「貴顕縉紳の愛顧を蒙ること深く、李王世子殿下等高貴の御旅館たりしこと尠からず」(『新撰江之島鎌倉案内　附藤沢』)とされた。三橋旅館での夕食はよほど美味だったのか、それとも相当な空腹だったのか、「舌つゞみ」を打っている。

本郷の火事

十六日、この日は晴天で、強風が吹き荒れていた。

弥彦は、日野家に嫁いだ姉鶴子の依頼により、朝、銀座で絵葉書を探してから大学に出かけている。電車で上野まで行き、そこから大学に向かうつもりであった。**「途中、火事〳〵とさわぐ声す。見れば上野方に烟立ち登れり。間もなく電車は上野に至る。飛下り忍ぶず**[不忍]**池畔に至れば、かなたに見ゆ。急さんで至り見る。猛火烈風にあをられ、実に盛なりき。聞けば三十戸程やけし由。其れより登校す。高野さん、山**

崎さん今日にて今年は終る」。

火事は、午前八時五十分頃、本郷区根津八重垣町（文京区根津）の薬種商店から発火した。「折しも前日来より吹き続きたる西北の烈風に、それ火事よと叫ぶ間もなく、同家は一面の猛火に包まれ、見る〳〵風下に延焼したるが、警鐘の音を聞きて万世橋、松清町、浅草橋等の消防夫等は何れも蒸気喞筒（ポンプ）と共に駆け付け片町、八重垣町の水道栓を抜きて消防に尽力せしも、折悪く水の出方悪く、終に八重垣町二十九戸（半焼六戸）、清水町四戸（半焼四戸）、弥生町三戸（半焼三戸）、総計三十六戸（半焼十三戸）を焼き払ひ、同十時三十分漸く鎮火したり」（「本郷根津の大火」『東京朝日新聞』12月17日）という。

火炎は折からの強風に煽られ、現在の根津から弥生地区にかけて広がった。この時代、消防ポンプ車はまだなく、薪や石炭を燃やし、蒸気の力で水を出す蒸気ポンプが使われていた。

弥彦の行動は野次馬そのものである。火事見物後には大学で講義を受けたが、「高野さん」は統計学の高野岩三郎教授、「山崎さん」はさきにみた経済学の山崎覚次郎教授である。

クロスカントリーレース

現在、冬季になると陸上競技では、駅伝をはじめロードレースが盛んに開催される。十九日の土曜日には、学習院のクロスカントリーレースがおこなわれ、弥彦は選手として参加している。

晴。四條さんの祖母様、昨日御かくれになりしかば、御悔みに行き、帰りて直に学習院にて催ふされしクロスカントリーレースに行く。新宿を一時五十五分発にて荻窪に向ひ、停車場より北口七、八町なる妙〔正〕寺より三時先発が出発す。余等は二十分おくれて出ず。四時二分二十六秒に目白学習院

に着す。十五等なりき。然し一部、二部に分ちありし故に五、六等なりき。幼年部の一等は戸田、五十五分なりき。余は四十二分二十六秒なりき。夕食を教育食堂にてなし、八時頃帰宅。写真をなし、十一時頃床に入る。

この日、弥彦は義姉加根子の実家の四條侯爵家まで弔問に出かけ、いったん帰宅の後、ふたたび自宅を出発し、クロスカントリーレースに参加している。「四條さんの祖母様」とは、四條隆謌夫人春子で、前日に死去していた。

クロスカントリーレースのスタート地点は豊多摩郡井荻村（杉並区清水）の妙正寺、ゴールは目白の学習院正門、両地点の間は直線で約八キロあった。コースは定まっておらず、ゴールに向け、収穫後の田圃や畑、森林や河川をできるだけまっすぐに駆け抜けることになっていた。参加者は九十名。これを十組に分け、時間差のハンデをつけて出発する。

最優等の第一部には弥彦・柳谷午郎・瓜生剛の大学生ほか、伊達九郎・山沢鉄五郎・榊邦彦・近衛文麿・長与善郎・牧野伸通などがいた。午後三時、最初に第十部が妙正寺を出発、以下各組が順番に時間差をつけながら出発し、最終組の第一部の出発は三時十八分であった。弥彦・柳谷・伊達・山沢はさらに二分間のハンデをつけて、三時二十分に出発した。

総合一位は第十部の戸田邦光で記録は五十五分四十九秒であった。弥彦は総合十五位だが、ハンデを差し引いた所要時間では一位であった。『輔仁会雑誌』では、弥彦の健脚を「我が都門に鳴る氏の快足たるや、実に人をして驚嘆せしむ」と讃えた。もっとも、日記の書きぶりから察するに、当人はあまり喜んでいなさそうである。

自身にとっては不満かもしれないが、この日のクロスカントリーレースは、弥彦の運動王者としての一年を締めくくるにふさわしいものとなった。

ふたたびの諏訪湖

二十三日より大学が冬期休暇に入ると、待ちかねたように弥彦は二十四日、**「独りにて六時五十六分発にて下諏訪に向ふ」**。目的は冬期休暇を利用しておこなわれる、学習院の仲間とのスケート合宿に参加するためである。**「十二時半頃甲府着。韮崎より先きは、一町行く毎に雪を増し、今迄は雪なかりしも四方銀世界」**であったという。下諏訪着は午後四時で**「直に丸屋に至り、其れより神社の先の池にてすべる」**。早速、初滑りをおこなっている。

翌日には諏訪中学の小口卓嚢と一緒に**「間下の池に行き、二時頃迄滑る。弁当を持たざりし為め、空腹大に閉口す」**。夕方には伊達九郎・酒井五郎が合流し、**「又々神社傍の池にて滑り、十時頃寝につく」**。

二十七日には、いったん帰京し、翌二十八日には**「九時頃より榊氏を金杉病院に見舞ふ。十二時帰宅。直に華族会館に雪子の結婚御慶目にゆく。余興になどあり。後立食。五時頃帰宅」**。

榊邦彦が入院していた金杉病院は、神田区駿河台南甲賀町（千代田区駿河台一丁目）にあった。この日、華族会館にて結婚披露をおこなう雪子とは、姉の峰子と義兄牧野伸顕との長女である。結婚相手は、外交官でのちに首相となる吉田茂である。弥彦

間下池にて（12月26日撮影）
左が弥彦、右は酒井五郎

がスケート合宿をはなれ、帰京したのは、雪子の吉田茂との結婚披露の会に参列するためであった。会が済むと、弥彦はすぐさま二十九日には諏訪でのスケート合宿にもどっている。大晦日、十二月三十一日条の日記における最後の記述は、**「昨年は甲府に伊達氏と共に年を送る。今年は又此処諏訪、同氏と共に年を送る」**であった。

弥彦は、明治四十一年のはじまりをスケート合宿への旅の途中に迎えたが、一年を経てふたたび諏訪湖へもどっている。日記の記述からはループ感に感慨をおぼえている様子がうかがえるが、そこには新しい年も本年同様、運動と学業に明け暮れるのだろうという予感も含まれていそうである。

残念ながら弥彦の日記はこの年の分しか残っていないので、実際のところはたしかめようがないが、必ずしも的はずれとはいえなさそうである。

❏ 啄 木

小奴との再会

波瀾の一年の締めくくりとなる明治四十一年最後の一カ月はじまりを、啄木は慌ただしくも穏やかに迎える。

一日は新雑誌『スバル』に掲載予定の「赤痢」の執筆に費やすうちに日が暮れた。が、最後に波瀾が起こる。午後六時半頃、意外な人物が蓋平館別荘をおとずれた。釧路の小奴(坪ジン・仁)である。

六時半頃のことだ。女中が来て、日本橋から使が来たといふ。誰かと思つて行つて見ると、俥夫が門口に立つてゐる。誰からと聞くと、一寸外へ出てくれといふ。

「釧路から来たものだと言つてくれ。」

といふ女声が聞えた。ツイと出ると、驚いた、驚いた、実に驚いた。黒綾のコートを着た小奴が立つてるではないか！

「ヤア！」

と言つたきり、暫くは二の句をつげなかつた。俥を返して入つた。

或る客につれられて来たので日本橋二丁目の蓬莱屋に泊つてるといふ。予は唯意外の事にサッパリ解らなかつた。

釧路の変動をきいた。小奴は、予が立つて以来、ウント暴れたといふ。日景が予の悪口をいひ、毎日の様に小奴のことを新聞に出したといふ。市子は鹿島屋を出て、家から通つてるといふ。市子と親しくしてるといふ。

予に嘗てヱハガキを寄こした時は、福本といふ人に頼んで住所を探つて貰つたのだといふ。

散歩をしようと言つて二人出た。本郷の通りで予が莨を買つてる間に一寸見えなくなつた。「狐だ！」と予は実際思つた。二十間許り彼方に待つてゐた。

それから三丁目めから上野まで、不忍池の畔を手をとつてあるいた。ステーション前から電車、浅草に行つてソバ屋に上つた。二本の銚子に予はスッカリ——釧路を去つて以来初めての位——酔つた。

九時半、そこを出て、再び手をとり合つて十町許りもあるいた。

予の心は淘然とした！

唯、淘とした！

上野から電車、宿屋まで送つてまた電車で帰つた。羽織の紐の環を一つ残した程酔つた。別れる時キッスした。

小説やドラマなら、想像もつかない展開こそむしろ普通だが、実際にはそのような場面に出くわすと、人間は呆然となってしまうらしい。現実をにわかに受け入れられない啄木は、小奴を「狐」ではないかと疑っている。

小奴からは、気になっていた釧路新聞社のその後や、鹿島屋の市子の消息を知らされる。その後は彼女と二人で上野・浅草をめぐり、宿泊先の日本橋まで送って行った。恋人同士のように手をつないで歩いたり、接吻を交わしている。「予の心は淘然とした！」「唯、淘とした！」

啄木の夢み心地は、翌日には砕け散る。「鳥影」㈦の三の執筆をすませ、午後、宿泊先の日本橋の蓬莱屋に小奴をたずねると、彼女は大阪鉱業株式会社の大阪炭山鉱業事務所支配人の逸身豊之輔、および函館の奥村某と一緒だった。

逸身は釧路で炭鉱を経営する実業家である。小奴は後年の回想で「その年の十一月わたしは結婚しました。新婚旅行で翌月東京へ行き本郷森川町の石川さんの下宿をわたし一人で訪ねました」（「小奴の回想」『回想の石川啄木』）と語っている。

「結婚しました」と小奴はいうが、入籍はしておらず、逸身には妻子がいた。啄木にとって小奴は「妹」であり、そもそも彼女は芸妓であったから、いつかはこのような境遇になることは十分予想していたはずである。予想できたこと、仕方のないことであっても、眼の前で現実をみせつけられると、精神ははげしく動揺し、打ちのめされる。**「異様な感情を抱いて」**下宿にもどったが、気持ちは掻き乱されたままで落ち着かず、**「九時頃遂に堪へがたくなつて一人出て、パラダイスで麦酒を一本のんで、赤くなつて**

来て寝た」。

『スバル』の編集が進む

小奴のことで悶々とすごした啄木は、三日には**「㈧の一。「赤痢」をかいてると、一時頃平野君が来た。今日は平出君の宅に「昴」の談話会」**。午前中を「鳥影」㈧の一、ついで「赤痢」の執筆に送っている。午後、平野萬里と一緒に千駄ヶ谷の与謝野邸に行き、ついで神田区北神保町二番地の平出修の邸で開催された『スバル』発刊に向けての打ち合わせに出席している。平出邸は、現在の靖国通り沿い、地下鉄神保町駅A2出口の近くにあった。

平出は自宅の法律事務所をスバルの発行所とするなど経営面を引き受けており、同誌の編集を担当した啄木と親交を深めていく。同人は後年、大逆事件の弁護人を引き受け、啄木の思想にも多大な影響をおよぼすことになる。

「平出君の宅には石井柏亭、〔ママ〕君、太田君、北原君、平野君、あとで吉井君も来た。予は六時に辞して帰つた。何のため？」参集したメンバーは、まもなく結成される「パンの会」同人と重なる。パンの会は太田正雄や北原白秋を中心とした集まりで、第一回は十二月十二日に開かれた。啄木も出席している。旧明星派や「パンの会」より『スバル』に集まった人びとは、文学史においては「スバル派」と称され、「後期ロマン派」を形成するとされる。

三日条の日記にもどると、もともと雑誌編集の好きな啄木にとって『スバル』の打ち合わせが愉快でないはずがない。ただこの日は、小奴への複雑な感情をずっと引きずっており、一同とそろって酒と食事に繰り出すことなく、夕食前には下宿にもどっている。

賑やかさに耐えられなかったのだろう。かといって孤独も忍びがたく、金田一の部屋をたずね、癒されている。**「昨夜の気持をくり返した！　金田一君の室に行つたため、外出はしなかつたが、十一時すぎまでゐた」**。

こういうときは仕事に集中するか、女性との「恋愛」に夢中になるのがこれまでのパターンである。

四日は**「午前六時平野君が昴の原稿催促に来たがまだ出来てゐない。すぐ起きて寒さにふるへながら、「赤痢」の稿をついだ。午後一時までで一行隔四十枚煙草も忘れて執筆、脱稿。すぐに車夫に持たして平出君宅まで届けた」**。つづいて「鳥影」(八)の二を書き上げ、日没後には阿部次郎をたずね、『スバル』への寄稿を依頼している。

ひたすら慌ただしく、仕事に追われるだけの一日だったが、**「今日は実に満足な日であつた」**と、心地よい気分に浸っている。

さきにみた平山良子への熱烈な手紙を認めたのは、失意とやり場のない気持ちが交錯する五日のことである。おなじ日、妻節子にも手紙を書いている。

悲しき身の上

かつて小奴は、蠱惑的な言動でもって釧路時代の啄木を魅了したが、小悪魔ぶりは東京でもおなじであった。六日、ふたたび小奴が蓋平館別荘にやって来た。夕方まで話し合った後、二人で**「日本橋の宿へ電車で行つて、すぐまた出た。須田町から本郷三丁目まで、手をとつて歩いた。小奴は小声に唄をうたひ乍ら予にもたれて歩く。大都の巷を——」**。

二人は人力車で鈴本亭に行き、下宿にもどったのは午後九時であった。下宿には金田一がいた。金田一の回想によれば、初めて小奴と対面した場面は、次のようであったという。

　十二月七日、あの日、石川君の部屋をいつものように、「やあ、失敬！」と言って、ガラッとあけましたら、そこに水のたれるような、若い満艦飾の女の人がすわっているじゃありませんか。びっくりしましてね、

「アッ、失敬、失敬！」

と、私が障子をしめかけたら、石川君が、

「オッ、そりゃ、釧路のやっちゃんですよ。いいんです。おはいりなさい、おはいりなさい。」

釧路のやっちゃん、これは小奴のことだな、さんざん聞かされたあの人、ひとつ見たいなと思ったものですから、

「そーお。」

と言って、私があけてはいったら、女の人に向かって
「これは、そら、たった今お話した、今世話になっている金田一さんだ。」

と引き合わせた、すると、その若い人が、

「お初にお目にかかります。」

と言って、まるで牡丹の花がくずれるようにウウッとおじぎをされた、私は上がってしまって、

「やあ、やあ、私もちょっと今書きかけたものがあるから失敬する。」

と言って、私は、思いに思ってやってきたろうと思いましてね、あんなに親しかった人が、どういう因縁で下宿などにこうやってたずねてきたか、いらざるものがはさまっていては、一刻千金、とんでもないじゃまだと思ったから、はずして、私の部屋にもどってきました。人間ひとりの若盛りの満艦飾のところを一瞬間ちらっと見ただけですから、私の目の中には、まるで花のように残っている

（「啄木の人と生涯を語る」『回想の石川啄木』）。

うら若き女性を前にして金田一は、緊張のあまりほとんど顔もみられなかったという。「満艦飾」「牡丹の花」とは、小奴の着飾った鮮やかな姿の比喩である。

右場面は小奴の回想でも似た内容だが、啄木の日記では**「金田一君を呼んで、三人でビールを抜き、ソバを喰つた」**と、劇的要素の乏しい、ごく平板な記述である。金田一にとっては、初めて会った小奴の鮮烈な印象が、つよく記憶されたということなのだろう。

七日、啄木は小奴に電話で誘われ、蓬莱館をたずねている。かつてあれほど恐れた電話もすっかり慣れており、本人も苦笑気味である。**「予は先頃から電話をかけることをおぼえた。どうも変なものだ」**。たずねたところ、逸身は仕事で大阪に行って不在であった。それから啄木は小奴を連れ、**「共に銀坐に散歩した。奴は造花を買つた。それからまた宿に帰つて、スシを喰ひ乍ら悲しき身の上の相談――逸身の妾になれ、と勧めた。十一時、言ひがたき哀愁を抱いて一人電車で帰つた」**。

小奴は**「寂し相に火鉢の前に坐つてゐた。イキな染分の荒い縞のお召の衣服」**であった。

小奴は「結婚」「新婚旅行」と語るが、逸身に「落籍」され「囲われた」というのが実態である。啄木にしても、妻子があり、立場的には逸身とちがいはない。あるのは経済力の差である。啄木には何もできないし、できたとしても、それが幸福をもたらすとは言い難い。ではあるが、「スシを喰ひ乍ら悲しき身の上の相談――逸身の妾になれ、と勧めた」は、何ともせつなく、そして悲しい。

啄木と小奴は、どこまでも結ばれない関係であった。小奴は十日にも啄木の下宿をたずねている。あいにく啄木は千駄ヶ谷に出かけて不在であった。対面は叶わなかったが、翌十一日、啄木のもとに**「昨日はほめられるつもりで、一人電車で来たつたのだ」**という手紙が届いた。これに対し啄木は**「夜おそく長い返事をかいた」**。

それからの二人

この年の啄木日記は十二月十一日条をもって終わっている。その後は「紙片メモ」に頼ることとなる。それによると十三日には「小奴」とあり、面会したか、あるいは電話・手紙・伝言など、何らかの接触があったと思われる。最後の関係記事は十七日で「坪かへる」とある。小奴は釧路に帰って行った。その後、二人はふたたび出会うことはなかった。もっとも、翌年になっても啄木と小奴の交流はつづくし、何より啄木の心のなかには、小奴がいつまでも住みつづけた。

福地順一『石川啄木と北海道』などをもとに、小奴のその後にも触れておく。釧路にもどった彼女は、逸身とのあいだに長女を儲けたが、大阪鉱業の経営不振により逸身が支配人を退いた大正二年(一九一三)、二人は別れている。その後、小奴は京都に移り、坂本という呉服屋の支配人に囲われたが、大正十二年には関係を解消した。釧路にもどった彼女は、実母の嫁ぎ先である近江屋旅館の主人と養子縁組をし、近江ジンを名乗った。

小奴が女将をつとめる近江屋は釧路を代表する旅館として繁盛したが、昭和二十八年(一九五三)に至り、旅館の経営を手放した。その理由はさまざまだが、釧路の中心が旅館のあった港に近い釧路川左岸から、駅のある右岸地区へと移ったことが大きい。昭和三十七年に釧路を去り、京都・富山・足立区と各地を転々とし、最後は四十年二月十七日、東京都南多摩郡多摩町(多摩市)の老人ホームで老衰のため亡くなった。

小奴と啄木の交際は、啄木の名声が高まるにつれ、美しいロマンスへと昇華し、喧伝されていった。現在も釧路では、啄木が釧路駅に降り立った日にちなんで毎年一月二十一日には、「啄木・雪あかりの町・

くしろ」というイベントが開催され、啄木と小奴に扮した若い男女が登場し、祭に彩りをそえる。

「一生にとつて最も大事な年」に向けて

「紙片メモ」にもどると、啄木は連日、「鳥影」の執筆と、『スバル』の編集で忙しい。弥彦を興奮させた十六日の根津方面の火事も、啄木の下宿のある蓋平館別荘からだと、大学敷地のその先と遠く、それ以前に「鳥影」の執筆と『スバル』の編集に忙しかったためか、ただ「火事」とあるだけである。

「紙片メモ」は二十五日までしか記されないが、これによると「鳥影」の方は、連載一回分を毎日休みなく書きつづけている。このペースだと最終回を書き終えたのは二十九日となる。

『スバル』創刊号の編集は平野萬里が主担当、これを啄木と吉井勇がサポートする体制であった。「紙片メモ」で確認すると、平野が出てこないのは十八日だけである。吉井は連日ではないが、やはりよく登場する。

これだけでは、いまひとつ状況を摑めないのでので、この頃の啄木の書簡をみてみよう。

十二月一杯は殆んど全くスバルの為に時間を費やし候次第、年末の事とて印刷所の込むこと一方ならず、毎日詰切にて催促して漸く三十日の夜おそく製本出来したる様の訳に有之候ひき。印刷所は連夜の徹夜故、夜一時半頃までも校正いたし、帰りは電車は無論俥も見あたらず、一里近き都の路をテク〳〵歩いた事もあり、小生は別に新聞その他の用あるためなさゞりしかど、同人中の或者は印刷所にて職工と共に徹夜したる事も有之候（明治42年1月6日付平山良子宛、個人蔵）

また宮崎郁雨に宛てた書簡では「十二月になつて愈々いそがしくなると、何しろ三人のうちで雑誌編輯上の事をやれるのは僕一人だ、其処で編輯の大体は平野が独擅でやつてゐたが、平野と吉井は毎日僕の三畳半に来た。つまりこの室が編輯局だつた。当時僕は、毎朝十時頃平野に起され、話をしながら毎日の小説を十二時頃までに書いて送り、のこる半日半夜を全くそのために費した」と述べている。

さらに「僕の第三者的態度を見れば、当時の三人の関係が分る。そして平野は最も熱心で、僕は熱心でなくてゐて一番役に立ち、吉井はチッとも約に立たなかつた。(吉井君は、やる気がなかつたといふよりは、やれない人なのだ。)」と、自負をのぞかせている(明治42年3月3日付宮崎大四郎宛『全集』七)。

「鳥影」の執筆が二十九日に終わったとしても、年内は息つく暇もなく『スバル』の編集に追われている。製本作業が終わったのが三十日、年越しは平野萬里と一緒であった。

明治四十二年一月一日の日記には**「前夜子の刻すぎて百八の鐘の鳴り出した頃から平野君と本郷の通りを散歩し、トある割烹店で食つて二時頃帰宿、それから室の中をかたづけて寝たのは四時近くだつた」**とある。

こうして啄木の明治四十一年は終わった。北海道小樽から釧路、そして東京と地理的な移動は大きく、境遇も失業者から釧路新聞の花形記者、さらにこれを擲ち専業作家をめざす悪戦苦闘の日々へと変化している。まさに疾風怒濤の一年であった。

波瀾の日々であったが、それでも最後は念願であった新聞小説の連載が叶い、得意とする雑誌編集に腕を振るうなかで年を越すことができたことは何よりであった。薄幸であった啄木の生涯をおもうとき、それなりの達成感とささやかな幸福とともに年を越せたことに安堵をおぼえた読者も少なくないだろう。

明けて明治四十二年の元旦、啄木は母に宛てた書簡に決意を認めた。**「今年が予の一生にとつて最も大事な年——一生の生活の基礎を作るべき年である」**。

エピローグ　明治の終焉と弥彦・啄木

本書では三島弥彦と石川啄木、おなじ年のおなじ月に生まれた二人の青年の一年をたどった。両者は最後まで直接に交わることはなく、境遇のちがいもあって対照的な展開が少なくなかった。だが一方で共通する出来事や、似通った話もあり、共通の知人も登場するなど、両者の距離は想像ほどに遠くはなかった。本書では、混乱を避けるため、両者の各月の動静を個別に紹介してきたが、重ねて理解することで、日露戦後の青年のリアルについて、少なくともその一端にせまることはできたと思う。

最後に明治最終年、すなわち明治四十五年（一九一二）の二人について紹介し、本書の締めくくりとしたい。

三島弥彦はこの年の夏、スウェーデンの首都ストックホルムで開かれた近代オリンピック第五回大会に陸上短距離競技の代表選手として出場する。七月五日におこなわれた入場式では、弥彦は日章旗を持ち、マラソン競技に出場する金栗四三は「Nippon」と記された国名標を掲げて行進した。

アスリートとしての弥彦の挑戦は、牛村圭『ストックホルムの旭日』のなかで詳しく述べられている。百メートル・二百メートル・四百メートル競走に出場したものの、予選落ち・予選落ち・準決勝進出も棄権と、結果は文字どおり惨敗であった。

出場が決まってから、はじめて本格的にスパイク靴をはき、クラウチングスタートの習得に取り組むなどしたが、外国選手との差は簡単には埋まらなかった。弥彦自身は後年このことを振り返って、「私達のやっているのはカケツコで、外国選手のやっているのはレースだった」（「対手の力も知らずに出場」）と、欧米先進国の水準と日本の現状とは別の次元であったとしている。

尚、当時彼地〔ストックホルム〕に居ります時に、一八九六年の第一回Athensの大会の当時の話、又レコードを聞いたのでありますが、第一回オリンピック当時のレコードは丁度日本でやって居りました時のレコードと同じ、或は吾々のレコードよりも悪かったぐらいであります。丁度十六年間の一八九六年第一回大会当時の欧米の運動界と吾々が参加した当時、一九一二年頃の我国の運動界の発達とは同程度であったのであります。

我国の運動界は約十五年遅れて居った。約十五年遅れてスタートしたのであります（「日本の参加した頃」）。

彼我の差は約十五年だという。この遅れを取り戻すための第一歩として、弥彦は大会終了後、欧州各国、さらに大西洋を越えてアメリカ合衆国を巡った。各地で見聞を広め、競技道具を持ち帰った。「とにかく試合には敗けたが私はその後欧州各地を歴訪して欧州陸上界の力を十分知ることが出来た、私の日本へのお土産は走高跳のバー、槍、それに円盤だつた」（「対手の力も知らずに出場」）。帰国したのは翌年二月であった。すでに明治は終わり、元号は大正になっていた。

大正二年（一九一三）七月、弥彦は東京帝国大学法科大学を卒業し、横浜正金銀行に入行する。アマチュアリズムの時代であるから、こうしたキャリアはごく当然である。後半生を弥彦は、銀行員として多くを海外ですごし、またスポーツ界の先人として、その発展に尽くすことになる。

明治四十五年（一九一二）七月は、日本がスポーツの世界において国際舞台に最初の一歩を踏み出した記念すべき瞬間であった。弥彦個人の生涯をみても、ハイライト、ひとつの頂点といってよい。

おなじ時期、石川啄木はどうであったか。かれはこの時、この世には存在していなかった。この年の四月十三日午前九時三十三分、小石川区久堅町七四番地（文京区小石川五丁目）の借家において肺結核により二十六歳二カ月という生涯を閉じていた。

啄木は、明治四十二年（一九〇九）三月から東京朝日新聞社に校正員として採用され、その傍らで創作活動をつづけていた。入社を機に函館から家族が上京したため、住居も蓋平館別荘から本郷区弓町の理髪店「喜之床」二階に移っていた。

明治四十四年にはいると、啄木は体調を崩す。病名は慢性腹膜炎であった。やがて母カツが肺結核となり、啄木、さらに節子夫人も発症する。病気により経済的苦境に陥ったことで、啄木一家の生活は悲惨な状況を呈する。「喜之床」二階にも住めなくなり、辛うじて久堅町の借家に移ることができた。明治四十五年（一九一二）三月七日に母が亡くなると、啄木もあとを追うように急激に衰弱していった。

臨終の日のことは金田一京助の回想によってみておきたい。この日の朝、金田一は、節子夫人が差し向けた人力車によって目を覚ます。金田一もまたこの頃は結婚しており、蓋平館別荘の隣に居住していた。急報をうけて、金田一は久堅町の寓居に駆けつける。この日は土曜で、国学院大学への出講が控えていた。いまだ安定的な職に就いていない身にあって、一回分の講義料一円は馬鹿にならない。

上がってすぐ隔ての襖をあけると、仰向けに此方を向いて寝ていた石川君の顔、それはすっかり衰容が来て、面がわりしたのにまずと胸を突かれたが、同時に、洞穴があいたように、ばくりとその口と目と鼻孔が開いて「たのむ！」と、大きなかすれた声が風のように私の出ばなへかぶさって来た。私は死霊にでも逢ったよう、膝が泳いで、のめるようにそこへ坐ったっきり、胸がつぶれて物が言えなかった。

あの際に、何と言って上げるのが一等よかったろうか。私には今でもよい言葉がわからない。この場に臨んで、間に合わせの言葉などはもはや出すべきものではなかった。と言って私の腑甲斐なさ、とっさに大きく、よし引き受けた。安心してお死になさい、といえるほどの何物も持ち合わさなかったことを暴露してしまわなければならなかった。言葉が舌へ絡みついて、傷ましく、むやみに、溜め息を窒らしているデクの坊にすぎなかった。

石川君は、それっきり目も口も瞑って、いつまでもいつまでも昏々としていた。

石川君は、この期に臨んで、三十年の交友の顔に卑怯なたじろぎの色を読んで目を瞑ったのではありはしなかったか。それとも夜半から待ちぬいて、一目見て、言おうとしていた一言を言ったので、気がゆるむとともに再び深い昏睡に陥ったものかと気休めをしてもみる。永遠に解けがたい苦しい謎である。

節子さんがその時そばへ来て、「早朝、御迷惑を……、昨夜一晩あなたを呼んでくれと言ってきかないものですから、『今晩はもう遅いからあしたの朝』と宥めると、今朝はまた夜中からそういってきかないもので……、やっと夜の明けるのをまって……」など小声で話していると、そこへ若山牧水氏が見えた。節子さんが、「若山さんがいらっしゃいましたよ」と大きな声で幾度も幾度も呼んだ。初めは依然として昏睡していたが、そのうちに気が付いたと見えて、何か若山氏へ言おうとする。若山氏が聞き取ろうと半身をせり出して畳へ手をついた。少しにっこりして、「こないだはありがとう」と、言ったのは、同氏に『一握の砂』の歌稿を頼んで、土岐〔哀果〕氏を通じて、東雲堂で出すようになった。その稿料の届いた礼をこの間ぎわに述べたのであった。それから石川君は若山氏の畳に突いた岩乗（がんじょう）な手首から肩の方を見上げて、「君は丈夫なからだで羨しいねえ」など言った時には、私たちは顔を見合わせて覚えず悦びの微笑を交わした。そのうちに、すっかり元気が出て来て、何か若山氏と雑誌の話などをし始めた。私を顧みては、「今日は土曜で学校の日でしたね、どうかいらしてください」などと、この際になってもまだ私の欠勤による減収を気にしてくれた。あまつさえ若山氏との話の中には、不用意に「癒ったら今度はこうこう」というような将来の計画に関する語気のはいるのを聞いた。「遅くなりませんか、どうぞ学校へ」など言われるにつれ、また、節子さんも、「この分なら大丈夫でしょうから、どうぞ」と言うので「今危篤だから離れられないのだ」と勘付かせるのもいけないし、病人の心に随って「ではちょっと行ってきます」と私が起ったとき、軽く目で会釈をしてくれたのが、この世のすべての最後のものとなってしまった（『新訂版石川啄木』）。

かつて赤心館・蓋平館別荘時代、金田一に経済的な迷惑をかけまくった啄木だが、臨終間際にあって友人の講義料のことを心配している。危篤の報によって駆けつけたはずの金田一だが、啄木がみせる友情と、節子夫人の説得に促され、麹町区飯田町（千代田区飯田橋）の国学院大学に出向くことになる。金田一がその場を離れてまもなく啄木の容態は急変し、そのまま世を去った。

「鳥影」の原稿料を除けば、生前、文学によって満足な収入を得ることはできなかった啄木だが、大正八年（一九一九）に新潮社から刊行された『啄木全集』全三巻の大ヒットにより状況は一変する。空前の出版ブームの到来が、亡き啄木にもおよんだのである。全集がベストセラーとなったことで多額の印税が生じ、これらは遺児の養育、教育の資となり、未払いであった蓋平館別荘の下宿料の支払いにも充てられた（冷水茂太『啄木私稿』）。啄木人気は一過性のものに終わらなかった。名声は時代とともに高まり、今や国民的歌人として愛好されていることは周知のとおりである。

啄木が生前、念願しつづけた文学での成功は、その死後、本人の想像をはるかに超える規模で果たされたといってよい。若くして去ったその風貌は、永遠に青年の姿をとどめている。

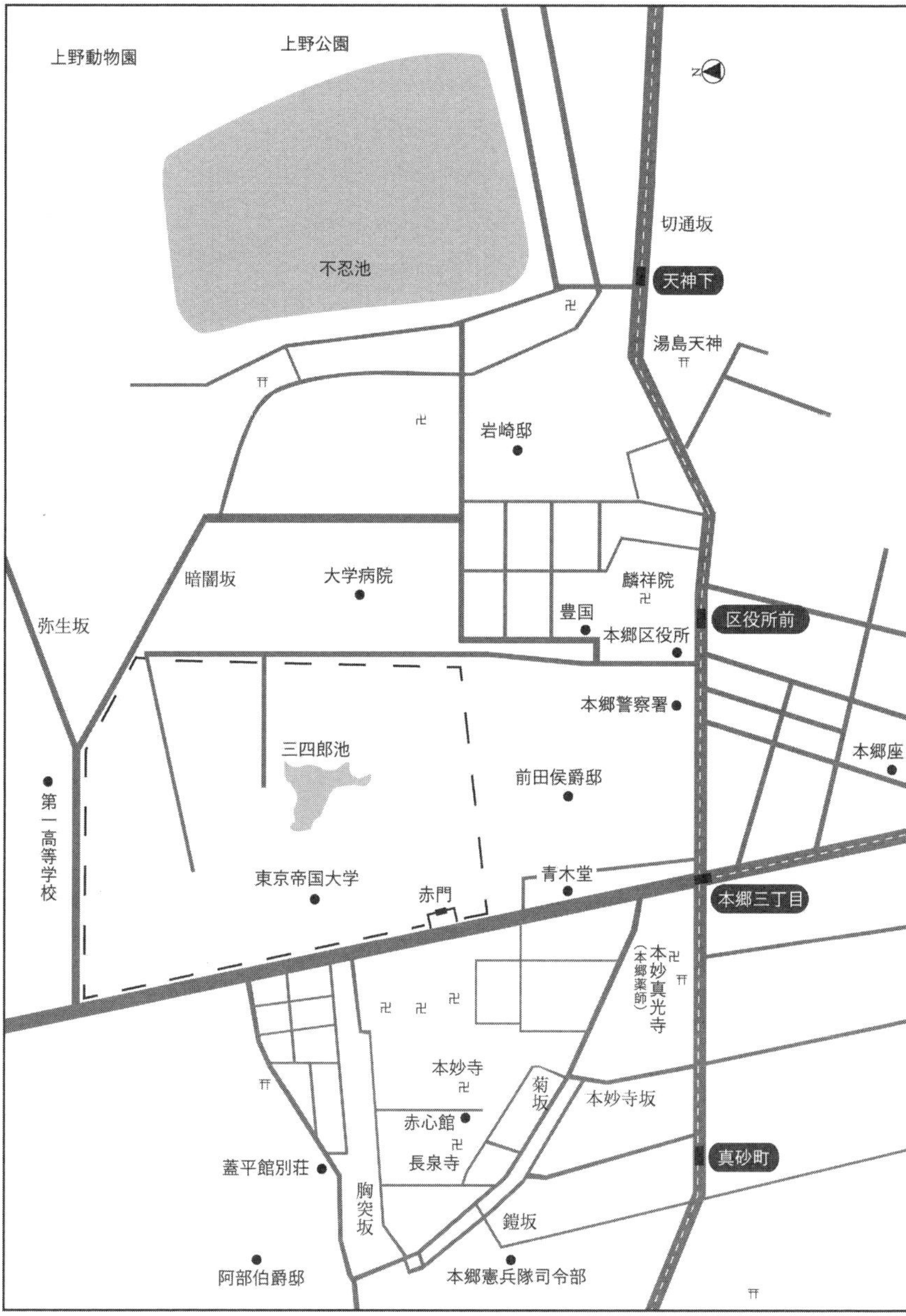

上野動物園
上野公園
不忍池
切通坂
天神下
湯島天神
岩崎邸
暗闇坂
大学病院
麟祥院
弥生坂
豊国
区役所前
本郷区役所
本郷警察署
三四郎池
本郷座
前田侯爵邸
第一高等学校
東京帝国大学
赤門
青木堂
本郷三丁目
本妙真光寺
（本郷薬師）
本妙寺
菊坂
本妙寺坂
赤心館
長泉寺
真砂町
蓋平館別荘
胸突坂
鐙坂
阿部伯爵邸
本郷憲兵隊司令部

本郷三丁目周辺地図

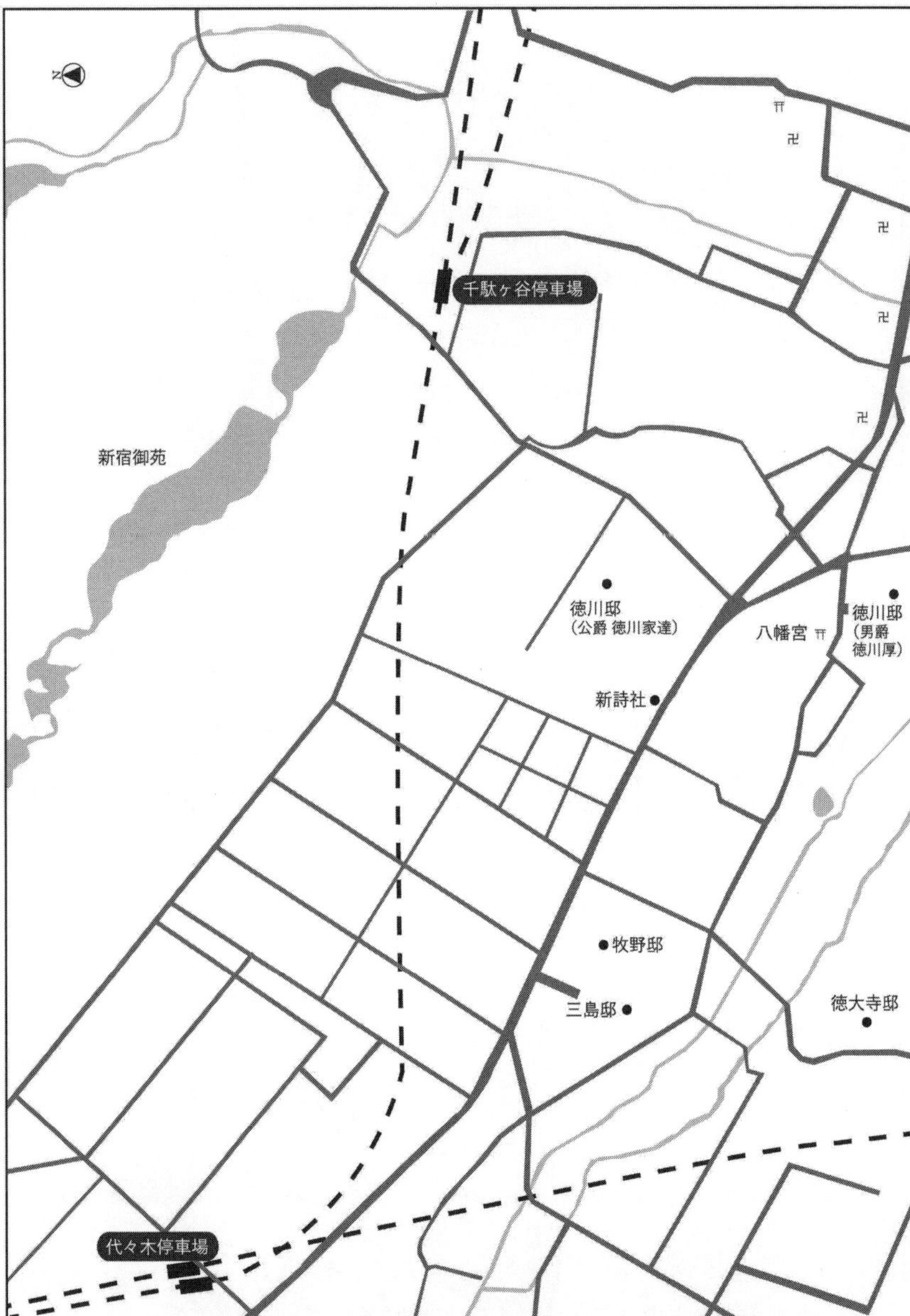

千駄ヶ谷停車場
新宿御苑
徳川邸
（公爵 徳川家達）
八幡宮
徳川邸
（男爵
徳川厚）
新詩社
牧野邸
三島邸
徳大寺邸
代々木停車場

千駄ヶ谷周辺地図

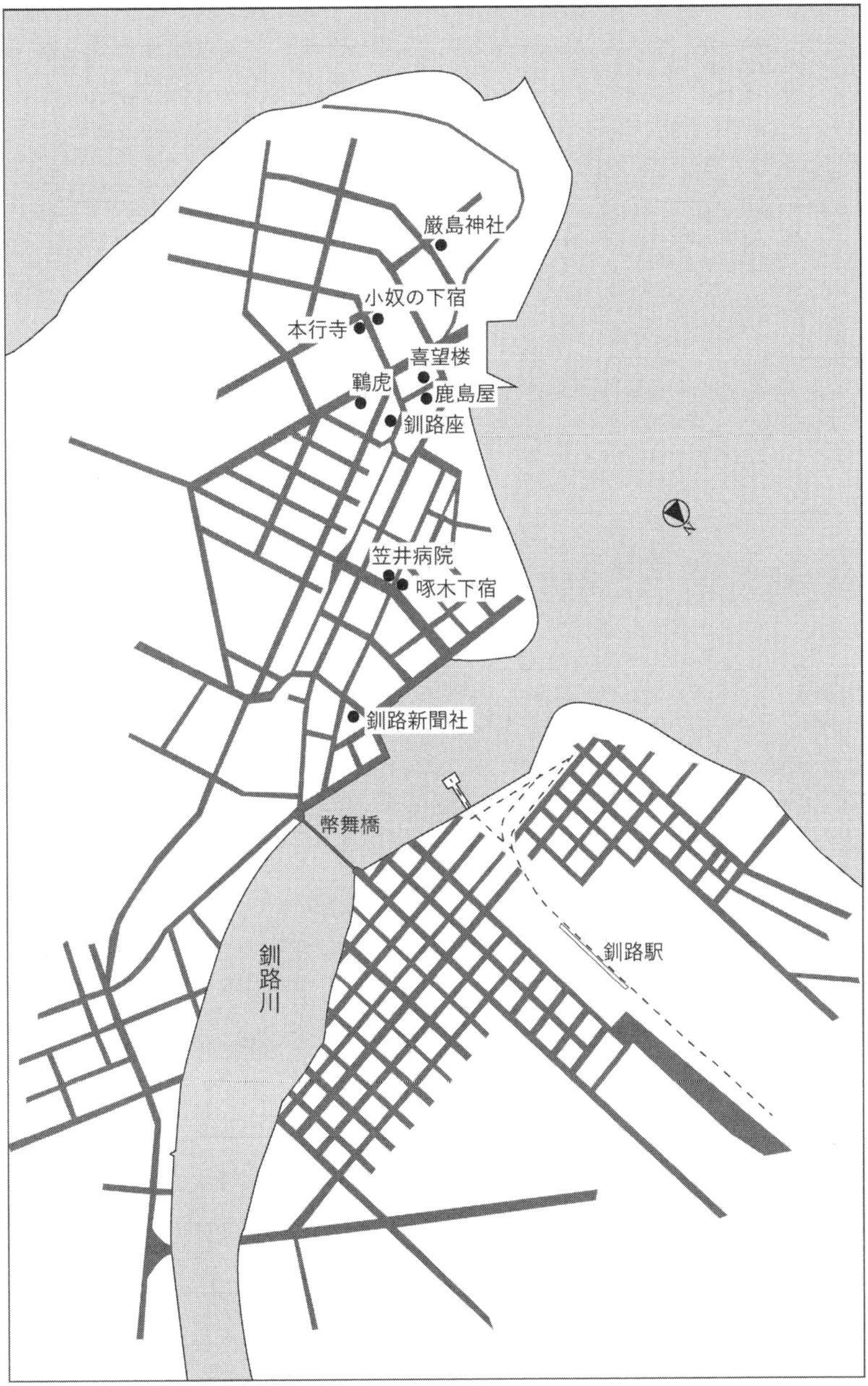
厳島神社
小奴の下宿
本行寺
喜望楼
鶴虎
鹿島屋
釧路座
笠井病院
啄木下宿
釧路新聞社
幣舞橋
釧路川
釧路駅

釧路周辺地図

参考文献

■全体に関わるもの
尚友倶楽部・内藤一成・長谷川怜編『三島弥彦―伝記と史料―』（芙蓉書房出版、二〇一九年）
尚友倶楽部・内藤一成編『三島和歌子覚書』（芙蓉書房出版、二〇一一年）
尚友倶楽部・季武嘉也編『三島弥太郎関係文書』（芙蓉書房出版、二〇〇二年）
大東和重『文学の誕生　藤村から漱石へ』（講談社、二〇〇六年）
サントリー不易流行研究所編『スポーツという文化』（TBSブリタニカ、一九九二年）
渡辺浩『明治革命・性・文明―政治思想史の冒険』（東京大学出版会、二〇二一年）
学習院編『学習院史』（学習院、一九二八年）
学習院百年史編纂委員会編『学習院百年史』第一編（学習院、一九八一年）
東京帝国大学『東京帝国大学五十年史』上下冊（東京帝国大学、一九三二年）
東京大学百年史編集委員会編『東京大学百年史』全十巻（東京大学、一九八三～一九八七年）
岩城之徳『啄木評伝』（学燈社、一九七六年）
岩城之徳『石川啄木伝』（筑摩書房、一九八五年）
川並秀雄『啄木秘話』（冬樹社、一九七九年）
田口道昭『石川啄木論攷　青年・国家・自然主義』（和泉書院、二〇一七年）
長浜功『石川啄木という生き方―二十六歳と二ヶ月の生涯』（評論社、二〇〇九年）
福地順一『石川啄木と北海道』（鳥影社、二〇一三年）
岩城之徳編『回想の石川啄木』（八木書店、一九六七年）
宮崎郁雨『函館の砂―啄木の歌と私と―』（洋々社、一九七九年）
金田一京助『新訂版　石川啄木』（角川文庫、一九七〇年改版）
鳥居省三著・北畠立朴補注『増補・石川啄木―その釧路時代―』（釧路市教育委員会、二〇一一年）
北畠立朴『啄木に魅せられて』（北龍出版、一九九三年）
小林芳弘『啄木と釧路の芸妓たち』（みやま書房、一九八五年）

杉森久英『啄木の悲しき生涯』（河出書房新社、一九六五年）
冷水茂太『啄木私稿』（清水弘文堂、一九七八年）
宮の内一平『啄木・釧路の七十六日』（旭川出版社、一九七五年）
大里雄吉『石川啄木と東京散歩』（私家版、一九七九年）
太田幸夫『改訂版石川啄木入門　啄木と鉄道』（私家版、二〇〇二年）
『新　渋谷の文学』編集委員会編『新渋谷の文学』（渋谷区教育委員会、二〇〇五年）
石川啄木『啄木全集』全八巻（筑摩書房、一九七八～八〇年）
夏目金之助『定本　漱石全集』全二八巻・別巻（岩波書店、二〇一六～二〇年）
文京区立森鷗外記念館編『森鷗外宛書簡集』２（同館、二〇一九年）
気象庁ＨＰより「過去の気象データ検索」
宮地正人・佐藤能丸・櫻井良樹編『明治時代史大辞典』全四巻（吉川弘文館、二〇一一～二〇一三年）
週刊朝日編『値段史年表　明治・大正・昭和』（朝日新聞社、一九八八年）
釧路市中央図書館所蔵『釧路新聞』マイクロフィルム

■序章

「学習院時代を語る」（『武者小路実篤全集』第十八巻〈小学館、一九九一年〉所収）
木村直恵『〈青年〉の誕生　明治日本における政治的実践の転換』（新曜社、一九九八年）
竹内洋『立身出世主義［増補版］―近代日本のロマンと欲望』（世界思想社、二〇〇五年）
Ｅ・Ｈ・キンモンス『立身出世の社会史―サムライからサラリーマンへ』（玉川大学出版部、一九九五年）
平田元吉『三島通庸』（私家版、一八九八年）
猪木正道『評伝吉田茂』（上）（読売新聞社、一九七八年）
イヴ・Ｋ・セジウィック著、上原早苗・亀澤美由紀訳『男同士の絆　イギリス文学とホモソーシャルな欲望』（名古屋大学出版会、二〇〇一年）
里見弴「君と私と」（『明治文学全集76　初期白樺派文学集』〈筑摩書房、一九七三年〉所収）
有馬頼寧『無雷庵雑記』（改造社、一九四〇年）

土方梅子『土方梅子自伝』（早川書房、一九七九年）

■一月

大日本体育協会編『大日本体育協会史』上下巻（同会、一九三七年）
「自大正二年十一月至三年十月　諏訪湖スケート会組織活動状況概要」、三島弥彦「諏訪湖の氷滑り」（長野県編『長野県史　近代史料編』第一〇巻〔二〕学芸文化スポーツ〈長野県史刊行会、一九九〇年〉所収）
諏訪市史編纂委員会編『諏訪市史』下巻（諏訪市役所、一九七六年）
鉄道省編『スキーとスケート』（博文館、一九二四年）
日本スケート会編『スケート』（日本スケート会、一九二二年）
三島弥彦・柳谷午郎・木場貞一郎・伊達九郎・榊邦彦・酒井四郎「氷滑日記」（学習院輔仁会編『輔仁会雑誌』第七七号、一九〇九年）
野球界社編『野球歴史写真帖』（同社、一九二三年）
長野県HPより「諏訪湖にまつわる話」（https://www.pref.nagano.lg.jp›suwaken›shisaku›documents）二〇二三年一〇月一六日最終閲覧
田山花袋『少女病』『写真』（定本花袋全集刊行会編『定本花袋全集』第一巻〈臨川書店、一九九三年復刻〉所収）
自転車産業振興会編『自転車の一世紀―日本自転車産業史―』（同会、一九七三年）
小杉天外『魔風恋風』前後篇（岩波文庫、一九五一年）
飯塚一陽『柔道を創った男たち―嘉納治五郎と講道館の青春』（文藝春秋、一九九〇年）
文京区役所編『文京区史』巻三（文京区役所、一九六八年）
東京市編『東京案内』下巻（裳書房、一九〇七年）
文京ふるさと歴史館編『本郷座の時代―記憶のなかの劇場・映画館―』（文京区教育委員会、一九九六年）
東京大学キャンパス計画室編『東京大学本郷キャンパス１４０年の歴史をたどる』（東京大学出版会、二〇一四年）
長尾龍一『日本憲法思想史』（講談社学術文庫、一九九六年）
武者小路実篤『小さき世界』（『武者小路実篤全集』第三巻〈小学館、一九八八年〉所収）
小池淳一「明治末から大正初期の万年筆　販売における位相とその意義」（『国立歴史民俗博物館研究報告』第一九七

集、二〇一六年）
河合良成『明治の一青年像』（講談社、一九六九年）
近藤正一編『名園五十種』（博文館、一九一〇年）
野村胡堂「三十年前の食慾」（『面会謝絶』〈乾元社、一九五一年〉所収）
徳田秋聲「大学界隈」（『徳田秋聲全集』第二二巻〈八木書店、二〇〇一年〉所収）
古川緑波『ロッパ食談』（東京創元社、一九五五年）
『続・現代史資料Ｉ　社会主義沿革１』（みすず書房、一九八四年）
田中英夫『西川光二郎小伝』（みすず書房、一九九〇年）
添田唖蟬坊『添田唖蟬坊・知道著作集Ｉ　唖蟬坊流生記』（刀水書房、一九八二年）
釧路市ＨＰより「釧路市統合年表」
（https://www.city.kushiro.lg.jp/shisei/gaiyou/1006797/1006798/1006800.html）二〇二三年一〇月一六日最終閲覧
釧路市編『新釧路市史』第二巻産業経済編（釧路市、一九七三年）
秋間達男『白石義郎―明治に生きた政治家の軌跡―』（私家版、一九九三年）
逸見久美『新版　評伝　与謝野寛晶子　明治篇』（八木書店、二〇〇七年）

■二月
田中徳久ほか『日本史小百科26　スポーツ』（近藤出版社、一九九〇年）
永山武臣監修『歌舞伎座百年史』上下巻・資料篇（松竹株式会社・株式会社歌舞伎座、一九九五年）
岩橋邦枝『長谷川時雨』（講談社文芸文庫、一九九九年）
森下真理『スーパーレディ長谷川時雨』（ドメス出版、二〇一三年）
志賀直哉『新版　志賀直哉全集　日記一』第十一巻（岩波書店、一九九九年）
瀧井敬子『漱石が聴いたベートーヴェン』（中央公論新社、二〇〇四年）
後藤致人『昭和天皇と近現代日本』（吉川弘文館、二〇〇三年）
山本一生『恋と伯爵と大正デモクラシー　有馬頼寧日記一九一九』（日本経済新聞社、二〇〇七年）
衆議院・参議院編『議会制度百年史　帝国議会史上巻』（大蔵省印刷局、一九九〇年）

石川一三夫「日論戦後経営と鉄道国有」、内田健三・金原左門・古屋哲夫『日本議会史録』1（第一法規出版、一九九一年）所収
古屋哲夫「第一二代　第一次西園寺内閣」（林茂・田中清明編『日本内閣史録』2〈第一法規出版、一九八一年〉所収）
伊藤陽平『日清・日露戦後経営と議会政治―官民調和構想の相克―』（吉川弘文館、二〇二一年）

■三月
東京都編『上野動物園百年史』（東京都、一九八二年）
市島謙吉『随筆早稲田』（翰墨同好会・南有書院、一九三五年）
小宮輝之『物語　上野動物園の歴史』（中央公論新社、二〇一〇年）
宮内庁編『明治天皇紀』第十一（吉川弘文館、一九七五年）
小菅桂子『にっぽん洋食物語大全』（筑摩書房、二〇一七年）
正岡容著　大西信行編『定本日本浪曲史』（岩波書店、二〇〇九年）
倉田喜弘『明治大正の民衆娯楽』（岩波新書、一九八〇年）
倉田喜弘『芝居小屋と寄席の近代』（岩波書店、二〇〇六年）
倉田喜弘『芸能の文明開化』（平凡社新書、一九九九年）
倉田喜弘『近代歌謡の軌跡』（山川出版社、二〇〇二年）
兵藤裕己『〈声〉の国民国家　浪花節が語る日本近代』（講談社学術文庫、二〇〇九年）
真鍋昌賢『浪花節　流動する語り芸―演者と聴衆の近代』（せりか書房、二〇一七年）
日本電信電話公社東京電気通信局編『東京の電話・その五十万加入まで』上（電気通信協会、一九五八年）
第一高等学校寄宿寮編『向陵史』（同寮、一九一三年）
三島章道「錦華鳥」「彼の鶏と野良犬」（『三島章道創作全集』〈郁文舎、一九二六年〉所収）
横田順弥『明治不可思議堂』（筑摩書房、一九九五年）
横田順弥『〔天狗倶楽部〕怪傑伝　元気と正義の男たち』（朝日新聞出版、二〇一九年）
野球殿堂博物館「日本野球の歴史」（http://www.baseball-museum.or.jp/showcase/storage/history.html）二〇二三

年一〇月一六日最終閲覧
池井優『白球太平洋を渡る　日米野球交流史』（中央公論社、一九七六年）
『東京大学野球部90年史』（一誠会、二〇一〇年）
佐々木英昭『「新しい女」の到来―平塚らいてうと漱石―』（名古屋大学出版会、一九九四年）
平塚らいてう『原始、女性は太陽であった―平塚らいてう自伝』上巻（大月書店、一九七一年）
森田草平『夏目漱石』三（講談社学術文庫、一九八〇年）
佐伯順子『明治〈美人〉論　メディアは女性をどう変えたか』（ＮＨＫ出版、二〇一二年）

■四月

財団法人日本経営史研究所編『日本郵船株式会社百年史』（日本郵船株式会社、一九八八年）
財団法人日本経営史研究所編『日本郵船百年史資料』（日本郵船株式会社、一九八八年）
ハル・松方・ライシャワー著、広中和歌子訳『絹と武士』（文藝春秋、一九八七年）
上坂冬子『ハル・ライシャワー』（講談社、一九九四年）
東京倶楽部編『最新東京案内』（綱島書店、一九〇七年）
永井荷風『濹東綺譚』（永井壮吉『荷風全集』第九巻〈岩波書店、一九六四年〉所収）
墨堤隠士『女魔の怪窟―昭和奇観苦心探検』（啓仁館書房、一九三二年）
台東区教育委員会編『浅草六区：興行と街の移り変り（台東区文化財調査報告書第５集）』（台東区教育委員会、一九八七年）
神山圭介『浅草の百年　神谷バーと浅草の人びと』（踏青社、一九八九年）
「端艇競漕春期大会」「輔仁会第一回長距離競走」（学習院輔仁会編『輔仁会雑誌』第七五号、一九〇八年六月）
徳冨蘆花「不如帰」、徳富健次郎『蘆花全集』第五巻（蘆花全集刊行会、一九三〇年）
大河内富士子『話の吹きだまり』（霞会館、一九八七年）
河竹繁俊『日本演劇全史』（岩波書店、一九五九年）
学習院陸上競技部後援会編『学習院競技部史』（同会、一九九〇年）
宮崎郁雨・阿部たつを・田畑幸三郎編『函館と啄木』（石川啄木五十年忌記念刊、一九六一年）

田山花袋『東京の三十年』（定本花袋全集刊行会編『定本花袋全集』第十五巻〈臨川書店、一九九四年復刻〉所収）
黒岩比佐子『編集者国木田独歩の時代』（角川選書、二〇〇七年）
長谷川天渓（誠也）「現実暴露の悲哀」（『太陽』第十四巻第一号〈博文館、一九〇八年〉所収）
近藤信行『小島烏水―山の風流使者伝』（創文社、一九七八年）
百周年記念誌編集委員会編『百年史』（学校法人海城学園、一九九一年）

■五月
久野明子『鹿鳴館の貴婦人大山捨松―日本初の女子留学生』（中央公論社、一九八八年）
生田澄江『瓜生繁子―もう一人の女子留学生』（文藝春秋、二〇〇九年）
寺沢龍『明治の女子留学生　最初に海を渡った五人の少女』（平凡社、二〇〇九年）
志賀直哉『新版　志賀直哉全集　書簡二』第十八巻（岩波書店、二〇〇〇年）
鈴木博之監修『皇室建築　内匠寮の人と作品』（建築画報社、二〇〇五年）
小沢朝江『明治の皇室建築　国家が求めた〈和風〉像』（吉川弘文館、二〇〇八年）
原奎一郎編『原敬日記』第二巻（福村出版、一九六五年）
高橋紘編『陛下、お尋ね申し上げます』（文藝春秋、一九八八年）
日本経済新聞社編『私の履歴書』文化人1（日本経済新聞社、一九八三年）
森鷗外『青年』（『鷗外全集』第六巻〈岩波書店、一九七二年〉所収）
入江貫一『山県公のおもかげ　附追憶百話』（偕行社編纂部、一九三〇年）
吉井勇『定本吉井勇全集』第八巻（番町書房、一九七八年）
伊藤整「近代日本の作家と生活」『伊藤整全集』第十七巻（新潮社、一九七三年）
本郷区役所編『本郷区史』（本郷区役所、一九三七年）
山階会編『山階宮三代』下（同会、一九八二年）

■六月
伊藤隆監修・黒沢良解説『現代史を語る④松本学―内政史研究会談話速記録―』（現代史料出版、二〇〇六年）

「石坂泰三日記（原題「虞美人草」）」、国立国会図書館憲政資料室所蔵「石坂泰三関係文書」一一二。
稲村徹元編『大正過去帳』（東京美術、一九七三年）
内山一幸「東京の中の旧藩―元貢進生清水彦五郎の役割を中心に―」（『年報近現代史研究』第八号、二〇一六年）
※清水彦五郎に関しては、大阪経済大学の内山一幸先生より教示を得た。感謝申し上げる。
『日枝神社史』（日枝神社御鎮座五百年奉賛会、一九七九年）
温水基輝「化粧団子について―「三島弥彦日記」を手掛かりに―」（『大磯町郷土資料館だより』41〈二〇二一年二月二六日〉）
大浜六郎『避暑案内』（服部書店、一九一〇年）
渡辺忠右衛門・木村千幹・清岡祥一「B組第十五回遠漕記事」（『輔仁会雑誌』第七六号、一九〇八年一二月）
「明治四十一年日記」（森林太郎『鷗外全集』第三五巻〈岩波書店、一九七五年〉所収）
千代田区役所編『千代田区史』中巻（千代田区役所、一九六〇年）
伊東圭一郎『人間啄木』（岩手日報社、一九九六年）
小野文庫整理委員会編『小野文庫目録』（愛知学院大学附属図書館、一九九〇年）
江戸川乱歩「二銭銅貨」「押絵と旅する男」（千葉俊二編『江戸川乱歩短篇集』〈岩波文庫、二〇〇八年〉所収）
長岡新吉『明治恐慌史序説』（東京大学出版会、一九七一年）
武田晴人『日本経済史』（有斐閣、二〇一九年）
山本芳明『カネと文学　日本近代文学の経済史』（新潮社、二〇一三年）
山本芳明『文学者はつくられる』（ひつじ書房、二〇〇一年）
正宗白鳥「文壇生活二十年」「東京の五十年」（『正宗白鳥全集』第二十八巻〈福武書店、一九八四年〉所収）

■七月

功力靖雄『日本野球史』（逍遙書院、一九六九年）
「彙報」、信太郎「野球界面目を一新せんとす」（『運動世界』明治四十一年第一号〈運動世界社、一九〇八年〉所収）
乃木希典「運動の真髄は式の振作にあり」（『運動世界』明治四十一年第三号〈運動世界社、一九〇八年〉所収）
黒田長礼『羽田鴨場の記』（私家版、一九〇八年）

小口千明「日本における海水浴の需要と明治期の海水浴」（『人文地理』第三七巻第三号、一九八五年）
畔柳昭雄『海水浴と日本人』（中央公論新社、二〇一〇年）
吉廣さやか・戸矢浩子・西山直志「学び舎の乃木希典」展覧書」（『学習院大学史料館紀要』第二五号〈同館、二〇一九年〉）
岡崎保吉『江のしま物語』（福島松五郎、一九〇七年）
藤沢市観光協会・江の島海水浴場開設一〇〇周年記念事業実行委員会編刊『江の島海水浴場―開設一〇〇周年記念誌―』（一九八六年）
里見弴『潮風』（『里見弴全集』第二巻〈筑摩書房、一九七七年〉所収）
『乃木院長記念録』（輔仁会、一九一二年）
和田政雄編『乃木希典日記』（金園社、一九七〇年）
岡保生『評伝小栗風葉』（桜楓社、一九七五年）
籾山有・籾山綾子「風葉文学散歩　「戸塚御殿」界隈を歩く」（『小栗風葉あんない』六号〈小栗風葉をひろめる会、二〇〇三年〉）
明治四十一年八月二日付瀬川深宛金田一京助書簡、盛岡てがみ館所蔵（資料番号M4689）

■八月
一般社団法人日本サーフィン連盟HPより「サーフィンの歴史」（https://www.nsa-surf.org/basic/history/）二〇二三年一〇月一六日最終閲覧
山口寿・秋保良編著『湯野浜の歴史―開湯伝説から九〇〇年―』（湯野浜地区住民会、一九九四年）
大磯町編『大磯町史』7通史編近現代（大磯町、二〇〇八年）
「茅ヶ崎サーフ物語　最古の「板」発見」（http://www.csiu.jp/library/story.html）二〇二三年一〇月一六日最終閲覧
中村菊三『大正鎌倉余話』（かまくら春秋社、一九八二年）
徳冨健次郎『青蘆集』（『蘆花全集』第三巻〈蘆花全集刊行会、一九二九年〉所収）
森田草平『煤煙』（岩波文庫、一九四〇年改版）
那須野が原博物館編『那須野が原に農場を―華族がめざした西洋―』（同館、二〇一八年）

那須野が原博物館編『塩原温泉ストーリー』(同館、二〇一六年)
源三窟公式HP (https://genzankutsu.com/) 二〇二三年一〇月一六日最終閲覧
野邑理栄子『陸軍幼年学校体制の研究—エリート養成と軍事・教育・政治—』(吉川弘文館、二〇〇六年)
寺島雅子『梅鉢草—思いつくまま—』(山桃舎、一九八五年)
函館区『函館案内』(函館区、一九一三年)
正宗白鳥『文学的自叙伝』(『正宗白鳥全集』第十二巻〈新潮社、一九六六年〉所収)
馬場孤蝶『明治の東京』(社会思想社、一九九二年)
水野悠子『知られざる芸能史 娘義太夫』(中央公論社、一九九八年)
水野悠子『江戸東京娘義太夫の歴史』(法政大学出版局、二〇〇三年)
野村胡堂『胡堂百話』(中公文庫、一九八一年)
金田一春彦『父京助を語る』(教育出版、一九七七年)
細馬宏通『浅草十二階 塔の眺めと〈近代〉のまなざし』(青土社、二〇〇一年)
佐藤健二『浅草公園凌雲閣十二階 失われた「高さ」の歴史社会学』(弘文堂、二〇一六年)

■九月
浅沼藤吉編『写真機械材料目録』(浅沼商会、一九〇七年)
※右目録をはじめ明治末年のカメラに関しては、浅沼商会より教示を得た。感謝申し上げる。
北都連太郎『クラシックカメラの世界』(ナツメ社、一九九九年)
東京都港区役所編刊『港区史』下巻(一九五八年)
筈見恒夫『映画五十年史』(鱒書房、一九四七年)
季武嘉也「貴族院議員・銀行家としての三島弥太郎」(前掲『三島弥太郎関係文書』所収)
井上馨侯伝記編纂会編『世外井上公伝』第五巻(内外書籍、一九三四年)
野崎広太『らくがき』(宝文館、一九三一年)
若槻礼次郎『古風庵回顧録』(読売新聞社、一九五〇年)
丸善株式会社編『丸善百年史』上巻(同社、一九八〇年)

飛田忠順『早稲田大学野球部史』（明善社、一九二五年）
慶応義塾体育会野球部史編纂委員会編『慶応義塾野球部史』（慶応義塾体育会野球部、一九六〇年）
大橋裕美「岡本綺堂の劇作法と二代目市川左団次—史劇『維新前後』をめぐって—」（『文学研究論集』第26号、明治大学大学院、二〇〇七年）
東京都中央区役所編『中央区史』下巻（東京都中央区、一九五八年）
松永伍一『北原白秋　その青春と風土』（日本放送出版協会、一九八一年）
金田一京助『私の歩いて来た道　金田一京助自伝』（講談社現代新書、一九六八年）
堀合了輔『啄木の妻節子』（洋々社、一九七九年改訂増補）
東京大学百年史編集委員会編『東京大学百年史』資料一（東京大学、一九八四年）

■十月
横田順弥『早慶戦の謎-空白の19年』（ベースボール・マガジン社、一九九一年）
菊谷匡祐『早慶戦の百年』（集英社新書、二〇〇三年）
「対抗レースに就いて」「輔仁会秋季大会」「全国中学校競漕ニ於ケル本院選手ノ奮戦」「第十二会秋季陸上運動会」「明治四十一年十月三十一日柔道大会記事」（『輔仁会雑誌』第七六号、一九〇八年一二月）
学習院輔仁会漕艇部後援会設立50周年記念事業委員会『学習院輔仁会漕艇部の歩み：since 1889』（同会、二〇〇九年）
岡義武「近衛文麿」（『岡義武著作集』第五巻〈岩波書店、一九九三年〉所収）
藤屋を愛する会編『御本陣藤屋』（龍鳳書房、一九九四年）
長野県編『長野県主催一府十県主催聯合共進会事務報告』（長野県、一九一〇年）
長野県立長野中学校編『長野県長野中学校創立二十五年記念帖』（長野中学校、一九二四年）
長野高校野球部部史編集委員会編『見ずや春風—長野高校野球部史—』（長野県長野高等学校野球部ＯＢ会、一九八七年）
長野県大町高等学校六十五年回顧編集委員会編『六十五年回顧』（大町高等学校、一九六七年）
『上田中学上田高校野球部々史其の一』（上田高校野球部後援会、一九八〇年）

松本中学校・松本深志高校野球部誌編集委員会編『松本中学校・松本深志高校　野球部の一世紀』（松本深志高等学校野球部OB会、二〇〇四年）
学習院野球部百年史編集委員会編『学習院野球部百年史』（学習院野球部百年史刊行会、一九九五年）
宮内庁編『昭和天皇実録』第一（東京書籍、二〇一五年）
『学習院柔道百二十年史』（学習院柔桜会、二〇〇五年）
猪瀬直樹『日本の近代　猪瀬直樹著作集12　黒船の世紀　ガイアツの日米未来戦記』（小学館、二〇〇二年）
『東京帝国大学一覧　従明治四十年至明治四十一年』（東京帝国大学、一九〇七年）
下園佐吉『牧野伸顕伯』（人文閣、一九四〇年）
牧野伸顕『回顧録』上下（中央公論新社、二〇一八年改版）
鏡味国彦『古城栗原元吉の足跡』（文化書房博文社、一九九三年）

■十一月

指宿英造『柔道一代・徳三宝』（私家版、一九八九年）
ベースボール・マガジン社編『日本のプロ野球60年史』（同社、一九九四年）
轟真広編『空拳努力信濃立志伝』（一九二二年）より伊藤耕之進氏の項
東京大学陸上運動倶楽部編『東京大学陸上運動部１２０年史』（東京大学陸上運動倶楽部、二〇〇七年）
辰野隆『スポオツ閑談』（昭森社、一九三六年）
牛村圭『ストックホルムの旭日　文明としてのオリンピックと明治日本』（中央公論新社、二〇二一年）
西郷従宏『元帥西郷従道伝』（芙蓉書房出版、一九九七年）
重森三玲『日本庭園史図鑑』第二十巻（有光社、一九三七年）
鹿野陽子・服部勉・楊鉦漠・仲田茂司・進士五十八「東京都目黒区・旧西郷従道邸庭園に関する造園生活史的研究」（『ランドスケープ研究：日本造園学会誌』第六一巻第五号、一九九八年）
国木田独歩『園遊会』（『濤声』（彩雲閣、一九〇七年）所収）
金子民雄『ヘディン伝　偉大なシルクロードの探検者』（中央公論社、一九八八年）
金子民雄『ヘディン　人と旅』（白水社、一九八二年）

白須浄真『大谷光瑞とスヴェン・ヘディン―内陸アジア探検と国際政治社会』（勉誠出版、二〇一四年）
田中和子編『探検家ヘディンと京都大学―残された60枚の模写が語るもの』（京都大学学術出版会、二〇一八年）
宮内庁編『明治天皇紀』第十二（吉川弘文館、一九七五年）
文京ふるさと歴史館編『菊人形今昔―団子坂に花開いた秋の風物詩』（文京区教育委員会、二〇〇二年）
松岡ひでたか『藤岡玉骨片影』（私家版、二〇一一年）
川村優理「うちの館（藤岡玉骨邸）公開奮戦記　俳人藤岡玉骨と登録有形文化財「藤岡家住宅」について」（大阪俳句史研究会編『俳句史研究』第二四号〈同会、二〇一九年〉）
三省堂書店百年史刊行委員会編『三省堂書店百年史』（三省堂書店、一九八一年）
三省堂百年記念事業委員会編『三省堂の百年』（三省堂、一九八二年）
早稲田大学図書館所蔵『伯爵大隈家写真帳』
大隈侯八十五年史編纂会編『大隈侯八十五年史』全四巻（同会、一九二六年）
市島謙吉『大隈侯一言一行』（早稲田大学出版部、一九二二年）
川上寿代『事典　観桜会・観菊会全史　戦前の〈園遊会〉』（吉川弘文館、二〇一七年）

■十二月
正宗白鳥『妖怪画』（『正宗白鳥全集』第一巻〈福武書店、一九七三年〉所収）
牛村圭「ストックホルムの旭日―『世界の一等国』を目指した明治のアスリート」（『中央公論』二〇一二年八月号）
保阪正康『100メートルに命を賭けた男たち』（朝日新聞社、一九八四年）
社会政策学会編『社会政策学会論叢第二冊　関税問題と社会政策』（同文館、一九〇九年）
野村胡堂『面会謝絶』（乾元社、一九五一年）
二井仁美『留岡幸助と家庭学校―近代日本感化教育史序説　改訂普及版』（不二出版、二〇二〇年）
杉村陽一『杉村陽太郎の追憶』（私家版、一九四〇年）
杉原静『新撰江之島鎌倉案内　附藤沢』（杉原静、一九一五年）
N・H「第五回クロスカントリーレース」（『輔仁会雑誌』第七七号、一九〇九年三月号）
北澤満「明治期における中小鉱業経営：大阪鉱業株式会社を事例として」（1）（2）『経済学研究』第八五巻五・六

号、同第八六巻一号〈九州大学経済学会、二〇一九年〉
平出彬『平出修伝』(春秋社、一九八八年)
野田宇太郎『パンの会　近代文芸青春史研究』(日本図書センター、一九八四年復刻)
滝澤真帆「石川啄木と小栗風葉―「鳥影」に射した『恋ざめ』の影―」(『近代文学　研究と資料〔第二次〕』第八集、早稲田大学大学院教育学研究科　千葉・金井・石原・和田研究室、二〇一四年)

※各月の項に掲げた文献類のなかには複数の月にまたがるものもあるが、逐一掲げることはせず、初出の項にのみ掲げた。また品川歴史館・サッポロビール博物館・たばこと塩の博物館には、レファレンスによりお世話になった。対応していただいた学芸員の方に感謝申し上げる。

■写真・図版提供者、出典文献一覧

三島通利氏　2,3,17,30,229,259,316,323,349,357頁
石川啄木記念館　2,23,26,95,96,128,149,267,299頁
函館市中央図書館函館文庫　4,142,271頁
尚友倶楽部・内藤一成・長谷川怜編『日本初のオリンピック代表選手　三島弥彦―伝記と史料―』（芙蓉書房出版、2019年）　15,18,20頁
尚友倶楽部・季武嘉也編『三島弥太郎関係文書』（芙蓉書房出版、2002年）　35頁
黒田鵬心編『東京百建築』（建築画報社、1915年）　38,61頁
『写真帖東京帝国大学』明治37年版　39,66,80,139,162,165,175,322頁
『帝国鉄道北海道線　旭川釧路間全通紀念写真帖』（帝国鉄道庁北海道建設事務所、1907年）　52,54頁
釧路市中央図書館　55,56,74,77頁
『現今の釧勝』（十勝時論社、1907年）　69,94,97頁
寺島芳太郎編『釧路国便覧』（国進社、1907年）　71頁
『第一高等学校六十年史』（第一高等学校、1939年）　88頁
国立国会図書館　90,330頁
『東京風景』（小川一真出版部、1911年）　107,109,111,126,233頁
『最新東京名所写真帖』（小島又市、1909年）　109,243,298頁
東洋文化協会編『幕末・明治・大正回顧八十年史 第11輯』（東洋文化協会、1936年）　125頁
宮内公文書館　132,137頁
森潤三郎『?外森林太郎』（丸井書店、1942年）　145頁
学習院大学史料館編『写真集 近代皇族の記憶―山階宮家三代』（吉川弘文館、2008年）　150頁
学習院アーカイブズ　169,255頁
学習院大学史料館　195,198,200頁
那須野が原博物館　223,224頁
県立長野図書館　286頁
西郷従宏『西郷従道伝』（芙蓉書房、1997年）　325頁
早稲田大学編輯部編『早稲田』（早稲田大学出版部、1909年）　342,344頁

あとがき

本書が生まれたそもそものきっかけは、二〇〇八年九月、軽井沢の三島家別荘での史料調査にさかのぼる。三島通陽〈弥彦の甥〉の長女である三島昌子様は、当時、毎年の避暑にあわせて同家に残る関係資料を東京から運び込んでは整理を進めており、筆者もこれを手伝っていた。

賑やかな通りの裏手にある涼しい小径を進み、途中で折れて、最後に坂を上ると三島別荘にたどり着く。歓談の後、史料の詰まった段ボール箱を見せてもらったところ、すぐさま何枚もの絵葉書が目に飛び込んできた。「三島弥彦がストックホルムなどから家族に送った絵葉書ではないか」と、直感が走った。手にしてみると、はたしてそのとおりであった。

歴史研究者、とりわけ史料調査を専らとする者のあいだでは、「良い史料には足がはえていて、自分から歩み出てくる」とか、「史料は適切な時期を知っていて、そのときが来ると自分から出てくる」という「言い伝え」（？）がある。

ちょうど北京オリンピックが閉幕したばかりで、日本が近代五輪に参加してから百年の節目となる二〇一二年のロンドン大会は、四年先というタイミングであった。史料整理をおこない、成果を公表するための時間的猶予はたっぷりある。こうして姿をあらわした弥彦の絵葉書たちは、二〇一二年度の学習院大学史料館の展覧会「『大正の記憶―絵葉書の時代』展」において披露されることとなった。おりしもロンドン五輪の開催直前であったため、弥彦の絵葉書はメディアでもひろく取り上げられた。

幸運はつづく。二〇一三年九月に二〇二〇年五輪の東京開催が決定すると、尚友ブックレットより三島弥彦の伝記と史料をあわせた本を出そうという企画が立ちあがった。これを機に、弥彦の子孫の側でも関係資料を探してもらえることになった。そこで新たに発見されたのが「三島弥彦日記」をはじめとした各種資料である。はじめは写真類が中心であったが、あとから日記が発見された。当初は存在しないと思われていただけに、その発見には驚かされた。

日記は携帯サイズの横書き式で、ペンにより縦書きに記してあった。簡潔な記述の日もあるが、全体的にはしっかりと書き込まれていた。読んでみると、これが滅法おもしろかった。とはいえ、昔の日記であるから、研究者や歴史愛好者ならともかく、多くの人にとっては決して読みやすいものではない。説明を加えないと、意味のつかめない内容も少なくない。かといって完全にかみ砕いてしまえば、わかりやすいだろうが、史料がもつ独特の雰囲気や空気感は失われてしまう。「史料そのまま」ではないが、「歴史書そのまま」でもない、たどり着いたのが本書の形式である。オーソドックスな歴史書の形とはなっていないが、研究者でなければ描けないものをめざした。

実験という点では、本書は歴史史料に準じるものとして文学作品を活用している。一般的に歴史学では一次史料を重視する見地から、小説などの文学作品はフィクションとして一線を画すことが多い。本書では、日記や書簡だけではイメージしにくい内容の理解のため、風景描写などの叙述を中心に積極的に用いた。もちろん、利用にあたっては、同時代の作品を重視し、内容も作者の体験にもとづくものであるなど史料批判をおこなっている。

本書では、弥彦とともに石川啄木を主人公に取り上げたが、かれを歌人、詩人としてではなく、どこまでもひとりの青年としてとらえようとしたのも、ひとつの試みである。そのため、啄木の日常と文学を結びつけるような分析や議論は、ほとんどしていない。文学論を期待して本書を手にした読者のなかには、失望した人もいるであろう。あるいは啄木の文学的評価を貶めるという批判があるかもしれない。文学者啄木を高く評価する側からみれば、不愉快な描かれ方になっているかもしれないが、筆者の意図を酌んでいただければと思う。

啄木についてつづければ、そもそも、なぜかれを弥彦の伴走者に選定し、日記を併読することにしたのかだが、実のところ、これはほとんど直感的に決まった。比較検討の素材というなら、幅ひろく吟味してみてから判断すべきだろう。もちろんその後に、あれこれ思案はしてみた。だが、最後まで啄木日記を上回るような日記、アイデアとも思いつかなかった。

実際、あわせて読んでみると、想像以上に素晴らしい組み合わせであった。これは偏に両日記それぞれの魅力によるところが大きい。啄木日記は、かれの文学における最高傑作と評されるが、歴史の一次史料としても第一級であった。啄木日記をパートナーとしたことで、弥彦日記の魅力は、単独のときにくらべ何倍も増したといってよい。啄木日記に対する弥彦日記の効果も同様であろう。

結果的に本書は、一般的な研究書、解説付きの史料集、いわゆる歴史読み物、いずれとも異なる叙述スタイルとなった。こうした試みがうまくいったのか否かは、筆者には判断がつかない。評価は読者に委ねたい。だが、たとえ失敗であっても、本書を機に弥彦と啄木、それぞれの日記を読んでみよう、史料に触れてみたいと思う人が出てくれるならば、それこそ本望である。

次に本書が完成にこぎつけるまでに、協力いただいた方々に対し謝辞を述べたい。

まず「三島弥彦日記」をはじめ関係資料の所蔵者である弥彦の令孫三島通利様に、あつく御礼申し上げる。氏からは資料の利用をこころよくお許しいただいたうえに、自由に執筆することを勧めてくださった。それゆえ本書の文責は、すべて筆者に帰する。

三島昌子様をはじめ三島宗家の皆様からは、貴重な史料を閲覧させていただくとともに、同家に伝わるさまざまな逸話をうかがうことができた。今回、感謝の思いとともに「あとがき」を執筆していたところ、突然、三島昌子様の訃報に接した。愕然とし色を失うばかりだが、今はただ本書を故人の霊前に捧げ、ご冥福を祈りたい。

三島家関係の逸話に関しては、通陽二女の向山謹子様からも、弥彦の人間味を感じるに足る、多くの話をお聞かせいただいた。筆者の疑問に対し、明晰な回答をくださった謹子様は、百歳を越して益々ご健勝である。ご厚意に対し感謝を捧げるとともに、さらなる長寿多幸を念じたい。

「石川啄木日記」の利用に関しては、函館啄木会・函館市中央図書館函館文庫と関係者の皆様に感謝申し上げる。盛岡市の石川啄木記念館、大分県臼杵市の平山博造様からは、啄木の自筆書簡を拝見させていただく機会を得た。原本からは、活字化された史料では伝わらない、啄木の性格や風貌の一端がうかがえ、人間像を考察するうえで大いに参考になった。ご多忙なかでお時間を割いていただいたご厚情に対し、御礼申し上げたい。このほか愛知県南知多町師崎の延命寺では、小栗風葉に関して多くのご教示を賜った。この場を借りて御礼を述べておきたい。

図版や史料の利用にあたっては学習院大学史料館の吉廣さやか氏・長佐古美奈子氏、学習院アーカイブズの巽真希子氏、石川啄木記念館の藤田麗氏、那須野が原博物館の坂本菜月氏、釧路市中央図書館の皆様よりご協力を賜った。

巻末に掲載した関係地図は、皇學館大学文学部准教授の長谷川怜先生に作成していただいた。当初は相談だけのはずが、最終的には自ら作成の任を買って出てくださった氏の親切には、只々感謝のほかない。

最後に、本書の最初の読者といってよい法政大学文学部史学科の学生諸君にも、一言御礼を述べたい。本書の内容を「日本史特講」で講義したのだが、毎回の授業後に出席した学生より寄せられる「リアクションペーパー」（通称リアペ）からは、多くの刺激や示唆を受けた。

学生たちは、時代は違えど弥彦・啄木とは同世代である。各回のリアペには、弥彦の華麗な生活に憧憬の念を抱いたり、啄木の破天荒な金銭感覚に呆れたり、金田一のあつい友情に感動したりと、現代の若者らしい共感、違和感、その他さまざまな感想が綴られていた。こうした新鮮な感覚をどこまで本書に取り込めたのかについては、正直はなはだ心もとない。それこそ毛利鷗村ではないが、まごついてばかりであった気がする。

もちろん、筆者なりにできるかぎりのことはしたつもりだが、それでもなお本書で描けたことは、日露戦後の青年をめぐる諸相のほんの一断片にすぎない。言うまでもないが、二人の先にはおびただしい人びとによる懸命な生の営みが、それこそ数えきれない泣き笑いとともにあった。

そのような人びとの哀歓が織りなすうえに形作られる歴史というものを、どうすれば質感をもって伝えられるのか。歴史学に携わるもののひとりとして、地上に存在するかぎり、これからも模索をつづけていきたい。

二〇二三年師走

筆者

本書の刊行に際しては、二〇二三年度法政大学出版助成金より援助を受けた。

著者
内藤 一成（ないとう かずなり）
法政大学文学部准教授。
1967年愛知県生まれ。日本大学大学院文学研究科博士後期課程日本史専攻満期退学。青山学院大学にて博士（歴史学）取得。宮内庁書陵部編修課主任研究官、国際日本文化研究センター共同研究員などを経て現職。
主な著作（共編著含む）として『貴族院と立憲政治』（思文閣出版、2005年）、『貴族院』（同成社、2008年）、『三島和歌子覚書』（芙蓉書房出版、2011年）、『河井弥八日記〈戦後篇〉』全5巻（信山社出版、2015～2020年）、『日本初のオリンピック代表選手　三島弥彦―伝記と史料―』（芙蓉書房出版、2019年）、『三条実美』（中央公論新社、2019年）、『東京の10大学の150年史』（筑摩書房、2022年）など。

弥彦と啄木（やひこ たくぼく）
――日露戦後の日本と二人の青年――

2024年2月23日　第1刷発行

著　者
内藤 一成（ないとう かずなり）

発行所
㈱芙蓉書房出版
（代表 平澤公裕）
〒113-0033東京都文京区本郷3-3-13
TEL 03-3813-4466　FAX 03-3813-4615
http://www.fuyoshobo.co.jp

印刷・製本／モリモト印刷

ISBN978-4-8295-0874-9